经济合作署与战后初期西欧重建
（1947—1951年）

Economic Cooperation Administration and the
Postwar Reconstruction of Western Europe (1947-1951)

李　昀　著

中国社会科学出版社

图书在版编目（CIP）数据

经济合作署与战后初期西欧重建（1947—1951 年）／李昀著 . —北京：
中国社会科学出版社，2014.11（2017.9 重印）

ISBN 978 - 7 - 5161 - 5005 - 4

Ⅰ.①经…　Ⅱ.①李…　Ⅲ.①经济合作总署(美国)—研究②经济发展—
研究—西欧—现代　Ⅳ.①D771.2②F156.04

中国版本图书馆 CIP 数据核字(2014)第 247413 号

出 版 人　赵剑英
责任编辑　宋燕鹏
责任校对　李　莉
责任印制　王　超

出　　　版　中国社会科学出版社
社　　　址　北京鼓楼西大街甲 158 号
邮　　　编　100720
网　　　址　http://www.csspw.cn
发 行 部　010 - 84083685
门 市 部　010 - 84029450
经　　　销　新华书店及其他书店

印刷装订　北京君升印刷有限公司
版　　　次　2014 年 11 月第 1 版
印　　　次　2017 年 9 月第 2 次印刷

开　　　本　710 × 1000　1/16
印　　　张　18.5
字　　　数　313 千字
定　　　价　58.00 元

编委会及编辑部成员名单

（一）编委会

主　任：李　扬　王晓初

副主任：晋保平　张冠梓　孙建立　夏文峰

秘书长：朝　克　吴剑英　邱春雷　胡　滨（执行）

成　员（按姓氏笔画排序）：

卜宪群　王　巍　王利明　王灵桂　王国刚　王建朗　厉　声

朱光磊　刘　伟　杨　光　杨　忠　李　平　李　林　李　周

李　薇　李汉林　李向阳　李培林　吴玉章　吴振武　吴恩远

张世贤　张宇燕　张伯里　张昌东　张顺洪　陆建德　陈众议

陈泽宪　陈春声　卓新平　罗卫东　金　碚　周　弘　周五一

郑秉文　房　宁　赵天晓　赵剑英　高培勇　黄　平　曹卫东

朝戈金　程恩富　谢地坤　谢红星　谢寿光　谢维和　蔡　昉

蔡文兰　裴长洪　潘家华

（二）编辑部

主　任：张国春　刘连军　薛增朝　李晓琳

副主任：宋　娜　卢小生　姚冬梅

成　员（按姓氏笔画排序）：

王　宇　吕志成　刘丹华　孙大伟　陈　颖　曲建君　曹　靖

薛万里

序 一

　　博士后制度是 19 世纪下半叶首先在若干发达国家逐渐形成的一种培养高级优秀专业人才的制度，至今已有一百多年历史。

　　20 世纪 80 年代初，由著名物理学家李政道先生积极倡导，在邓小平同志大力支持下，中国开始酝酿实施博士后制度。1985 年，首批博士后研究人员进站。

　　中国的博士后制度最初仅覆盖了自然科学诸领域。经过若干年实践，为了适应国家加快改革开放和建设社会主义市场经济制度的需要，全国博士后管理委员会决定，将设站领域拓展至社会科学。1992 年，首批社会科学博士后人员进站，至今已整整 20 年。

　　20 世纪 90 年代初期，正是中国经济社会发展和改革开放突飞猛进之时。理论突破和实践跨越的双重需求，使中国的社会科学工作者们获得了前所未有的发展空间。毋庸讳言，与发达国家相比，中国的社会科学在理论体系、研究方法乃至研究手段上均存在较大的差距。正是这种差距，激励中国的社会科学界正视国外，大量引进，兼收并蓄，同时，不忘植根本土，深究国情，开拓创新，从而开创了中国社会科学发展历史上最为繁荣的时期。在短短 20 余年内，随着学术交流渠道的拓宽、交流方式的创新和交流频率的提高，中国的社会科学不仅基本完成了理论上从传统体制向社会主义市场经济体制的转换，而且在中国丰富实践的基础上展开了自己的伟大创造。中国的社会科学和社会科学工作者们在改革开放和现代化建设事业中发挥了不可替代的重要作用。

在这个波澜壮阔的历史进程中，中国社会科学博士后制度功不可没。

值此中国实施社会科学博士后制度20周年之际，为了充分展示中国社会科学博士后的研究成果，推动中国社会科学博士后制度进一步发展，全国博士后管理委员会和中国社会科学院经反复磋商，并征求了多家设站单位的意见，决定推出《中国社会科学博士后文库》（以下简称《文库》）。作为一个集中、系统、全面展示社会科学领域博士后优秀成果的学术平台，《文库》将成为展示中国社会科学博士后学术风采、扩大博士后群体的学术影响力和社会影响力的园地，成为调动广大博士后科研人员的积极性和创造力的加速器，成为培养中国社会科学领域各学科领军人才的孵化器。

创新、影响和规范，是《文库》的基本追求。

我们提倡创新，首先就是要求入选的著作应能提供经过严密论证的新结论，或者提供有助于对所述论题进一步深入研究的新材料、新方法和新思路。与当前社会上一些机构对学术成果的要求不同，我们不提倡在一部著作中提出多少观点，一般地，我们甚至也不追求观点之"新"。我们需要的是有翔实的资料支撑，经过科学论证，而且能够被证实或证伪的论点。对于那些缺少严格的前提设定，没有充分的资料支撑，缺乏合乎逻辑的推理过程，仅仅凭借少数来路模糊的资料和数据，便一下子导出几个很"强"的结论的论著，我们概不收录。因为，在我们看来，提出一种观点和论证一种观点相比较，后者可能更为重要：观点未经论证，至多只是天才的猜测；经过论证的观点，才能成为科学。

我们提倡创新，还表现在研究方法之新上。这里所说的方法，显然不是指那种在时下的课题论证书中常见的老调重弹，诸如"历史与逻辑并重"、"演绎与归纳统一"之类；也不是我们在很多论文中见到的那种敷衍塞责的表述，诸如"理论研究与实证分析的统一"等等。我们所说的方法，就理论研究而论，指的是在某一研究领域中确定或建立基本事实以及这些事实之间关系的假设、模型、推论及其检验；就应用研究而言，则指的是根据某一理论假设，为了完成一个既定目标，所使用的具体模型、技术、工具或程序。众所周知，在方法上求新如同在理论上创新一样，殊非易事。因此，我们亦不强求提出全新的理论方法，我们的最低要求，是要按照现代社会科学的研究规范来展开研究并构造论著。

我们支持那些有影响力的著述入选。这里说的影响力，既包括学术影响力，也包括社会影响力和国际影响力。就学术影响力而言，入选的成果应达到公认的学科高水平，要在本学科领域得到学术界的普遍认可，还要经得起历史和时间的检验，若干年后仍然能够为学者引用或参考。就社会影响力而言，入选的成果应能向正在进行着的社会经济进程转化。哲学社会科学与自然科学一样，也有一个转化问题。其研究成果要向现实生产力转化，要向现实政策转化，要向和谐社会建设转化，要向文化产业转化，要向人才培养转化。就国际影响力而言，中国哲学社会科学要想发挥巨大影响，就要瞄准国际一流水平，站在学术高峰，为世界文明的发展作出贡献。

我们尊奉严谨治学、实事求是的学风。我们强调恪守学术规范，尊重知识产权，坚决抵制各种学术不端之风，自觉维护哲学社会科学工作者的良好形象。当此学术界世风日下之时，我们希望本《文库》能通过自己良好的学术形象，为整肃不良学风贡献力量。

中国社会科学院副院长

中国社会科学院博士后管理委员会主任

2012 年 9 月

序　二

在 21 世纪的全球化时代，人才已成为国家的核心竞争力之一。从人才培养和学科发展的历史来看，哲学社会科学的发展水平体现着一个国家或民族的思维能力、精神状况和文明素质。

培养优秀的哲学社会科学人才，是我国可持续发展战略的重要内容之一。哲学社会科学的人才队伍、科研能力和研究成果作为国家的"软实力"，在综合国力体系中占据越来越重要的地位。在全面建设小康社会、加快推进社会主义现代化、实现中华民族伟大复兴的历史进程中，哲学社会科学具有不可替代的重大作用。胡锦涛同志强调，一定要从党和国家事业发展全局的战略高度，把繁荣发展哲学社会科学作为一项重大而紧迫的战略任务切实抓紧抓好，推动我国哲学社会科学新的更大的发展，为中国特色社会主义事业提供强有力的思想保证、精神动力和智力支持。因此，国家与社会要实现可持续健康发展，必须切实重视哲学社会科学，"努力建设具有中国特色、中国风格、中国气派的哲学社会科学"，充分展示当代中国哲学社会科学的本土情怀与世界眼光，力争在当代世界思想与学术的舞台上赢得应有的尊严与地位。

在培养和造就哲学社会科学人才的战略与实践上，博士后制度发挥了重要作用。我国的博士后制度是在世界著名物理学家、诺贝尔奖获得者李政道先生的建议下，由邓小平同志亲自决策，经国务院批准于 1985 年开始实施的。这也是我国有计划、有目的地培养高层次青年人才的一项重要制度。二十多年来，在党中央、国务院的领导下，经过各方共同努力，我国已建立了科学、完备的博士后制度体系，同时，形成了培养和使用相结合，产学研相结合，政府调控和社会参与相结合，服务物质文明与精神文明建设的鲜明特色。通过实施博士后制度，我国培养了一支优秀的高素质哲学社会科学人才队伍。他们在科研机构或高等院校依托自身优势和兴趣，自主从事开拓性、创新性研究工作，从而具有宽广的学术视野、突出的研究能力和强烈的探索精神。其中，一些出站博士后已成为哲学社会科学领域的科研骨干和学术带头人，在"长江学者"、"新世纪百千万人才工程"等国家重大科研人才梯队中占据越来越大的比重。可以说，博士后制度已成为国家培养哲学社会科学拔尖人才的重要途径，而且为哲学社会科学的发展造就了一支新的生力军。

哲学社会科学领域部分博士后的优秀研究成果不仅具有重要的学术价值，而且具有解决当前社会问题的现实意义，但往往因为一些客观因素，这些成果不能尽快问世，不能发挥其应有的现实作用，着实令人痛惜。

可喜的是，今天我们在支持哲学社会科学领域博士后研究成果出版方面迈出了坚实的一步。全国博士后管理委员会与中国社会科学院共同设立了《中国社会科学博士后文库》，每年在全国范围内择优出版哲学社会科学博士后的科研成果，并为其提供出版资助。这一举措不仅在建立以质量为导向的人才培养机制上具有积极的示范作用，而且有益于提升博士后青年科研人才的学术地位，扩大其学术影响力和社会影响力，更有益于人才强国战略的实施。

今天，借《中国社会科学博士后文库》出版之际，我衷心地希望更多的人、更多的部门与机构能够了解和关心哲学社会科学领域博士后及其研究成果，积极支持博士后工作。可以预见，我国的博士后事业也将取得新的更大的发展。让我们携起手来，共同努力，推动实现社会主义现代化事业的可持续发展与中华民族的伟大复兴。

人力资源和社会保障部副部长
全国博士后管理委员会主任
2012 年 9 月

摘　要

　　经济合作署作为欧洲复兴计划的主管机构，在促进二战后初期西欧重建上发挥了独特的作用。本书试图在借鉴国内外学者研究成果和尽可能充分利用档案文献的基础上，对经济合作署存续三年间在西欧重建中推行的重要项目做一比较全面的透视和分析，剖析其实施欧洲复兴计划的目标与手段，探究它所产生的作用与影响，并进而对其历史地位作出评价。

　　欧洲复兴计划是美国政府、企业和劳工利益团体合作的产物。尽管美国政府和利益团体关注的侧重点不同，但它们在重建欧洲的问题上却能很好地合作，形成了共识，具体表现在它们不仅成功推动了欧洲复兴计划的制定及《1948 年经济合作法》的通过，而且建立了经济合作署来主管欧洲复兴计划的具体实施。经济合作署拥有一整套独立的、较为完备的组织体系，广泛吸纳来自商业、劳工等利益团体的人士，从而为来自民间组织、拥有丰富经验的专家和政府官员共同解决欧洲复兴计划实施中的各种繁杂问题搭建了理想的平台。经济合作署在执行欧洲复兴计划上发挥了重要作用，使美国政府和利益团体制定欧洲复兴计划的初衷基本上得以实现，包括促进西欧经济的复苏，抑制共产主义在西欧的扩展，促进自由贸易。

　　经济合作署在西欧重建中实施的项目既有眼前考虑，又有长远目标；它与美国政府和利益团体既有合作，又有矛盾。经济合作署在推动西欧经济复兴以服务于美国政府的冷战战略和利益集团实际利益的同时，希望将美国的企业文化和大众文化传播到欧洲，使美国模式的资本主义制度在世界范围内扩大影响。为达到这一长远目标，经济合作署在欧洲复兴计划参与国采取促进自由贸易的举措，鼓励西欧打破战前支离破碎的民族经济，督促欧洲国家进行货币改革，削减关税壁垒；经济合作署推出技术援助项目，向西欧国家提供技术、管理经验和劳资关系协调方式，倡导欧洲国家的企业采取美国的生产方式；经济合作署还推行了以资助发行杂志书籍、制作电影和举办展览为主体的信息项目，向欧洲国家宣传和推广与美国资本主义经济的繁荣紧密相联系的美国大众文化和价值观念。但是，经济合作署片面夸大了美国模式的示范作用，忽略了欧洲复杂的政治、经济和文化状况，实际是按照美国的意志来干预和设计欧洲现代化的道路。很多西欧国家在引进美国生产管理方式的同时，对美国企业生产方式在内的美国文化进行了有选择的抵制和改造。经济合作署将美国发展模式推广到世界其它地区的设想不可能实现。

关键词：美国；经济合作署；欧洲复兴计划

Abstract

Economic Cooperation Administration (ECA) was the agency to administer European Recovery Program. Drawing on all kinds of archival sources, this book examines the important role that ECA played in the reconstruction of Western Europe. One of the hallmarks of the European Recovery Program was the cooperation between government authorities and interest groups, they assured the legislative enactment of a European aid Program and the establishment of Economic Cooperation Administration. ECA brought together business, labor and government representative, it became the hub in an elaborate system of public-private cooperation and power sharing, which could recruit talent from the private sector and guarantee a business-like efficiency in operational matters. ECA had helped European restore production, control inflation, revive trade and contain the growing of communist.

The promotion of economic recovery and anti-Communism were the most well-known objectives of the European Recovery Program, yet the plan also had a cultural component. As a separate agency, ECA was able to exercise a considerable degree of autonomy. ECA dispensed advice as well as aid, offering Europeans the American model along with American money. One such strategy involved the ECA's plans for an integrated European economic order and a fully multilateral system of world trade, the ECA launched a campaign to remove import quotas, liberalize trade and making currencies convertible; Being convinced that the American system of industrial production was a most efficient model, ECA launched the technical assistance program to disseminate American technical and production methods to Europe; Through information program, ECA sought to increase support for American policy goals as well as spread of American mass culture. ECA advertised the Untied States as a land that Europe could emulate if it accepted the key American principles of economic efficiency and unlimited productivity. However, the Cold War forced the dramatic reorientation of European aid policy to military production, which prevented the ECA from achieving its full potential.

Key Words: United States; Economic Cooperation Administration; European Recovery Program

目　　录

Contents

Contents

绪　　论

　　欧洲复兴计划又称"马歇尔计划"，在第二次世界大战后的美国外交政策中占有重要地位。美国通过该计划在 1948—1952 年间向西欧参与国提供了包括金融、技术、设备等各种形式的援助共计 130 亿美元，对西欧国家的发展和世界政治格局产生了深远的影响，欧洲复兴计划也因此被誉为美国对外经济援助最为成功的计划。经过近半个世纪以来的不懈努力，欧美学者在欧洲复兴计划的研究上经历了从起步到初步发展，再到深入研究这样一个不断深化的过程，这些论著不但探讨了美国推行欧洲复兴计划的动机、举措及对欧洲和美国经济社会发展的影响，同时也涉及了欧洲复兴计划期间美国和欧洲文化之间的互动。但对欧洲复兴计划的主管机构经济合作署作用的探讨却相当有限，即使有些涉及经济合作署的论著，也并没有对经济合作署的档案文件做深入、细致和全面的分析和研究，往往简单地认为经济合作署是为实施欧洲复兴计划而在美国政府内部设立的一个普通机构。

　　实际上，经济合作署是一个政府指导下，广泛接纳利益团体代表并有较大自主权的机构，在促进第二次世界大战结束初期西欧重建上发挥了独特的作用。如果撇开对经济合作署在欧洲复兴计划具体实施过程的探讨，就难以理解欧洲复兴计划的真正内涵。这也就是说，我们对有关经济合作署的一系列问题都需要在透彻研究的基础上作出准确和清晰的回答，诸如经济合作署是如何诞生的，其性质有何特殊性；经济合作署在欧洲复兴计划中究竟实施了哪些项目，实施这些项目的动机又是什么；这些项目产生了哪些影响；经济合作署在欧洲复兴计划的具体实施中与美国国务院、国会、利益团体在政策上是否一致，等等。有鉴于学术界对这些问题的研究还不尽如人意，因此本书借鉴了文化学、政治学和社会学的概念和理论，在尽量吸收前人研究成果和解读原始档案的基础上，对欧洲复兴计划的主管机构——经济合作署在第二次世界大战结束后初期西欧重建时期推行的重要项目进行全面、深入的研究，希望最终能在如何正确理解欧洲复兴计划的历史作用上有所突破。

一 英美史学界关于马歇尔计划的研究

英美学者对欧洲复兴计划的研究大致以 20 世纪 80 年代末为界划分为两个阶段，即 20 世纪 80 年代末以前和 20 世纪 80 年代末以后。

（一）20 世纪 80 年代末以前的研究

自 20 世纪 50 年代起，一些探讨马歇尔计划诞生原因及影响的著作就相继问世。罗伊·尼科尔斯在《马歇尔计划的起源》一书中分析了马歇尔计划出台的必要性，认为美国实行马歇尔计划主要是为了遏制苏联，防止共产主义势力在西欧的渗透和扩张，维护美国的安全。[1] 约瑟夫·琼斯的《十五周：马歇尔计划起源的内部记述》也指出，美国担心西欧国家的经济混乱与贫困将为苏联及东欧共产主义势力的扩张打开大门，危及美国的国家安全和战略利益。[2] 哈里·普赖斯在所著《马歇尔计划及其意义》一书中，结合自己的亲身经历，叙述了马歇尔计划的背景、项目及完成情况。[3] 这些论著的很多作者亲身经历了马歇尔计划的实施过程，经验和直觉为他们的著述增色不少。可是由于过度注重冷战现实利益，这些著作忽略了从马歇尔计划本身的复杂性去考察其实施的详细过程，加上当时政府文件尚未解密，它们不能系统地对政府资料做出相对全面的分析研究，没有深入揭示美国政府的决策动因和具体过程，只能称得上是对马歇尔计划进行研究的起步之作。

20 世纪 70 年代以后，关于马歇尔计划的一些研究著作开始摆脱上述单纯从冷战和国家安全角度考虑问题的局限性，运用经济学、国际政治学的理论将马歇尔计划的研究扩展到了经济领域，并对美国政府内部的运作加以考察。在《重新审视马歇尔计划：经济视角下的欧洲复兴计划》一书中，伊曼纽尔·韦克斯勒运用经济学的方法，在对财政部、国

---

[1]　Roy Nichols, *The Genesis of the Marshall Plan*, Nottingham: University of Nottingham, 1949.

[2]　Joseph Jones, *The Fifteen Weeks: An Inside Account of the Genesis of the Marshall Plan*, New York, 1955.

[3]　Harry Price, *The Marshall Plan and Its Meaning*, Ithaca: Cornell University Press, 1955.

务院外交档案进行分析的基础上，认定马歇尔计划实质上是一个经济计划。其目标是：增加并扩大生产，稳定金融货币，实现自由贸易和推动欧洲一体化。韦克斯勒认为，尽管马歇尔计划在四年内没有完成上述目标，但为后来欧洲经济的发展奠定了基础。该书还认为，美国战后的巨额顺差以及由此导致的国际清偿力不足可能导致美国经济衰退，而马歇尔计划正是要通过增强西欧的出口能力使之获得美元从而增加从美国进口商品的能力，因此马歇尔计划的受益者不仅是西欧，美国也从中得到了巨大的实惠。① 罗伯特·伍德的《从马歇尔计划到债务危机：世界经济中的对外援助和发展抉择》将马歇尔计划置于战后世界经济发展的背景下，从对外援助的角度分析了美国政府如何通过马歇尔计划解决国际收支问题和调整与盟国的经济关系。该书强调，马歇尔计划及其后的一系列援助措施，部分减少了国外对美国产品出口的限制，使美国巨大的生产潜力得以发挥。②

有些著作虽然仍从政治角度分析马歇尔计划，但它们已不再局限于研究美苏对抗，而是开始从国际政治学汲取理论资源和解释框架，比较关注美国政府内部决策精英的意识形态对国际行为的认知与判断、官僚政治的作用等等。哈德利·阿克斯的《官僚机构、马歇尔计划和国家利益》就是运用政治学的相关理论，分析在马歇尔计划政策的制定、经济合作署的成立、对等资金的使用等诸多问题上美国政府各部门间的争论与妥协，试图说明实施马歇尔计划是国家利益的体现，美国在谋求全球战略的同时，也需要付出一定的经济代价。③

除了研究领域和视野扩大以外，这一时期的研究著述还随着马歇尔计划的政府资料相继解密而在文献来源上有所突破。除了涉及马歇尔计划出台的《美国对外关系文件集》等政府档案陆续解密外，许多当年参与马歇尔计划酝酿决策的官员在卸职后开始撰写回忆录，使马歇尔计划的研究获得了重要的历史资料。美国前国务卿迪安·艾奇逊和对战后美国冷战外交

---

① Imanuel Wexler, *The Marshall Plan Revisited*：*The European Recovery Program in Economic Perspective*, Praeger, 1983.

② Robert Wood, *From Marshall Plan to Debt Crisis*：*Foreign Aid and Development Choices in the World Economy*, Berkeley：University of California Press, 1986.

③ Hadley Arkes, *Bureaucracy*, *the Marshall Plan*, *and the National Interest*, Princeton：Princeton University Press, 1972.

政策曾产生重大影响的乔治·凯南等人的回忆录就具有很高的参考价值。[①]
艾奇逊在战后任国务卿和美国数届总统的对外政策顾问，曾参与了杜鲁门政府时期的历次重大外交活动，其回忆录《初创亲历记：我在国务院的年代》提供了马歇尔计划的一手资料。查尔斯·金德尔伯格在 1946至 1947 年任美国国务院德国经济事务主任，参与了马歇尔计划的制订，其回忆录《马歇尔计划的那些天》披露了马歇尔计划的很多鲜为人知的内幕。他指出，当时美国国务院等部门早已确立了欧洲复兴的政策理念和行动方案，其直接目标是增强欧洲国家恢复经济和稳定社会的能力，防止共产主义势力在欧洲赢得民心并夺取政权，而其长远目标则是为美国主导下的多边自由贸易国际经济体系在未来的运行创造条件。[②] 为了纪念马歇尔计划实施 35 周年，经济合作署驻欧洲计划部哈罗德·克利夫兰、经济合作署驻欧洲特别代表林肯·戈登、美国驻德高级行政长官顾问罗伯特·鲍伊等许多参与策划、实施马歇尔计划的当事人编写了《马歇尔计划再回顾》一书，该书成为研究马歇尔计划不可不看的一部重要专著。[③]
一些曾参与马歇尔计划的欧洲国家的官员也出版了有关的回忆录。《从马歇尔援助到大西洋伙伴：美国外交政策中的欧洲一体化》的作者范德伯戈就曾任荷兰外交大臣，参与了马歇尔计划的谈判。他在书中以自己切身的经历，叙述了马歇尔计划的发起及初期的运作，认为马歇尔计划通过修改欧洲内部支付协定、成立欧洲支付同盟和支持欧洲煤钢联营谈判等措施，加强了西欧各国的经济联系，对欧洲一体化的发展起到了重要作用。[④]

从这一阶段的研究可以看出，研究视野的扩大以及文献来源的突破，使马歇尔计划的研究得以初步发展。但是这一时期学者对马歇尔计划的研究也暴露出很多不足。首先，在研究方法上，这些学者仍然受现实主义外交理念及传统的影响，过于强调马歇尔计划如何维护美国的安全与利益，结果对冷战时期影响国际关系演变的强烈意识形态有所忽视；其次，这些

---

① Dean Acheson, *Present at the Creation：My Year in the State Department*, Norton & Company, 1969；George Kennan, *Memoirs, 1950 – 1963*, New York：Pantheon Books, 1972.

② Charles Kinleberger, *Marshall Plan Days*, New York：Routledge, 1987.

③ Stanley Hoffman, ed, *The Marshall Plan：A Retrospective*, Boulder：Westview Press, 1984.

④ Van der Beugel, *From Marshall Aid to Atlantic Partnership：European Integration as a Concern of American Foreign Policy*, Amsterdarm：Elsevier Publishing Company, 1966.

论著在研究视角上往往专注于国家决策层对马歇尔计划的酝酿，把马歇尔计划视为是少数精英的政策，将其实施简约为国家政府间的行为，从而忽略了国家权力之外的社会与文化因素同马歇尔计划之间的联系；最后，在史料的获取上，虽然政府档案和决策者的回忆录加强了这些论著的实证基础，但由于对官方档案的过于迷信，未能看出其中存在的诸多隐讳和遗漏之处。这些现象自 20 世纪 80 年代末以后开始引起学者们的注意，并有所改观。

（二）20 世纪 80 年代末以后的研究

从 20 世纪 80 年代末期起，越来越多的学者对马歇尔计划进行了相当详尽的研究，作出了更为令人信服的解释。这些论著从提出问题的方式和切入的角度，到论述中运用的理论方法等方面都不断推陈出新，强烈地冲击着已渐呈颓势的传统外交史研究范式，给马歇尔计划的研究带来新的视野和新的阐释框架。可以说，这是一个对马歇尔计划进行深入研究的阶段。

该阶段的一个突出特点是在研究视角上发生了转变。在新史学等学术潮流的影响下，很多美国外交史著作在研究中借鉴了其他社会科学的研究方法，将重心从高层转向下层，从精英转向民众，从国家政策转向国家—社会关系以及社会本身的复杂运动与变化。在这种趋势的影响下，马歇尔计划的研究也开始超越了东西方对峙的时空视角，这些论著不再仅仅寻求再现马歇尔计划时期美国政府的决策过程和探究该政策的根源及影响，而是更关心经济、政治和社会力量与美国外交的互动作用，强调文化等因素的影响。美国历史学家迈克尔·霍根的《马歇尔计划：美国、英国和西欧重建》就采用"合作主义"① 的分析方法，突破了对马歇尔计划的传统解释。该书将这一重要的外交政策置于美国 20 世纪建立新的国际经济秩序的努力中加以考察，通过对马歇尔计划政策制定和实施情况进行分析并探讨该政策产生的社会与经济渊源。霍根指出，美国商业、农业、劳工等利

---

① 合作主义（Corporatism）是政治经济学和公共政策领域的概念，它主张通过国家与社会的协商合作，政府以让渡部分公共权力的方式，使利益团体代行了部分公共权力的职能，使其进入公共政策的决策过程，并对相关政策提出意见。迈克尔·霍根、埃米莉·罗森堡等人将合作主义模式用于美国外交史的研究中，他们将影响美国外交政策的国内外因素整合在一起，认为美国外交政策是政府同利益团体妥协与合作的产物，美国企业、劳工、农业以及其他利益团体同政府密切配合，共同扩大美国在海外的影响。

益集团同政府合作，创造出了由专家管理社会的模式，试图通过马歇尔计划使西欧国家放弃民族主义和保护主义，消除关税壁垒，实现贸易自由和通货交换自由。[1] 霍根的这本著作在观念和方法上的突破，为马歇尔计划的研究开辟了新的思路，极大地丰富和补充了人们对这一领域的了解，为后来的研究开创了新的范式。

继霍根的这本书之后，很多研究马歇尔计划的论著也一改以往只关注国家政府行为的倾向，把研究的重心从国家转向劳工组织等国家以外的行为体。安东尼·卡鲁的《马歇尔计划下的劳工：生产性政治与管理科学的市场化》一书就打破了仅仅利用官方档案对美国外交政策进行封闭型研究的局限，运用大量美国和英国劳工组织的档案，对英美生产率委员会的成立、英国劳工组织对技术援助项目态度的转变、马歇尔计划劳工政策的出台等一系列问题作了精细的研究，详尽阐述了马歇尔计划对欧洲劳工运动的影响。该书认为马歇尔计划唤起了欧洲劳工接受美国先进生产方式的意识。[2] 费德里科·罗梅罗在《美国与欧洲贸易联盟运动》一书中通过详细的考证和史料钩稽，多层次、多侧面地探讨了马歇尔计划期间美国如何同欧洲劳工组织联合起来，从而分裂欧洲的劳工运动。[3] 2000 年里安农·维克斯的《操纵主导权：英国国家权力、劳工和马歇尔计划》运用葛兰西"文化霸权"理论对马歇尔计划在英国实施的情况进行了深入考察，集中探讨了英国艾德里工党政府、英国贸易联盟大会对马歇尔计划的反应。该书认为，欧洲贸易联盟顾问委员会和英美生产率委员会这两个组织并非在美国外在压力下建立的，而是英国工党政府为推动英国经济的现代化而主动采取的措施。马歇尔计划扩大了英国劳工组织的影响，使其加入到英国政府结构中，加强了国家的权力。[4]

除了在研究视角上发生转变外，20 世纪 90 年代后出现的关于马歇尔计划的论著在运用的方法上也有所突破，它们愈来愈倾向采用文化研究的

---

[1] Michael Hogan, *The Marshall Plan：America，Britain，and the Reconstruction of Western Europe*，1947 - 1952，Cambridge：Cambridge University Press，1987.

[2] Anthony Carew，*Labor Under the Marshall Plan：The Politics of Productivity and the Marketing of Managerial Science*，Manchester：Manchester University Press，1987.

[3] Federico Romero，*The United States and the European Trade Union Movement，1944 - 1951*，Chapel Hill：University of North Carolina Press，1992.

[4] Rhiannon Vickers，*Manipulating Hegemony：State Power，Labor and the Marshall Plan in Britain*，Houndmills：Palgrave Publishers，2000.

方法来阐释马歇尔计划。其中一些论著关注马歇尔计划期间美国的技术、管理模式在西欧的传播与影响。例如，1998 年马蒂亚斯·基平主编的《欧洲商业的美国化：马歇尔计划与美国管理模式的移植》一书，探讨了二战后美国的管理模式通过马歇尔计划向欧洲移植的机制和渠道，以及这一过程对后来欧洲工业产生的影响。该书收录的数十篇论文详尽分析了马歇尔计划期间欧洲生产机构、商业领导者、美国跨国公司在美国化中的作用，指出马歇尔计划的一个重要目的就是以美国模式为典范，将战后西欧经济发展进程纳入到美国设想的轨道。① 卡尔·戈特瓦尔德于 1999 年完成了博士论文《英美生产率委员会：英国生产率与马歇尔计划》，该文以马歇尔计划的主管机构经济合作署同英国贸易联盟等组织成立的英美生产率委员会的活动作为研究对象，讨论其派遣的赴美生产考察队在技术传播中扮演的角色和显现出的意义。在作者看来，英美生产率委员会采取的很多措施，可以说是用美国经验来解决英国企业生产中面临的问题。② 卡伊·佩德森在《对欧洲管理阶层的再教育：马歇尔计划对法国商业限制性行为的行动》一文中，论述了马歇尔计划期间美国在法国开展的一系列有针对性的管理教育活动。佩德森指出，这些措施旨在使西欧企业管理阶层在接受美国现代企业管理教育的过程中进行思想方式上的改造，摆脱那些束缚生产力发展的旧习俗和旧观念。③ 诸如此类的著作还有《输出美国模式：战后欧洲商业的转型》④《一致性的幻想：美国商业、冷战援助和西欧工业复兴》⑤ 等。

还有一些论著通过研究关于马歇尔计划的电影、在马歇尔计划参与国举办的展览会来透视其中体现的文化观念。艾伯特·赫姆辛的《马歇尔计

---

①　Matthias Kipping, ed, *The Americanization of European Business*, *1948 – 1960*：*The Marshall Plan and the Transfer of US Management Models*, London：Taylor & Francis, 1998.

②　Carl H. Gottwald, *The Anglo-American Council on Productivity*, *1948 – 1952*：*British Productivity and the Marshall Plan*, PhD. Diss, University of North Texas, 1999.

③　Kai Pedersen, "Re-Educating European Management：The Marshall Plan's Campaign Against Restrictive Business Practices in France, 1949 – 1953." *Business and Economic History* 25 （Fall 1996）：267 – 274.

④　Marie-Laure Djelic, *Exporting the American Model*：*The Post-War Transformation of European Business*, New York：Oxford University Press, 1998.

⑤　Jacqueline McGlade, "*The Illusion of Consensus*：*American Business*, *Cold War Aid and the Industrial Recovery of Western Europe*, *1948 – 1958*", PhD. Diss, George Washington University, 1995.

划的欧洲电影处》对马歇尔计划的电影做了简要介绍。[①] 贝尔纳黛特·惠兰的论文叙述了马歇尔计划在意大利和爱尔兰的宣传。[②] 2003 年在纽约召开的马歇尔计划电影研讨会，有来自十多个国家的学者参加，并出版了题为《输出民主：马歇尔计划的电影》的会议论文集。该论文集探讨了1949—1953 年间关于马歇尔计划的各种电影，阐述了美国如何通过这些电影来宣扬美国式的自由主义和民主制度。[③] 埃米·加勒特在 2004 年完成的博士论文《推销美国：马歇尔计划时期的公共文化和公众外交》中，叙述了马歇尔计划的主管机构经济合作署运用各种宣传方式来推动美国营销与消费文化模式在西欧的传递。加勒特保留了传统史学的实证主义传统，将立论建立在扎实严谨的多国档案研究基础上，同时又借鉴文化传播理论，展现了美国的现代消费文化对西欧国家民众思想观念和行为方式的影响。该书采用将传统外交史对档案的研究与新外交史的文化分析相结合的方法，大大拓宽并重塑了我们对马歇尔计划的理解。[④] 布赖恩·麦肯齐 2005年出版的《重塑法国：美国化、公共外交和马歇尔计划》一书以马歇尔计划在法国实施的个案，分析了美国如何利用发行书籍、举办展览、制作电影等方式向法国大众传播美国的大规模生产和大众消费文化。[⑤] 布赖恩·麦肯齐在《创造游览者的乐土：马歇尔计划和法国》一文中，探讨了马歇尔计划期间，美国试图将其旅游行业盛行的营销战略和商业文化移植到法国，从而使法国的旅游业美国化。[⑥] 埃文·诺布尔的论文《马歇尔计划电影与美国化》以大量宣传马歇尔计划的电影资料为研究素材，分析这些电影与欧洲美国化之间的关系，认为这些电影是向欧洲公众宣传马歇尔计划、传播美国文化的重要媒介，使欧洲大众潜移默化地受到了影片中所宣

---

① Albert Hemsing, "*The Marshall Plan's European Film Unit 1948 - 1955：A Memoir and Filmography*", *Journal of Film, Radio, and Television*, Vol. 14, 1994.

② Bernadette Whelan, "Marshall Plan Publicity and Propaganda in Italy and Ireland, 1947 - 1951", *Journal of Film, Radio, and Television*, Vol. 23, 2003.

③ Sandra Schulberg, Richard Pena, eds., *Selling Democracy：Films of the Marshall Plan, 1948 - 1953*, New York, 2004.

④ Amy Garrett, *Marketing America：Public Culture and Public Diplomacy in the Marshall Plan Era, 1947 - 1954*, PhD. Diss., University of Pennsylvania, 2004.

⑤ Brian McKenzie, *Remaking France：Americanization, Public Diplomacy, and the Marshall Plan*, New York：Berghahn Books, 2005.

⑥ Brian McKenzie, "Creating a Tourist's Paradise：The Marshall Plan and France, 1948 to 1952", *French Politics, Culture & Society*, Vol. 21, 2003 Spring.

扬的生活方式影响，加速了美国化的进程。① 格雷格·卡斯蒂略的《家居中的冷战：家庭消费与马歇尔计划在德国的宣传》一文，叙述了马歇尔计划期间美国在德国举办的宣传美国消费文化、艺术成就的几次大型展览会，指出这是输出美国价值观念和生活方式的渠道，并强调冷战是不同生活方式的较量。②

　　值得注意的是，这些论著不仅仅从美国作为传播者的角度来研究文化输出，而且将文化传播的过程看作是受众把外来文化重新处理和吸纳的过程，所以它们十分注重研究西欧国家如何根据自己的经验、需要和价值观对美国文化进行抵制、接纳和改造。理查德·凯塞尔在《诱惑法国：美国化的窘境》一书中考察了第二次世界大战后法国对美国大众文化大规模入侵的反应，指出了美国消费文化与法国文明之间的冲突。在分析马歇尔计划对法国的影响时，作者指出，美国希望通过马歇尔计划将美国的大规模生产技术、消费文化引进法国，用美国文化来改造法国文化，但遭到了法国各界的抵制。法国根据自己的需要，对美国文化开始了有选择的接纳和改造，结果美国化既没有使法国丧失独立，也没有消除法国的文化认同，反倒是让美国化的许多举措在法国面临窘境③。理查德·佩尔斯在 1997 年出版的《与我们不同：欧洲人在二战后如何喜爱、厌恶和转变美国文化》，专辟一章从美欧文化互动的角度探讨了美国如何在马歇尔计划期间向欧洲传播美国文化，分析了美国文化与欧洲文化的融合与会通。佩尔斯指出欧洲人并没有成为美国文化帝国主义被动的受害者，随着美国电影、报刊、音乐等文化产品涌入欧洲，他们在鉴别吸收的基础上，对美国文化加以改造，从而使美国文化欧洲化④。布赖恩·麦肯齐的《重塑法国：美国化、公共外交和马歇尔计划》同样关注法国民众的反应，该书认为美国大规模生产技术、大众文化伴随马歇尔计划的实施蜂拥而来，尽管美国在技术上的进步、经济上的繁荣和文化上的充满活力很容易为其他国家效仿，但法

①　Evan Noble, *Marshall Plan Films and Americanization*, MA Diss., University of Virginia.

②　Greg Castillo, "Domesticating the Cold War: Household Consumption as Propaganda in Marshall Plan Germany", *Journal of Contemporary History*, Vol. 40, No. 2, 2005.

③　Richard Kuisel, *Seducing the French: The Dilemma of Americanization*, Berkeley: University of California Press, 1993.

④　Richard Pells, *Not Like Us: How Europeans Have Loved, Hated, and Transformed American Culture Since World War II*, 1997.

国民众根据自己的经验和价值观对美国文化进行了抵制和改造。[①]

随着英美史学界研究的日益深入，马歇尔计划研究的国际化趋势越来越明显，而且在一系列问题上出现了学术争鸣的繁荣景象。国际化趋势首先表现在资料的来源上，学者们开始打破单边档案研究的旧有框架，从双边乃至多边视角对马歇尔计划加以审视。亨利·佩林的《英国与马歇尔计划》一书就利用了大量美国和英国的外交档案，通过考察英国在欧洲经济合作组织谈判、欧洲支付同盟建立等问题上英国的态度，说明英国外交大臣贝文在马歇尔计划酝酿过程中扮演了重要的角色。[②] 查尔斯·梅尔、冈瑟·比肖夫主编的《马歇尔计划与德国：西德在欧洲复兴计划框架下的发展》一书，运用大量德文资料，展现了马歇尔计划在西德的具体实施情况。该书认为马歇尔计划为西德选择西方的机制与制度扫清了道路，也为日后德国经济腾飞打下了坚实的基础。[③]《美国的羸弱武器：马歇尔计划在法国和意大利》一书更是突破了传统的单边研究框架，在广泛利用美、法、意三国资料的基础上，将马歇尔计划置于法国和意大利经济社会变革的背景之下，探讨其在 1948—1950 年两国政治和社会转变过程中所发挥的作用。该书认为，马歇尔计划对法国和意大利现代化的影响是双重的。就其积极意义而言，马歇尔计划把美国社会具有现代化特征的管理经验、技术和价值观念传入欧洲，从而构成了对西欧传统文化的现代性挑战，诱发了欧洲人需要进行经济变革的意识，刺激了改革派倡导者和现代化知识阶层的崛起，为战后经济现代化运动提供了具有示范意义的参照模式。而就马歇尔计划的负面影响而言，它表现在马歇尔计划是按照美国的意志来规范、干预和设计欧洲现代化的道路，结果遭到一定程度的抵制[④]。这本书将马歇尔计划与欧洲国家的现代化走向结合起来加以分析，对马歇尔计划的是非功过进行评价，既能洞悉这些欧洲国家社会经济变革的脉象，又能切中战后美国文化输出的要害所在，其中许多论点都颇为令

[①] Brian McKenzie, *Remaking France*：*Americanization*，*Public Diplomacy*，*and the Marshall Plan*，New York：Berghahn Books，2005.

[②] Henry Pelling, *Britain and the Marshall Plan*，Macmillan：St. Martin's Press，1988.

[③] Charles Maier, Gunther Bischoff eds.，*The Marshall Plan and Germany*：*West German Development within the Framework of the European Recovery Program*，New York：Berg Publishers，1991.

[④] Chiarella Esposito, *America's Feeble Weapon*：*Funding the Marshall Plan in France and Italy*，*1948 - 1950*，Westport：Praeger，1994.

人信服。

英美学者在进一步加强对美国及其他西方国家资料利用的同时，还重视对冷战中另一方的档案资料的利用，研究苏联对马歇尔计划的反应，这就为通过美苏史料的互证增加研究的可信度提供了可能性。杰弗里·罗伯茨在《莫斯科与马歇尔计划：政治、意识形态和冷战的开始》一文中运用了大量英、俄文资料，他通过分析马歇尔计划出台前后苏联的对外政策以及苏联同美国关系的发展，发现意识形态不仅仅是一种单纯的外在的言辞表述，而在冷战初期国际政治对抗中发挥了决定性作用。① 斯科特·帕里什在《转向对抗：苏联对马歇尔计划的反应》一文中，大量使用了苏联最新公布的档案资料，对苏联、英国和法国围绕马歇尔计划的秘密谈判做了全景式描述，帕里什认为英法外长联手将苏联排挤出西欧，而英法的态度是迫使苏联放弃参加马歇尔计划的重要原因。②

这一时期各国学者之间交流日益增多，也是马歇尔计划研究国际化的一个重要表现。为了纪念马歇尔计划实施 50 周年，欧洲和美国的学者围绕马歇尔计划召开了一系列学术研讨会，各国学者充分利用了因冷战结束而获得的"局外性"的优势，将马歇尔计划置于世界经济全球化的背景中来理解该政策对后来世界经济发展的影响。1998 年出版的论文集《全球货币与经济融合：纪念马歇尔计划 50 周年》汇集了十多国学者的论文，这些学者对马歇尔计划对欧洲经济的发展、欧洲货币联盟以及与此相关的具有不同经济背景的国际关系行为者之间的经济融合，作了深入分析。如有学者指出，马歇尔计划期间推出的很多措施减少了欧洲各国双边贸易协定对双边贸易的限制，在一定程度上遏制了欧洲国家美元储备严重流失的状况。也有学者认为，目前欧洲货币制度是从欧洲货币联盟开始的，其起源可以追溯至马歇尔计划中成立的欧洲支付同盟，该同盟将多边支付和贸易自由化相联系，是美国通过建立西欧地区性贸易和支付组织来推动欧洲一体化的重要步骤。③ 2001 年出版的论文集《马歇尔计划：五十年之后》，

---

① Geoffrey Roberts，"Moscow and the Marshall Plan：Politics，Ideology and the Onset of the Cold War"，*Europe-Asia Studies*，Vol. 46，No. 2，1994.

② Scott Parrish，"*The Turn Toward Confrontation：The Soviet Reaction to the Marshall Plan，June 1947*"，Cold War International History Project Working Paper，No. 2，1994.

③ Gustv Bager，ed，*Global Monetary and Economic Convergence：On the Occasion of the Fiftieth Anniversary of the Marshall Plan*，London：Ashgate，1999.

也是美国学者与外国同行合作研究的重要成果，该书从不同角度探讨了马歇尔计划对经济一体化、全球化和国际格局的影响。大多数学者认为，马歇尔计划中确立的欧洲一体化原则，建立的一系列经济、政治组织，冲破了原来民族国家的界限，密切了西欧各国在政治、经济领域的合作，为目前欧洲一体化的发展提供了经验。①

除了国际化以外，马歇尔计划研究的深入还促成了学术争鸣的大好局面。英美学者在对马歇尔计划中的一些传统问题进行广泛而深入探讨的基础上，提出了不同的观点，展开了学术争论。争论最为激烈的问题是马歇尔计划对战后初期西欧经济复兴的影响。戴维·埃尔伍德、约翰·科利克、欧文·沃尔、迈克尔·霍根等一批学者认为马歇尔计划对战后初期西欧经济恢复起到了至关重要的作用。埃尔伍德在《重建欧洲：西欧、美国和战后重建》一书中明确指出，正是在美国的外力推动作用下，战后初期西欧经济才得以迅速恢复，马歇尔计划在转变西欧管理模式、鼓励采用大规模生产方式、维护大西洋经济联盟等方面发挥了重要作用。② 在《美国和欧洲重建》一书中，科利克以欧美材料和大量数据为基础，指出欧洲复兴中存在的许多问题如果没有马歇尔计划是无法解决的，法国和意大利的经济很可能会崩溃。此外马歇尔计划还在应对 1947 年英国金融危机、解决德国问题和促进欧洲国家实现自由贸易等方面起到了不容忽视的作用③。沃尔的《美国和战后法国的形成》一书，在解读法国和美国的外交档案和私人文件的基础上得出结论：美国在战后初期法国重建、协调法德矛盾、重塑法国劳工联盟等方面都发挥了独特的作用。④ 与上述学者相反，以英国学者艾伦·米尔沃德为代表的一些学者则对马歇尔计划在战后西欧经济复兴中的作用表示质疑。他们认为美国在战后西欧复兴中的作用被夸大了，1947 年欧洲经济面临的问题并没有那么严重，即使没有美国的援助，西欧经济同样会复兴。米尔沃德在《西欧的重建》《马歇尔计划有必要

---

① Martin Schain, *The Marshall Plan*: *Fifty Years After*, New York: Palgrave Macmillan, 2001.

② David W Ellwood, *Rebuilding Europe*: *Western Europe*, *America and Postwar Reconstruction*, London: Longman, 1992.

③ John Killick, *The United States and European Reconstruction*, *1945 - 1960*, Edinburgh: Keele University Press, 1997.

④ Irwin Wall, *The United States and the Making of Postwar France*, *1945 - 1954*, Cambridge: Cambridge University Press, 1991.

吗?》等论著中指出，战后西欧恢复工作早在马歇尔计划出台之前就已经开始，基础设施的重建也早在援助资金到达欧洲之前就已取得了不小的进展，而且马歇尔计划从整体看规模也太小了，不会对西欧经济产生显著的影响。① 米尔沃德从战后西欧经济发展的动力上做出新解释的努力，得到了一些学者的赞同。②

马歇尔计划与冷战起源的关系也是学者们争论比较集中的问题。迈克尔·考克斯、卡罗琳·派普、查尔斯·梅尔等人认为马歇尔计划对冷战的激化和欧洲的分裂以及两极格局的最终形成有直接的责任。考克斯在《美国外交的悲剧? 反思马歇尔计划》一文中指出，正是由于美国政府坚持推行敌视苏联的政策，试图通过马歇尔计划的援助为组建一个强大的西方集团奠定经济基础，以限定甚至侵蚀苏联在东欧的势力范围，结果导致了欧洲的分裂和冷战的爆发。所以他得出结论：马歇尔计划是美国外交的悲剧③。梅尔也认为，马歇尔计划尽管表面上只涉及欧洲经济建设的内容，但是美国对欧洲实施经济援助与复兴政策的本身，就有强烈的意识形态色彩隐含其中，它排斥和孤立苏联的政治意图非常明确。尤其是马歇尔计划的重要目的之一就是将西占区的德国完全纳入西方轨道，其对德国问题的处理引发了第一次柏林危机，冷战出现了第一次高峰④。梅尔文·莱弗勒、马克·特拉亨伯格、斯科特·帕里什等学者提出了不同于前述几位学者的观点，他们从联盟政治复杂性的角度分析了美苏之间对战后世界认识上的种种异同，并进而揭示出美苏关系最终走向恶化的一系列深层原因。如莱弗勒在《美国和马歇尔计划的战略角度》一文中通过分析马歇尔计划前后美国和苏联的战略背景，指出美苏双方均不具有对方所理解的那种进攻性和扩张性意图，双方的政策设计在本质上都有遏制对方的非进攻性特征，

①　Alan S. Milward, *The Reconstruction of Western Europe, 1945 – 1951*, London：Methuen, 1984; Alan Milward, "Was the Marshall Plan Necessary?" *Diplomatic History*, Vol. 13, spring 1989.

②　如有学者运用大量数据说明美国在西德经济复兴中所起的作用微不足道，见 "American Aid and West German Economic Recovery：A Macroeconomic Perspective", Charles Maier, Gunther Bischoff eds., *The Marshall Plan and Germany：West German Development within the Framework of the European Recovery Program*, 1991。

③　Michael Cox and Caroline Kennedy-Pipe, "The Tragedy of American Diplomacy? Rethinking the Marshall Plan", *Journal of Cold War Studies*, Vol. 7, Winter, No. 1, 2005.

④　Charles S. Maier, "The Marshall Plan and the Division of Europe", *Journal of Cold War Studies*, Vol. 7, No. 1, 2005.

所以马歇尔计划的出台及苏联的抵制是美苏双方对对方政策目标误读后采取的反应①。特拉亨伯格指出导致欧洲分裂的因素早在马歇尔计划的酝酿和实施前就出现了，而不能将其归咎于马歇尔计划。② 安娜·比亚吉在《马歇尔计划与共产党情报局的建立》一文中认为，对于欧洲各国共产党摆脱苏联势力范围的防范心理，使苏联感到需要建立一个具有制约功能的国际机构，可以说共产党情报局的产生经历了一个较长时间的过程，并不简单是苏联对马歇尔计划的消极反应③。帕里什在《马歇尔计划、美苏关系和欧洲的分裂》一文中通过对俄文档案的解读发现，苏联对马歇尔计划的反应过于激烈而缺乏灵活性，导致其推出的莫洛托夫计划限制了东欧国家同西方国家经济往来的余地，并发展为独立于统一世界经济市场之外的苏联东欧经济集团。④

回顾英美学者对马歇尔计划的研究，不难看出，他们经过半个多世纪的不懈努力，不仅对美国推行马歇尔计划的动机、举措及对欧洲和美国经济社会发展的影响做了相当全面和深入的探讨，而且在研究方法、解释框架和史学观点上不断推陈出新。英美外交史学者广泛吸取政治学、文化研究、社会学等社会科学的知识、理论和方法，尝试运用合作主义、文化传播等阐述框架分析马歇尔计划；社会团体、跨国公司等非国家行为体在马歇尔计划中的作用，受到了更多的注意；英美学者还为马歇尔计划的研究开辟了新的史料来源，在以往受重视的政府档案、国会辩论、回忆录等史料之外，电影、博览会解说词以及各种社会团体的记录等资料也得到学者的广泛运用。学者在命题的选择、资料的搜集和对事件的解释上各尽所长，以崭新的目光审视过去，展开争鸣，从而以新的历史洞察力推动了这一领域学术研究的进步。

---

① Melvyn P. Leffler, "The United States and the Strategic Dimensions of the Marshall Plan", *Diplomatic History*, Vol. 12, Summer 1988.

② Marc Trachtenberg, "The Marshall Plan as Tragedy", *Journal of Cold War Studies*, Vol. 7, Winter, 2005.

③ Anna Di Biagi, "The Marshall Plan and the Founding of the Cominform", Francesca Gori, ed, *The Soviet Union and Europe in the Cold War, 1943 – 1953*, New York: St. Martin's Press, 1996.

④ Scott Parrish, "The Marshall Plan, Soviet-American Relations, and the Division of Europe", Norman Naimark, ed, *The Establishment of Communist Regimes in Eastern Europe, 1944 – 1949*, Boulder: Westview Press, 1998.

二 本书的主要思路与观点

我国学者对欧洲复兴计划的研究与国外的研究相比还有相当大的差距。国内大多数涉及欧洲复兴计划的论著长期以来都被局限于冷战外交研究的框架之中，从冷战外交的狭隘角度看问题。如有的认为该计划出台的主要目的是服务于美国的战后冷战战略利益，希望通过欧洲复兴计划这种有条件的援助来控制西欧经济；有的认为美国借复兴欧洲经济为名，利用西欧的经济困难，加强对西欧的控制，进而夺取西欧市场，保障美国私人投资和开发资源的权利；还有的认为欧洲复兴计划加速了欧洲的分裂、加强了美苏之间的冷战对峙，使欧洲受援国变得依赖于美国。

最近几年国内出现的一些论著开始不再限于从美国国家利益或冷战安全等角度对欧洲复兴计划进行道德上的讨伐，而比较注意运用政府档案考察美国政府政策的复杂性，特别是对美国决策层内部的分歧作了较为详细的分析，还探究了政策的根源及影响。但这些论著顶多也只是再现欧洲复兴计划的政府决策过程而已，它们关注的仍然是国家政府的行为，结果把欧洲复兴计划简约为少数精英的政策，既忽视了各种社会力量在欧洲复兴计划的酝酿、立法和实施过程中的竞争与融合，也撇开了对欧洲复兴计划具体实施过程的探讨。

鉴于目前对欧洲复兴计划的研究依然有很大的局限性，本书在尽量吸收前人研究成果和解读原始档案的基础上，力图对经济合作署在实施欧洲复兴计划过程中所起的重要作用展开比较全面和深入的考察，希望最终能在如何正确理解欧洲复兴计划的历史作用上有所突破。在研究方法上，本书将传统外交史对档案的研究与新外交史的文化分析相结合，将立论建立在扎实严谨的多国档案研究基础上。同时注重从国际关系学、文化传播学等学科汲取理论资源，借助文化人类学和社会学的观念工具，分析欧洲复兴计划期间美国文化与欧洲文化的融合与会通，以及受美国文化影响的西欧国家民众在思想观念和行为方式上发生的趋向。在研究视角上，本书将研究重心从精英转向民众，从国家政策转向国家—社会关系以及社会本身的复杂运动与变化，更关心经济、政治和社会力量与美国外交的互动作用。通过详细的考证和史料钩稽，多层次、多侧面地探讨欧洲复兴计划产生的社会与经济渊源，以及对后来西欧社会产生的影响。

经济合作署作为欧洲复兴计划的主管机构，与美国政府和利益团体既有合作，又有矛盾。其在西欧重建中实施的项目既有眼前考虑，又有长远目标。欧洲复兴计划并不只是美国政府少数精英设计出来的，它是政府、企业界和劳工合作的产物。尽管美国政府和利益团体关注的侧重点不同，但它们在重建欧洲的问题上却能很好地合作，达成共识，表现在它们不仅成功推动了欧洲复兴计划的制定及《1948 年经济合作法》的通过，而且建立了能代表双方利益并有较大自主权的经济合作署来具体领导和执行欧洲复兴计划。经济合作署在执行欧洲复兴计划上发挥了重要作用，从而使美国政府和利益团体制定欧洲复兴计划的初衷基本上得以实现，包括促进西欧经济的复苏，抑制共产主义在西欧的扩展，促进自由贸易，等等。

经济合作署这一广泛接纳利益团体代表并有较大自主权的机构，在推动西欧经济复兴以服务于美国政府的冷战战略和利益集团的实际利益的同时，具有相当强的文化主导意识。经济合作署希望通过自由贸易、技术援助项目和信息项目将美国的自由企业制度、企业文化和大众文化传播到欧洲，并进而使美国模式的资本主义制度在世界范围内扩大影响。

在经济合作署看来，采用美国经验改造西欧企业的这些思想认识和具体做法，显示出一种具有现代化意义的经济重建模式，似乎西欧国家只要按照经济合作署设想的道路发展下去，就能取得美国已经取得的成就。实际上，经济合作署片面夸大了美国模式的示范作用，忽略了欧洲复杂的政治、经济和文化状况。很多西欧国家在引进美国生产管理方式的同时，不断根据自己的国情寻求适合自身的发展道路，并根据自己的经验和价值观对美国文化进行了有选择的接受和改造，结果非但没有使西欧国家丧失自身的文化认同，反倒让美国化的许多举措面临窘境。

本书第一章从美国政府、英国与美国国内利益团体等多个层面来说明欧洲复兴计划政策的酝酿与制订是多种力量相互竞争与合作的结果。美国国务院等部门为使欧洲摆脱经济困境和为美国主导的多边自由贸易国际经济体系运行创造条件，制定出一系列报告确立了欧洲复兴的政策理念和行动方案；但英国为了维持自己在欧洲的领导权，在欧洲合作组织的性质等问题上提出"反建议"，并迫使美国国务院一次次调整对欧洲复兴计划的安排。美国商业、劳工等利益团体也凭借着各自对欧洲复兴计划的理解支持并参与到欧洲复兴计划政策的制订中，对欧洲复兴计划的关键问题进行了缜密的分析并提出了详尽的建议，为欧洲复兴计划的立法做了准备工作。

第二章从美国行政机构、立法部门和利益团体之间的多元互动来探讨欧洲复兴计划议案的形成及经济合作署的建立。面对欧洲经济衰败和政治动荡的严峻形势，杜鲁门政府向美国国会递交了欧洲复兴计划议案，美国国内围绕这一议案展开了激烈的辩论。这场辩论不仅探讨了复兴欧洲的援助条件和方式，而且反映出杜鲁门政府和社会团体在界定第二次世界大战后美国国际角色、处理对外援助与国内民主之间关系等问题上的基本态度。经过激烈辩论出台的《1948 年经济合作法》明确了欧洲复兴的政策理念，保护了美国利益团体的某些特殊利益，设计出建立在合作主义基础上的、由专家管理协调欧洲复兴的组织模式，促成了国家和社会团体在欧洲复兴计划实施中的通力合作。杜鲁门政府借助为欧洲复兴计划辩护的有利时机，运用"自由的危机"话语在国内营造出强烈的反共氛围。这场辩论不仅完成了欧洲复兴计划的政策设计，加强了美国对外援助活动的制度化程度，而且进一步为第二次世界大战后美国以遏制共产主义和"捍卫自由"为旗号的对外干涉政策奠定了舆论基础。

第三章阐述经济合作署在西欧国家推行的自由贸易举措。为了促使那些即将与美国贸易往来日益密切的国家或地区的经济市场化，并让这些自由贸易区按照美国的价值标准朝着美国所设想的方向不断前进，经济合作署在欧洲复兴计划参与国推行了修改欧洲内部支付协定、成立欧洲支付同盟和支持欧洲煤钢联营谈判等举措，鼓励西欧打破战前支离破碎的民族经济，督促欧洲国家进行货币改革，削减关税壁垒，通过经济一体化来提高生产和消费，营造一种良好的经济环境。

第四章集中探讨第二次世界大战后通过马歇尔计划美国的管理模式向欧洲移植的机制和渠道，以及这一过程对后来欧洲工业产生的影响。经济合作署在战后西欧重建中不仅仅满足于向西欧国家提供物资和资金援助，还希望借此展示美国现代化的经验和技术，为战后经济现代化运动提供具有示范意义的参照模式。经济合作署在西欧推行的技术援助项目，涵盖了对西欧企业生产技术、企业管理观念、劳资关系的现代性改造在内的丰富内容，旨在向西欧输入美国先进技术的同时，推广一种缓解社会矛盾、维护政治稳定的技术手段。本章将具体研究欧洲复兴计划期间欧洲生产机构、商业领导者、美国跨国公司在美国化中的作用，赴美生产考察队在技术传播中扮演的角色和显现出的意义，西欧企业管理阶层接受美国现代企业管理教育从而进行思想方式上的改造等问题。

第五章论述经济合作署在欧洲复兴计划国家开展的信息项目。欧洲复兴计划实施期间，经济合作署曾通过主办、资助出版杂志、书籍、制作电影、举办展览等交织并行的方式，向西欧国家宣传美国的个人主义、消费文化模式，希望西欧民众在欣赏或享受这些文化载体所传送信息的同时，潜移默化地接受美国的价值观念和生活方式。本章将运用欧洲复兴计划时期美国在西欧制作的电影、报刊、展览会解说词等资料为研究素材来透视其中体现的文化观念，探讨美国大众文化在其疆域之外的传递，展现其对西欧国家民众思想观念和行为方式的影响。

第六章阐述经济合作署面临的困境及欧洲复兴计划的终结。随着欧洲复兴计划的逐步展开，经济合作署在欧洲复兴和国际关系上表现出愈来愈强的主导性，它在推行欧洲复兴计划时的目标超出了冷战决策者和利益团体的狭隘眼界，主张采用竞争性价格购买石油和运输援助物资，拒绝按照美国政府的指示使用欧洲复兴计划对等基金购买或生产战略储备物资，甚至不顾美国政府推行的东西方贸易管制政策，鼓励同苏联及东欧国家发展贸易。随着冷战国际形势的发展和美国政府对国家安全的高度关注，经济合作署受到美国政府压制而最终宣布解体，欧洲复兴计划也随之结束。

本书所使用的基本史料大体可以分为以下几类：一、美国政府已经解密或经整理出版的文件档案。包括美国国务院出版的《美国对外关系文件集》（FRUS）、美国国会两院关于欧洲复兴计划的听证会记录、《杜鲁门总统文献史》、美国国务院简报、经济合作署呈递给国会的报告、欧洲经济合作组织向经济合作署递交的报告等。二、对欧洲复兴计划制定产生重要影响的当事人写的日记、回忆录和自传等。三、各类小册子。包括美国商业、劳工组织报告，英美生产率委员会考察队报告等。四、《纽约时报》《华盛顿邮报》《新闻周刊》等报纸、杂志。

第一章　欧洲复兴计划的酝酿和制订

　　欧洲复兴计划从酝酿起就在不同层面上运作，参与的角色众多，其诞生是美国政府、英国以及美国利益团体多种力量相互竞争与合作的结果。面对第二次世界大战后欧洲经济衰败和政治动荡的严峻形势，美国国务院等部门制定出一系列报告确立了欧洲复兴的政策理念和行动方案，其直接目标是增强欧洲国家恢复经济和稳定社会的能力，防止共产主义势力在欧洲赢得民心并夺取政权，而其长远目标则是为美国主导下的多边自由贸易国际经济体系未来的运行创造条件。

　　美国政府的这些目标遭到英国的挑战，使美国最初制定出的欧洲复兴计划政策被迫做了一些调整。英国由于不甘心在战后沦落到仅仅是欧洲国家的一员，希望借美国的实力保留其大国地位，维持自己在欧洲的领导权，因此不愿意对其经济结构进行实质性的变革，更反对建立超国家性质的欧洲组织来指导生产。面对英国的异议，美国国务院作出了让步，不仅在政策上进行了部分调整，而且暂时放弃了在欧洲进行贸易和货币制度改革等推动欧洲一体化的内容。

　　美国国内的商业、劳工、农业等利益团体对欧洲复兴计划的酝酿和制订十分关注，并起了相当大的推动作用。事实上，欧洲复兴计划为美国商业、劳工等利益团体提供了一个施展其政治抱负和经济理想的舞台，它们凭着各自对欧洲复兴计划的理解，通过发布声明、发表演讲等方式支持欧洲复兴计划。这些利益团体还通过在哈里曼委员会的活动参与到欧洲复兴计划政策的制订中，它们对欧洲复兴计划的诸多关键问题进行了缜密的分析，使欧洲复兴计划的运作框架进一步完善，为后来的立法做了相当多的准备工作。

第一节　对欧援助政策从"救济"到
"复兴"的转变

　　第二次世界大战后，在欧洲经济陷于崩溃的背景下，美国为稳定欧洲政治局势、防止饥荒动乱，通过一些国际组织向欧洲提供了有限的贷款和救济物资，但这些救济性援助并未达到促进欧洲复兴的目标，欧洲国家在经济、政治上出现更为严峻的危机。这些早期救济性援助政策的难以奏效、国内舆论压力的加大，以及通过大国合作解决德国问题设想的破灭等因素，迫使美国国务院改变了对欧洲仅仅实行"救济性"援助的政策，为促进欧洲长期稳定将复兴欧洲经济的方案提上了议事日程。

一　美国对欧洲救济性援助难以奏效

　　第二次世界大战后，饱经战争摧残与蹂躏的欧洲变得满目疮痍、遍体鳞伤，陷入了严重的经济、政治危机之中。在经济上，西欧各国生产力遭到极大破坏，物资极度匮乏。第二次世界大战后德国丧失了四分之一的领土，余下领土被苏、美、英、法分区占领，德国十分之一的平民死于战争，国外财产丧失殆尽，交通运输瘫痪，原料不足，粮食奇缺，工业生产陷入混乱状态，货币体系紊乱，通货膨胀恶性发展。按1936年价格计算，1946年四个占领区的国民收入仅相当于1936年的54.4%，工业生产相当于1936年的27%，麦类收获量相当于十年前的59.8%。意大利经济也严重受损，出现了大量失业和巨额财政赤字。其国民财富的三分之一毁于战火，战争结束时国民收入只有1938年的一半，总吨位为350万吨的商船损失了90%以上，被破坏的铁路占25%，损失的机车达60%，被毁损的公路达35%，生铁生产能力的67%和炼钢能力的34%已不复存在。农业生产水平比战前降低40%，工业生产下降了三分之一。[1] 法国本是西欧大

---

① Harry Price，*The Marshall Plan and its Meaning*，Ithaca：Cornell University Press，1955，pp. 46 – 47.

国，又是战胜国，但它遭受了法西斯铁蹄的践踏，更是伤痕累累，虚弱不堪。战争使法国国民财富丧失三分之一，黄金外汇储备近于枯竭，资金拮据，债台高筑。大批工厂设备毁于战火，1944 年的工业生产只及 1938 年的 38%。农业生产也严重衰退，100 万公顷土地遭到破坏而不能耕种，谷物产量大幅度下降，从 1930—1939 年间的平均年产量 7870 万公担降至 1942 的 5483 万公担，法国居民每日口粮只有六盎司面粉。交通运输情况同样惨不忍睹，到战争结束时只有 17% 的铁路可以使用。英国既是战胜国，又是本土未被占领的国家，而且表面上看仍然是一个庞大的殖民帝国，但战争使英国的经济实力遭到严重削弱。在战争中，英国的伤亡、失踪人数高达 57.3 万，国民财富的四分之一毁于战火，战争期间出口贸易减少近十分之七，而战时军费支出则高达 250 亿英镑。为了支付战争物资的进口，英国还变卖了 42 亿英镑的海外资产，国债由 1939 年的 72.5 亿英镑增加到 1945 年的 214.7 亿英镑。英国首相丘吉尔在波茨坦会议上承认，英国是作为世界上最大的债务者走出这场战争的。①

更为严重的是，西欧经济濒临崩溃引发了政治上的危机，西欧资本主义国家不得不面临共产主义运动兴起的问题。在战争期间，许多西欧国家的共产党及其领导的武装力量发展壮大，成为第二次世界大战后欧洲政治舞台上一支举足轻重的力量，其中尤以法国、意大利共产党的政治影响格外引人注目。在战后初期的法国大选中，法国共产党获得选票的比例为 28.5%，成为议会中的第一大党。在意大利，共产党拥有三分之一的选票。1945—1947 年，包括法国、意大利、比利时在内的 8 个西欧国家的共产党均参加了本国联合政府，而且在内阁中占据了重要职位。②

在欧洲经济陷于崩溃、政治面临危机的背景下，美国国务院通过国际复兴开发银行和联合国善后救济总署等国际组织，以贷款和资助的方式向欧洲提供了救济性援助。国际复兴开发银行是根据布雷顿森林会议的决议而设立的，于 1946 年 6 月 25 日开始营业。美国最初的设想是，该行不应局限于借出它自己的资金，而应利用它的信誉在世界投资市场上借款，并由它自行负责去借或者由它提供借款保证。但美国通过国际复兴开发银行提供贷款和资助而展开的救济性援助在解决欧洲经济问题上具有很大的局

---

① Harry Price, *The Marshall Plan and its Meaning*, pp. 50 – 52.
② Ibid. , p. 56.

限性。由于美国的投资者不信任那种没有以有形的美元或黄金基金担保的保证书，国际复兴开发银行难以筹集到大量资金，总共只弄到 7. 295 亿美元。这对于解决欧洲国家急迫的资金短缺问题来说显然只是杯水车薪而已，更不要说有效地履行在全球建立国际储备、融通资金和稳定汇率的职责了。

除了通过国际复兴开发银行贷款外，美国还通过联合国善后救济总署（United Nations Relief and Rehabilitation Administration，UNRRA）向欧洲提供物资。联合国善后救济总署孕育于第二次世界大战期间，英、美两国考虑到战后初期战争受害者可能面临的生存困境，决定动员本土未遭受敌国直接入侵的联合国成员国捐资，对战争直接受害国及其难民提供大规模的善后救援。可是欧洲的情况比这些援助所能解决的问题要严重得多。由于旱灾导致严重歉收，食品供给恶化，食物、原材料和代用品的短缺需要大量外汇（美元）进口这些物资。当年欧洲受战争破坏地区的商品进口额为202 亿美元，出口和其他经常性收入额为 131 亿美元，逆差 71 亿美元。不仅如此，由于出口所得货币不可全部兑换为美元，它们实际上不能全都用来购买所需进口商品，所以欧洲的贸易逆差比账面上看到的还要严重。[①]尽管如此，善后救济总署还是在 1947 年 6 月 30 日结束了在欧洲的活动，使欧洲国家无法再指望从那里得到本来就为数不多的资助。

在救济性援助方面，美国还通过与英国签订双边贷款协定向英国提供贷款。根据 1945 年 12 月的《英美财政协定》，美国承诺四年内给予英国37. 5 亿美元贷款，贷款年息为 2% 。全部贷款在 50 年内还清。[②] 然而，这笔美元贷款并未能解英国财政的燃眉之急，世界范围内的抢购美元和美国商品的风潮造成战后初期资本主义世界的"美元荒"和美国商品价格的猛涨，致使英国获得的这笔美元贷款的实际价值降低了28% ，以至于原定五年用完的这笔贷款一年便告罄了。[③] 另外，英镑持有国为了购买供应比较充足的以美元标价的美国商品，纷纷将手中的英镑抛回英国兑换美元，一些向英国供应商品的国家也开始要求以美元支付，结果使得英国的美元和黄金储备

---

① Dean Acheson，"U. S. Position Regarding UNRRA,"NBC radio address，December 8，1946，*Department of State Bulletin*15，1946，p. 1107.

② Department of Commerce，Office of Business Economics，*Foreign Aid by the United States Government*，*1940 – 1951*，Washington，D. C，U. S. Government Printing Office，1952，p. 14.

③ Department of Commerce，Office of Business Economics，*Foreign Aid by the United States Government*，*1940 – 1951*，p. 36.

急遽减少。英国工党政府束手无策，急切希望美国能够提供更多的援助。

表 1—1　　　　　　**1945—1946 年美国向欧洲贷款及赠予数额**

单位：百万美元

国家	可提供数额			已经利用数额			未利用数额		
	总计	贷款	赠予	总计	贷款	赠予	总计	贷款	赠予
奥地利	195	11	184	140	1	139	54	9	45
比利时	210	149	61	210	149	61	—	—	—
法国	1928	1907	21	1719	1698	21	209	209	
希腊	745	121	624	329	55	274	67	67	
意大利	616	221	395	784	223	561	147	108	
荷兰	803	783	20	276	256	20	27	27	
英国	4762	4428	334	4334	4000	334	425	425	
德国	767	—	767	527	—	527	220	—	—

资料来源：*Outline of European Recovery Program*：*Draft Legislation and Background Information.* Printed for the use of the Senate Committee on Foreign Relations，80th Congress，1st session，1947，p. 28.

从表 1—1 可以看出，美国在 1945—1946 年通过上述方式向西欧共提供各类经济援助约 90 亿美元，但到 1947 年初上述措施显然已不足以挽救欧洲的经济政治危局。这主要是由于战后欧洲重建进口需求量大，欧洲国家只能被迫动用本已告罄的外汇储备，而国内生产上不去又使出口大减，结果自然是国际收支的严重失衡。另外，由于恢复生产的初期阶段国内需求畸形和通货膨胀失控，出口创汇的能力受到了进一步限制，结果使国际贸易不平衡更加严重。据统计，1946 年欧洲的出口只有 1938 年的 62%，战前欧洲对美国的出口收入可以抵偿从美国进口所需资金的一半，可 1946 年的出口值却只抵偿进口值的 20%，欧洲与美国商品的进出口贸易赤字在 1946 年高达 34.72 亿美元。[①]

原已凋敝不堪的西欧，偏偏在 1946 年底又遭到百年罕见的严寒袭击，

---

① Department of Commerce，Office of Business Economics，*Foreign Aid by the United States Government*，*1940 - 1951*，pp. 42 - 43.

接连几场暴风雪，随后又是洪水泛滥。这对已满目疮痍的西欧来说无疑雪上加霜。持续严寒的冬季使欧洲极少量的存煤迅速告罄，结果不仅使欧洲工业生产活动因缺少燃料和电力而受到严重阻碍，而且使过度紧张的交通运输也频繁中断。西欧其他国家也出现了经济崩溃的惨象。英国农业倒退到 19 世纪的水平，工业一半以上完全瘫痪，失业人数达 600 万以上。1947 年 1 月 13 日，英国决定把煤的配给额削减一半，1 月 29 日英国政府发表的白皮书公开承认："不列颠处于极其危险的境地，全国工厂有一半停工，煤矿完全停产。"① 1946 年德国四个占领区的国民收入只有 320 亿帝国马克，仅相当于 1936 年的 54.4%，工业生产相当于 1936 年的 27%。1947 年的一条香烟几乎等于德国工人一个月的工资。② 法国则在 1947 年损失了 320 万英亩的小麦，国民生产总值倒退到 1910 年的水平。整个西欧燃料和粮食严重匮乏，各国物资奇缺，通货膨胀，物价飞涨，黑市猖獗，经济处于崩溃的边缘。西欧的政治危机也日益加剧。1946 年，许多城市还只是零星地爆发抗议和游行示威活动，可是到了 1947 年 3 月，食品和住宿的严重缺乏，引起了人们的巨大恐慌，很多地方都发生了严重的冲突，而且相当频繁。共产党力量的壮大不仅引起了西欧各国资产阶级政党的恐慌，而且也让自诩为资本主义制度守护者的美国政府坐卧不安。1947 年 2 月 27 日，艾奇逊在白宫秘密会议上惊呼："在法国，共产党控制了最大的工会组织，并在政府各部、工厂、军队中安插大量人员，将近三分之一的法国选民投共产党的票。在法国经济如此糟糕的情况下，俄国人随时都可能下手。"③

二　国内要求改变对欧援助政策的压力加大

欧洲经济和政治的动荡引起了美国多方人士的担忧和关注，建议美国重新考虑对欧洲援助政策的不仅有政府官员，而且有在野人士，还包括新闻界的著名人物。他们的主张和要求形成强大的压力，成为影响杜鲁门政府对欧洲政策的重要因素。当时力主复兴欧洲经济的首先是美国政府的部

---

① Joseph Jones, *The Fifteen Weeks*: *February 21 – June 5*, 1947, p. 78.

② Papers of Charles P. Kindleberger, United States Political Adviser for Germany, August 14, 1946, in Dennis Merril, ed., *Documentary History of the Truman Presidency*, Vol. 13, Establishing the Marshall Plan 1947 – 1948, pp. 7 – 8.

③ Joseph Jones, *The Fifteen Weeks*: *February 21 – June 5*, 1947, p. 140.

分官员。早在 1945 年 7 月 22 日，陆军部长史汀生在呈送美国总统杜鲁门的备忘录中，就提出要复兴欧洲。史汀生认为，没有统一的政策和分配方法是不利于欧洲经济复兴的，美国应当为整个欧洲的经济复兴制订全盘协调的计划，把美国所能提供的诸如战争剩余物资、进出口银行贷款等，委任于一个机构管理。史汀生提议设立一个由美国人任主席的欧洲经济委员会，该委员会在总统的直接领导下，负责分配美国援助欧洲的物资。1946 年 4 月，美国国务院驻德奥经济事务助理沃尔特·罗斯托（Walt Rostow）在给国务卿的信中指出，需要放弃原来零散的援助模式，寻求一种新方法来解决欧洲重建问题，从被动的单项方案转向积极的综合努力。罗斯托认为，盟国远征军最高司令部战时设立的欧洲煤炭组织、欧洲中央内陆运输组织、欧洲紧急经济委员会等临时性机构，曾为美国协调欧洲经济创造了条件，美国应充分利用这些条件，推动欧洲经济的复苏。罗斯托建议，成立两个相互联系的欧洲组织，一个暂且称为欧洲政治理事会，由美、苏、英、法担任常任理事，其他常任理事由欧洲国家轮流担任；另一个叫欧洲经济和社会理事会，可以将中立国和战败国接纳进来，该理事会与联合国经济和社会理事会相互配合。①

1947 年以后，复兴欧洲经济的想法得到了更多重要人物的支持。是年 1 月 17 日，约翰·杜勒斯（John Dulles）作为共和党外交政策顾问发表演讲，号召按照联邦主义的方向重建欧洲，以促进欧洲的经济统一。杜勒斯指出，纳粹德国的野蛮征服和横暴奴役，使欧洲人民濒临饥馑，大片田野荒芜，整个经济惨遭破坏，美国政府应当酝酿重大举措来解决这些复杂的问题。一个分裂为好些小碎块的欧洲是不健康的，欧洲的一切潜力都必须予以利用，欧洲市场应该和大规模消费的廉价生产所需的现代化技术相适应，如果欧洲根据联邦的方式加以重建，即每一个国家对于经济资源都拥有权利，就像美国几个州对于田纳西流域管理局享有权利一样，那么这种类型的欧洲国家的合并是可以实现的。杜勒斯还建议采取某种超国家的方式来控制德国鲁尔工业区，使欧洲其他国家不但能够避免德国的战争威胁，又能充分利用德国的工业资源推动欧洲经济复兴。②

---

① Rostow Walt, *The Division of Europe after World War* Ⅱ: *1946*, pp. 51 - 69.

② John Dulles, "Europe Must Federate or Perish: American Must Offer Inspiration and Guidance", *Vital Speeches of the Day* 13, Feburary 1, 1947, pp. 234 - 236.

　　美国国内主要媒体也对欧洲经济的发展给予了广泛的关注。1947 年 2 月 3 日的《纽约时报》头版刊登了欧洲 20 国经济恶化的情况，文章指出，在德国和奥地利，每日人均卡路里摄取量仅仅 1550，意大利也只有 1800，法国日人均卡路里摄取量在 1500—1800，远远达不到人体的基本需求。① 该报报道了 1947 年初法国黑市猖獗的情况。文章指出，法国企业为了弥补亏损，通过黑市出售它们的一些产品。人们知道目前流通的钞票的一部分迟早会被取消，使黑市上的货币量过多。当时日用品价格高达战前水平的 3 倍，在黑市购买的商品占到普通工人收入的 40%。② 一些文章描述了英国人面临食物短缺的场景：当食品运到时，需要排着没有尽头的长队来等待，有时要向店主笑脸相陪，因为家庭的命运是通过配给卡与店主连在一起的，配给的食品集中在一起吃，一点也不浪费。③《华盛顿邮报》《洛杉矶时报》《基督教箴言报》发表了许多社论，主张帮助欧洲复兴，推动欧洲一体化。《华盛顿邮报》在 1947 年 2 月 5 日指出："欧洲正处于绝望之中，需要在政治经济上采取某种联邦形式。"《华盛顿星报》的记者也撰文强调："美国应当在鉴于自身经验的基础上，组建欧洲联邦"；《生活》杂志在 3 月 17 日的评论中指出："美国的政策应当是帮助欧洲国家效仿美国模式，建立欧洲合众国。"④ 著名政论家沃尔特·李普曼（Walter Lippmann）在《华盛顿邮报》发表文章，建议美国政府改变对欧洲的援助方式。李普曼描绘了处于崩溃边缘的欧洲情况。他指出："目前仍有时间来考虑采取措施，应对欧洲出现的危机，如果这种危机不得以解决，必将影响整个世界"，目前"危机正在蔓延，欧洲国家遭受饥饿和动荡带来的痛苦，欧洲国家崩溃，威胁着美国和世界"，"为了阻止危机吞噬欧洲，避免引起世界范围内的混乱，有必要将欧洲国家视为一个经济联邦，采取新的措施应对危机"⑤。

---

① Thomas J. Hamilton, "World Food Survey Shows Where Aid Still Is Needed", *New York Times*, February 3, 1947, pp. 1, 10.

② Lansing Warren, "Black Market Plagues France", *New York Times*, February 3, 1947, p. 10.

③ Mallory Browne, "Desperate Housewives in Britain Warn Government on Shortages", *New York Times*, April 3, 1947, p. 12.

④ Van der Beugel, *From Marshall Aid to Atlantic Partnership*: *European Integration as a Concern of American Foreign Policy*, pp. 101 – 103.

⑤ Walter Lippmann, "Cassandra Speaking", *Washington Post*, April 5, 1947, p. 9.

三 大国合作解决德国问题努力的破产

随着东西方关系的日趋紧张，战时同盟难以为继，美国通过大国合作解决德国问题的计划遭到挫败，从而进一步促使美国政府考虑制定欧洲复兴计划。德国曾是两次世界大战的罪魁祸首，给欧洲各国带来了深重灾难。战争结束后，欧洲国家对德国仍怀有戒心，担心德国重新武装，对周边国家造成威胁。如何避免战争的再次爆发、消除德国对世界和平的威胁和保护本国的安全，成为各国关注的首要问题。在对德政策上，西方盟国采纳了美国 1946 年 3 月提出的"德国工业水平计划"（level of industry plan）。该计划规定德国向曾遭受其侵略的国家提供经济赔偿，德国只容许留下一些维持自给的工厂设备，其工业生产水平要受到限制，而且要转移大量工业设备。该计划把德国工业分成三类，一类是直接具有军事性质的，坚决予以禁止，共有 14 项。第二类是能够用于军事但基本还是民用的工业，允许存在但要限制产量，共有 12 项，如钢铁生产能力可以保持750 万吨，但年产量限定为 580 万吨。第三类是允许自由发展的，如煤、焦炭、玻璃和纸张等。① 由此可见，该计划首要的目标是要从物资层面上消除德国发动战争的经济基础，达到"经济安全"。于是，它要求严格地限制和控制德国的工业生产，拆除所谓"过剩的"经济力量，把德国的工业生产维持在极低的水平上，使之没有能力再构成对世界的威胁。为了保持德国与欧洲国家之间的均衡，美国希望该计划能使德国自给自足而又不威胁其他国家的经济和安全。

由于严格限制工业生产，摧毁和拆除具有军事潜力的工业设备，给德国工业带来了极为严重的后果，使原本已经残破的德国经济更加恶化，导致德国国内怨声载道。战后的德国国民生产总值不到战前的一半，各大城乡居民面对的是堆积如山的瓦砾和废墟，劫后余生的人们面临的首要问题是生存。在汉堡，受饥饿困扰的德国妇女和孩子拥坐在铁路边，向过往的乘客乞讨。到了 1947 年初，温度骤然降至零下 20 摄氏度，德国某些地方的交通完全中断，北部和西部的所有河流和运河全被封冻，不能通航。这

---

① "Reparations and the Level of Post-War Germany Economy: Plan of Allied Control Council", *Department of State Bulletin* 14, April 14, 1946, pp. 636 – 639.

使得 1947 年初的工业生产减少了 1/4。而煤的供应停止，使得许多企业、工厂、学校以及其他国家设施被迫临时关门。① 当时的美国报纸这样描述道，在柏林，很多人不得不吃草和树皮充饥。取暖的燃料根本就不够，人们没有任何煤炭。每天电力供应最多只有 2 小时，人们个个饿得半死，到处是手脚肿胀、缺胳膊短腿的人群。在鲁尔，人们仅仅能够得到基本食物配给额的一半，而且在以后 4 周内面包配给额将减少五分之二，从 92 盎司降低到 55 盎司，由于下两个月可得的做面包的谷物中近一半是玉米，使这些面包既硬又难消化。油脂类的配给量一般为每月 7 盎司，最低时只有 2 至 3 盎司。工人为了抗议食品短缺，不久将举行罢工。文章指出，如果发生罢工，将会对德国出口和工业带来非常严重的影响。② 美国经济学家约翰·加尔布雷斯（John Galbraith）在《财富》杂志发表文章，对美国的对德政策表示质疑，他提到，在交通运输正常时，德国人每天分到平均 1550 卡路里热量的食品，60% 的卡路里来自马铃薯和面包，交通瘫痪后，鲁尔工业区等地的食品定量每人每天开始不到 1000 卡路里，使本来就营养不良的老百姓更加痛苦。美国对德国的政策究竟是什么？③

可以说，西方三占区以惩治德国为目标限制德国经济发展的做法，不但没有实现"经济安全"，反而加剧了西占区经济状况的严重恶化以及由此带来的政治动荡。华盛顿政府当时被巨大的恐惧笼罩，害怕德国乃至西欧从此会彻底毁灭。这不能不引起美国政府的高度重视。杜鲁门总统派遣赫伯特·胡佛带领调查团对西欧的发展前景做出估量与判断。经过两个月的考察，胡佛调查团在其递交的关于德国问题的报告中就德国现状、如何扩大德国出口贸易、减轻美国纳税人的负担提出了建议。报告指出，1947 年德国西占区的工业就业人数为战前水平的 89%，平均生产率仅达到战前水平的一半。工厂每小时工资下降了四分之一到三分之一。食品定量配给限制了购买，很多人以高于官方价格 5 至 10 倍的价格从黑市购买食品、衣服。在长达 4 个月的漫长冬季里，全德国死亡人数至少 10 万，冻伤、浮肿、患上软骨病、肺结核者达数百万，仅柏林一地就至少 1000 人饿死冻死。报告强调，德国经济不稳定就不可能有欧洲的恢复，对德国进一步

---

① "Snow in Germany", *New York Times*, February 6, 1947, p. 3.

② Jack Raymond, "Germans Pull in Belts", *New York Times*, February 3, 1947, p. 10. "Deaths from Freezing," *New York Times*, February 6, 1947, p. 3.

③ John Kenneth Galbraith, "Is There a German Policy?" *Fortune*, January 1947, pp. 187 – 189.

实施这种严厉政策必然会引发更为严重的混乱甚至革命。报告建议美国取消对德国工业生产的限制，停止迁移非军事工业设备，把鲁尔和莱茵河地区还给德国，把德国建立成一个统一的联邦国家，将四大军事区合并，并在西欧国家之间开展自由贸易。①

胡佛的建议得到了美国决策层中很多人的赞同。包括商业部长艾夫里尔·哈里曼（Averell Harriman）、海军部长詹姆斯·弗雷斯特尔（James V. Forrestal）、预算局局长詹姆斯·韦布（James E. Webb）。这些官员也认识到，如果没有经济稳定的德国也就不可能有欧洲的恢复，强制性的措施显然已经无法继续实行下去了。美国大多数官员认为，将德国控制在一个联合体中不但能够防止德国军国主义复活，消除欧洲不稳定的根源，还可以增强西德抗衡苏联的能力，保障欧洲的安全。此外，美国还担心德国倒向苏联，因为苏联很可能用统一德国、划定波兰边界和提供经济援助的诱惑来吸引德国，使西德接受苏联提出的条件而脱离西方阵营。要从根本上解决德国问题，消除德国的军事扩张野心，防止它倒向苏联，一方面要使德国获得平等的地位，另一方面又必须对德国进行遏制，通过欧洲一体化建立欧洲联邦或其他具有一体化性质的机制，取代一部分民族国家主权，使德国和西欧在政治和经济上全面联合。②

于是，美国政府开始考虑改变对德国实施战后管制及彻底整肃德国社会政治与经济生活的既定方案，提出了将德国全面融入欧洲的战略设想。但美国的这一设想遭到了苏联的坚决反对。1947 年 3 月 10 日，美、英、苏、法四国外长在莫斯科召开会议。③ 美国国务卿马歇尔在会议上提出德国经济统一的方案。他建议要采取各种措施，打破德国各占领区的界限，把德国的人力、生产和产品作为一个整体来对待，并在德国实施财政改

① The President's Economic Mission to Germany and Austria：Report No. 1. German agriculture and food requirements，in Dennis Merril，ed.，*Documentary History of the Truman Presidency*，Vol. 13，Establishing the Marshall Plan 1947 – 1948，Washington，1995，pp. 24 – 27.

② Walter Millis，ed.，*The Forrestal Diaries*：*The Inner History of the Cold War*，New York，1951，pp. 255 – 256.

③ 关于莫斯科会议的具体内容参见 U. S.，Department of State，*Foreign Relations of the United States*，1947，Washington，DC，1972，pp. 234 – 491；Gimbel，*Origins of the Marshall Plan*，pp. 186 – 194；Lucivs D. Clay，*Decision in Germany*，Garden City，NY，1950，p. 174；Charles E. Bohlen，*Witness to History*，*1929 – 1969*，New York，1973，pp. 262 – 263；Alan Bullock，*Ernest Bevin*，*Foreign Secretary*，*1945 – 1951*，New York，1983，pp. 377 – 392。

革，发行新的货币。马歇尔希望这一方案能够推动德国工业复兴，从而带动整个欧洲的复兴。苏联外长莫洛托夫对此表示反对。他谴责英美在德国成立的双占区违背了波茨坦协定，实际上造成了德国的分裂。莫洛托夫认为，德国应恢复成为一个统一的国家，在柏林成立德国临时中央政府，实现德国的政治统一。① 这次会议在争吵中结束，没有取得任何成果。

莫斯科四国外长会议的失败使马歇尔深信，战后复兴并没有像预期的那样实行，战后国际合作也遭到了失败，而且苏联打算从目前德国和欧洲面临的困难局面中谋求政治利益。如果美国继续维持原来的援助政策，那无异于坐以待毙。因此，美国必须加速欧洲复兴。从莫斯科返回后第二天，马歇尔就发表广播讲话，指出目前的问题不仅关系到欧洲和世界的安全，而且也关系到整个欧洲的繁荣，因此应将德国经济融入欧洲经济，促进欧洲生产，减轻占领国的财政负担，增强欧洲内部的经济力量。马歇尔指出，欧洲的复兴比预期的慢得多，分化瓦解的力量日益明显，病人正陷入沉疴，而医生们还在讨论不休。美国不能等待，必须立即采取行动。② 各项救济性援助政策的失败、国内要求改变政策的压力以及通过大国合作解决德国问题设想的破灭等因素，终于促使美国政府开始考虑制定欧洲复兴计划。

第二节　美国国务院与欧洲复兴计划的酝酿

从 1947 年 3 月开始，美国国务院将制定欧洲复兴方案正式列入议事日程。国务院、陆军部和海军部组建的三部协调委员会和国务院政策设计室撰写了一系列报告，为欧洲复兴计划提供了指导原则，而随后克鲁格委员会、诺斯委员会的研究则对美国的资源状况、欧洲复兴计划对美国经济的影响等问题进行了评估，还对欧洲复兴政策的某些细节作出补充和修改。这些报告和研究的出台标志着欧洲复兴计划的基本指导原则和运作框架对于美国外交的决策者们来说已成竹在胸。在他们看来，美国推行欧洲复兴

---

① Papers of Charles P. Kindleberger, Delegation of the United States of America, in Dennis Merril, ed. , *Documentary History of the Truman Presidency*, Vol. 13, Establishing the Marshall Plan 1947 – 1948, p. 95.

② Department of State, *Bulletin* 16, May 11, 1947, pp. 919 – 924.

计划的直接目标是支持欧洲一体化使欧洲摆脱经济困境，长远目标则是为美国主导的多边自由贸易国际经济体系的运行创造条件，至于通过欧洲复兴计划抵制苏联的用心自然也是路人皆知的目标之一。

一　欧洲复兴计划指导原则的初步拟定

为了制定欧洲复兴政策，美国副国务卿艾奇逊建议由国务院、陆军部和海军部组成三部协调委员会（State-War-Navy Coordinating Committee）来研究对欧洲国家的援助政策。1947 年 3 月 11 日，由美国国务院情报研究司司长威廉·埃迪（William Eddy）任主席的三部协调委员会成立，并于1947 年 4 月 21 日写出报告。三部委员会报告中涉及的范围既广泛又详细，包括十几个处于危急中欧洲国家的粮食、燃料、原料储备、外汇与黄金储备等情况。它在分析这些国家国内政治紧张局势和经济状况可能引起的政治后果的同时，对美国与这些国家在 1947 年之后三年的国际收支平衡情况、现有计划下美国与联合国可能提供的资金、以及出口国可能向世界市场提供的粮食、化肥、煤炭、工业和运输机械等等作出了预测。

报告强调，作为世界重要工业中心的欧洲目前正面临严重的危机。由于缺乏用于生产的原材料和农业资源，欧洲国家为了购买生产资料几乎耗尽了自己的黄金和美元储备，其生产能力尚未恢复，无力向其他国家出口工业产品来获取自己所需的物资。二战后，美国通过贷款和赠予的方式向欧洲提供了数亿美元的援助，但由于缺乏一个全面系统的计划来推动欧洲复兴，至今欧洲没有恢复正常的金融秩序。三部协调委员会认为，现有的欧洲援助计划是不够的，需要提供新形式的援助以保护美国的安全和其他国家利益。报告建议美国政府不仅要直接救济，而且要帮助战争受害国人民尽快恢复本国必需品的生产和服务，建立地区和世界贸易体系，使欧洲国家在经济上逐渐自立，以减轻美国的负担，而所有善后救济业务必须服务于重建受援国经济的目标。①

三部协调委员会还从抵抗苏联的目的出发，强调援助欧洲的重要性。

---

① Report of the Special "Ad Hoc" Committee of the State-War-Navy Coordinating Committee，April 21，1947，in Department of State. *Foreign Relations of the United States*（*FRUS*），*1947*，Vol. 3，Washington，DC：United States Government Printing Office，1972，pp. 204 – 219.

该报告认为，当前世界上除美国外有四大战略力量，日本、英国、苏联和中欧，一旦苏联和中欧这欧亚大陆的两支力量联合起来与美国为敌，将对美国的安全构成严重威胁，所以美国必须设法避免这种情况的发生。苏联在德国问题上之所以态度强硬，是因为它认为西方很快将会有一场经济危机，单凭美国的力量无法维护西德的稳定，西欧终将有一天需要苏联和东欧的经济资源，因此苏联可以待价而沽，到一定时候提出自己的政治条件，整个西欧就唾手可得。苏联主要是通过各国共产党利用经济困难鼓动革命，奉行对苏联有利的政策。美国的政策应当是在世界范围内支持经济稳定和有序的政治进展，反对混乱和极权主义的扩张，减少或防止构成对美国安全有重大威胁的国家或国际力量的增长。美国应当大力扶持处于资本主义制度下的欧洲国家复兴繁荣，以抵挡苏联的影响。①

除了三部协调委员会外，乔治·凯南（George Kennan）主持下的国务院政策设计研究室也拟就了一系列报告，为欧洲复兴计划设计出初步蓝图。国务院政策设计室于 1947 年 5 月 23 日出台了一份详尽的报告，从美国的全球战略着眼分析了欧洲问题的根源，并提供了解决这些问题的基本方法。② 在对三部协调委员会的研究报告基本肯定后，国务院政策设计室的这份报告认为，共产党的活动并不是欧洲出现困难的根源，目前的危机主要是战争对西欧经济、政治和社会结构的破坏引起的，西欧受战争的影响，物资消耗殆尽，士气极其低落。由于欧洲大陆被分割为东西两部分，形势更加恶化，而且难以补救。共产党人正在利用这种危机状态对欧洲国家进行渗透，如果他们进一步得逞，美国的安全就会面临严重威胁。不过，美国援助欧洲不应把同共产主义作斗争本身作为目标，而要致力于恢复欧洲社会的元气和健全经济。

报告提出了欧洲复兴面临的短期和长期问题。短期的问题是，美国要确定不久的将来采取何种有效的行动，以阻止西欧经济的瓦解。这就是说，美国政府应当寻找出阻碍西欧经济发展的障碍，打破这种"瓶颈"，并采取切实有效的行动来阻止西欧经济分裂，使欧洲经济发展得以步入正

① Report of the Special "Ad Hoc" Committee of the State-War-Navy Coordinating Committee, April 21, 1947, *Foreign Relations of the United States* (*FRUS*), 1947, Vol. 3, pp. 204–219.

② The Director of the Policy Planning Staff Kennan to the Under Secretary of State, May 23, 1947, Policy with Respect to America Aid to Western Europe View of the Policy Planning Staff, in *Foreign Relations of the United States* (*FRUS*), 1947, Vol. 3, pp. 223–230.

轨。一方面，这个行动的作用是心理上的，即要让人们知道美国处于攻势而不是守势，使欧洲人民相信美国说话是算数的，从而帮助他们树立信心。当然，心理作用也包括向美国人民说明欧洲问题的性质和美国援助的必要性。但另一方面，这个行动的作用绝不限于心理上，它必须真正有助于解决欧洲的经济困难。

欧洲国家面临的长期问题是，这个地区如何复兴，复兴到什么程度，以及美国应为此提供何种形式的援助。鉴于这些长期问题的复杂性，国务院政策设计室提出了下列探索性的见解：第一，明确区分欧洲经济复兴计划同美国对这种复兴的支持。美国政府如单方面制订一项计划，旨在由美国承担西欧经济复兴的重担，是不合适的，也是不会有很大效果的。欧洲经济复兴是欧洲人的事，应由欧洲人正式提议，由欧洲国家制订计划，并由欧洲人承担主要责任。美国的作用是在起草欧洲复兴计划时给予友好的援助，然后按欧洲人的请求，对这项计划给予财政和其他方面的支持。第二，这项要求美国提供援助的计划，必须经几个欧洲国家一致同意，虽然它也许与各国自己的复兴计划有联系，例如法国的莫内计划，但是由于心理上、政治上和经济上的理由，必须由一批友好国家联合提出，而不应由各个国家分别请求。第三，欧洲复兴计划应当设法使西欧在财政自立的基础上维持一般的生活水平，该计划必须承诺开展全部工作。第四，整个欧洲复兴计划必须包括英国在内或者至少能解决英国所面临的经济困境，如果英国能承担起复兴整个欧洲的计划，美国对此会表示欢迎。第五，这并不意味着美国可以袖手旁观，或者避而不管欧洲复兴计划的考虑和制订。美国需要尽快了解这个计划在技术上可行的范围，并对整个欧洲复兴问题进行独立而又切实的研究。但是，为了维护欧洲人民的自尊心，美国必须坚持由欧洲采取主动，由欧洲政府承担主要责任。第六，虽然这个计划必须以欧洲地区为中心，但是毋庸讳言，它也会广泛牵涉其他地区。它对联合国也有重要意义，美国应经常牢记要最大限度地利用联合国机构。第七，美国对该计划的支持不要局限于财政援助，还要在解决具体问题时给予切实的合作。第八，对于任何一项最终可能要求美国政府支持的计划，美国都必须坚持尽可能减少以美元支付的那种援助，并确保欧洲国家的政府充分利用行政力量，有目的有效果地使用美国的援助，以经济上可行的、并符合美国利益的方式，向美国做出最大限度的补偿。第九，促进西欧内部在经济和政治上的联合，美国应当考虑将德国的资源与一个普遍的欧洲复兴计划有机结合起来，使德国对欧洲的稳定发挥最大的作用。①

报告还讨论了苏联是否应当被包括在欧洲复兴计划内的问题。它明确指出，假如由美国首先提出这种计划，并且建议欧洲（不仅包括西欧）进行普遍合作，这势必会使俄国的卫星国要么不愿接受美国提出的条件而把自己排除在外，要么同意他们的经济不再朝另外的方向发展。如果俄国人阻挠这种计划的实施，西欧主要的国家就必须找出一条没有俄国及其卫星国参与的共同磋商的途径。报告指出，欧洲复兴计划应当在全欧洲的范围内发起，要使苏联的卫星国或者拒绝该计划提出的条件而把自己排除在外，或者同意放弃它们经济上的排外方针。但是不管怎样，欧洲复兴的倡议应当在哪里和怎样提出，基本上是欧洲国家的问题，美国应当小心谨慎，力戒不恰当地影响它们的决定。②

艾奇逊（Dean Acheson）在收到国务院政策设计室 5 月 23 日的这份报告后的第四天，接到了负责经济事务的助理国务卿威廉·克莱顿（William Clayton）发来的备忘录。克莱顿出访欧洲时，欧洲经济的严峻形势给他留下了深刻的印象。他在这份题为《欧洲危机》的备忘录中指出，美国大大低估了战争给欧洲经济造成的破坏，仅仅英国、法国、意大利和德国的美英占领区这四个地方的收支赤字就达 50 亿美元，工厂矿山毁坏，交通运输中断，无数的战俘和外籍劳工流落异乡，疾病到处肆虐，混乱和无政府状态时有发生。如果不迅速向欧洲提供大量援助，欧洲的经济、社会和政治混乱将更为严重。这种结果不仅对未来的世界和平与安全构成威胁，也将对美国经济造成灾难性的后果。为了防止欧洲对外贸易体系崩溃和遏制共产主义，克莱顿建议美国连续三年向欧洲提供 60 亿至 70 亿美元的经济援助，这样不仅可以缓解欧洲美元短缺的局面，也有助于实现世界经济自由化的构想。③

1947 年 5 月 28 日，马歇尔召集国务院会议讨论了这些报告。出席会

① The Director of the Policy Planning Staff Kennan to the Under Secretary of State, May 23, 1947, Policy with Respect to America Aid to Western Europe View of the Policy Planning Staff, in *Foreign Relations of the United States* (*FRUS*), 1947, Vol. 3, pp. 223 – 230.

② Ibid. , p. 229.

③ "The European Crisis,", Memorandum by Clayton of the Under Secretary of State for Economic Affair to the Under Secretary Acheson, May 27, 1947, in *Foreign Relations of the United States* (*FRUS*), 1947, Vol. 3, pp. 230 – 232.

议者有艾奇逊、凯南、克莱顿、国务卿特别助理查尔斯·波伦（Charles Bohlen）等国务院官员。与会者在分析了欧洲目前面临的严峻形势后，指出帮助欧洲国家复兴不仅出于一般的人道主义同情，而且是政治和军事的需要，如果不采取必要的措施，欧洲将会遭受更为严重的经济危机和政治动荡。国务卿特别助理波伦建议，为了复兴欧洲经济，需要打破欧洲国家之间存在的经济壁垒，以一体化的形式建立经济联盟，帮助欧洲国家自己制定一个为期 3 至 4 年的全面计划，进行经济合作，恢复生产，稳定金融，促进贸易自由化，减少对外援助的需求。① 克莱顿强调由于欧洲工业城市和生产粮食的农村受到严重破坏，许多工业城市急速瓦解，千百万人民很快就会死亡，为防止这场灾难所需要的巨大努力固然需要时日，但是必须从现在就开始。

但对美国应该在欧洲复兴计划中居于何种地位的问题，这些国务院官员却意见不一。凯南认为，为了避免给美国增加更多的负担，欧洲国家要承担复兴的主要责任。迪安·腊斯克（Dean Rusk）担心绕过联合国由美国实施欧洲复兴将会引起舆论的不满。而克莱顿、梅瑟·索普（Messer Thorp）等人则主张美国担负起复兴欧洲的重任，克莱顿认为，尽管该计划是欧洲的计划，但美国必须主持这项计划，而且应当现在就开始主持。索普也认为美国有必要掌握主动权，因为经验证明，欧洲国家就这些问题难以达成一致意见，制定出的计划未必可取，这就需要美国来监督欧洲复兴计划的制定。②

马歇尔、艾奇逊、凯南、克莱顿等人一致认为，美国要避免背上分裂欧洲的罪名，因此欧洲复兴计划应把欧洲作为一个整体来对待。但问题是如果苏联和东欧国家果真参加进来怎么办。对此，艾奇逊担心，如果苏联参加的话整个计划可能会无法成功实施。因为包括恢复东欧和西欧在内的拨款总额将会如此巨大，以至于欧洲复兴计划在当时日益增长的反苏舆论下难以在美国国会获得通过。艾奇逊推测，苏联可能不会在泄漏其国内经济和财政情况的基础上参加欧洲复兴计划。他主张最好是提出一项公开的倡议，然后试探苏联的态度。凯南提出的对策是，欧洲复兴计划并不明确

---

① Summary of Discussion on Problems of Relief, Rehabilitation and Reconstruction of Europe, May 29, 1947, in *FRUS*, 1947, Vol. 3, p. 234.

② Ibid. , p. 235.

规定哪些是受援国，哪些是付出国，苏联和东欧国家也可以根据各尽所能的原则来向西欧提供粮食、原料。如果苏联有合作的愿望，美国可以以物质利益迫使苏联放弃"政治扩张"，倘若苏联拒绝，则可以加强美国的影响。美国在公开场合要降低反苏反共的调子，做出向一切国家开放的姿态，强调欧洲复兴计划不是反对任何国家和主义的。至于美国援助建议发表的时机，艾奇逊指出应抓紧时间将计划付诸实施，因为距离政府向下届国会要求拨款的时间越来越近了，而在这期间，政府还得跟欧洲各国进行正式的谈判。马歇尔却反对这种主张，他认为此时或许还不是发表美国援欧建议的最好时机，决定暂时不能与其他国家商量，让计划处于保密状态。①

最后，与会的国务院官员达成以下共识：第一，美国要考虑接管德国鲁尔地区的煤炭生产，帮助缓解迫在眉睫的煤炭危机。第二，提议连续三年向欧洲拨款六七十亿美元，为欧洲人民提供更多的消费品，恢复处于瘫痪状态的生产部门。第三，通过银行、基金会等方式每年向欧洲提供至少二三十亿美元的贷款来帮助欧洲重建。第四，打破现存的经济壁垒，在欧洲建立某种经济合作体系。第五，欢迎东欧国家摆脱苏联的经济控制而加入到欧洲复兴计划中来。②

会议结束后，波伦以三部协调委员会报告和国务院政策设计室 5 月 23 日报告为指南，为美国国务卿马歇尔起草了在哈佛大学的演讲词。1947 年 6 月 5 日，马歇尔在哈佛大学的毕业典礼上发表演说，简要说明需要将欧洲视为一个整体的前提下通过经济援助和相互合作实现复兴的重要性。他首先强调了欧洲目前面临的经济困难，指出欧洲经济结构的复苏所需的时间和努力将会大大超乎预料，战争所带来的有形的破坏虽然严重，但是更为严重的是整个欧洲的经济结构正在解体，现代文明赖以生存的分工正在垮台，如无实质性的外援，欧洲的经济、社会、政治状态将全面恶化，对美国经济必将带来严重的后果。所以，美国应该尽可能帮助欧洲恢复健康的经济。接着，马歇尔着重谈了援助欧洲的基本方针。他强调，美国的政策不是反对任何国家或任何主义，而是反对饥馑、贫穷、冒险和混乱。美

---

① Summary of Discussion on Problems of Relief, Rehabilitation and Reconstruction of Europe, May 29, 1947, in *FRUS*, 1947, Vol. 3, p. 236.

② Ibid. , p. 237.

国的政策的目的应该是恢复世界上行之有效的经济制度，从而使自由制度赖以存在的政治和社会条件能够出现。由于各种危机的发展，美国绝不能把这种援助放在零星付给的基础上。美国政府将来给予的任何援助应该是根治疾病的药品，而不应该是暂时止痛的镇痛剂。马歇尔在演讲中强调，美国可以根据需要给予帮助，但是否接受美国所提出的援助，以及把这种援助用于什么目的，则要留待欧洲人自己决定。至于美国的任务，应该是在拟定一项欧洲计划时给予友好协助，然后在力所能及的范围内支持这项计划。最后，马歇尔强调，美国的援助不能零散分配给个别国家，这个计划必须是联合性质的，假使无须所有欧洲国家的同意，也应得到一部分国家的同意。此项新政策并非针对任何一个国家或任何一种主义，但是任何耍弄花招、阻挠其他国家复兴的政府都将得不到美国的援助。① 可见，马歇尔演讲有三点特别突出，一是强调欧洲急需美国的帮助，只有这样才能重振欧洲人的信心、推动生产，恢复经济；二是不承认单边主义，也就是要让欧洲人自己制定计划；三是强调推动欧洲一体化。

　　尽管国务院政策设计室 5 月 23 日的报告初步确立了欧洲复兴计划的基本原则，但要回答这项计划能在多大程度上推动欧洲复兴以及在技术上是否具有可行性等问题，还需要对整个欧洲复兴问题进行更加细致而深入的研究。于是，国务院政策设计室在凯南 5 月 23 日的备忘录的基础上，完成了题为《从美国利益的角度审视欧洲复兴问题的各个要素》的报告。该报告对欧洲复兴计划中美国的利益、欧洲复兴计划的基本要素、美国的援助条件、美国援助的深远意义等问题详加论述，进一步厘定了美国对欧洲复兴计划的政策。报告强调欧洲复兴无论在经济还是在安全上都有利于美国的利益，从经济上来看，欧洲过去不但是美国的主要市场，而且是美国各种产品和服务的供应地；从安全上来看，欧洲复兴有利于维持欧洲大陆的均势，防止某一大国打破这种平衡。② 报告从文化和意识形态方面强调了欧洲目前所面临的威胁：如果局势继续恶化，现代欧洲文明的基本原则将会遭到广泛批评，传统的人生价值观和政治观念可能会丧失。这样，几

① Dennis Merril, ed. , *Documentary History of the Truman Presidency*, Vol. 13, Establishing the Marshall Plan 1947 – 1948, pp. 171 – 173.

② Certain Aspects of the European Recovery Problem From the United States standpoint, July 23, 1947, in Dennis Merril, ed. , *Documentary History of the Truman Presidency*, Vol. 13, Establishing the Marshall Plan 1947 – 1948, p. 208.

百年来建立的文明会毁于一旦，美国和世界大多数地区的文化将遭受不可估量的破坏。报告接着对恢复工农业生产、重建欧洲交通设施、增加欧洲内部贸易流通等问题提出了一系列建议，诸如尽快恢复欧洲的煤炭生产，解决原材料匮乏对欧洲工业生产发展的限制，通过改进农业耕种方法、进口农业机器设备、供应足够的化肥等措施提高农产品生产，满足欧洲消费者的需要，确保农产品正常流向市场，鼓励扩大生产，加大出口，实现欧洲货币多边主义，支持组建欧洲偿付体系，最终建立欧洲关税同盟，等等。①

二 对美国资源及经济影响的分析

尽管美国国务院就欧洲复兴计划作了大量研究和思考，但是由于所涉及的问题相当复杂，国务院内部对美国是否有足够的能力援助欧洲复兴、美国的资源状况如何以及欧洲复兴计划对美国经济有什么影响等具体问题无法形成一致看法。于是，美国政府乃建立了由几个部门共同参加的专门委员会，在专家的协助下展开研究。如果说国务院政策设计室的研究为欧洲复兴计划提供了指导原则，那么这些专门委员会的研究则对欧洲复兴计划中的政策细节作了补充或修改，从而为欧洲复兴计划的最后出台奠基了坚实的基础。

为了调查美国的资源状况以及美国的物资能力能否满足欧洲复兴的需要，杜鲁门总统成立了由美国内政部长朱利叶斯·克鲁格（Julius A. Krug）等人组成的"克鲁格委员会"。该委员会于 1947 年 10 月 19 日完成了《国家资源与对外援助》报告，对欧洲复兴计划所需的物资及美国资源的供给能力做出了评估。这份报告不仅考虑了欧洲国家恢复生产力所需要的装备和原料，并且参照欧洲国家居民历史上的物资需要和生活水平，对欧洲复兴计划期间欧洲国家急需的物资进行了估算，其中包括农产品、煤炭、钢铁、化肥、机械装备、石油产品、化工类产品、纺织品、皮革、木材等。具体需要见表1—2。

---

① Certain Aspects of the European Recovery Problem From the United States standpoint，July 23，1947，in Dennis Merril，ed.，*Documentary History of the Truman Presidency*，Vol. 13，Establishing the Marshall Plan 1947 – 1948，pp. 208 – 210.

表1—2　　　　克鲁格委员会对欧洲复兴计划所需物资的估算

单位：百万美元

物资	1948 年 4— 7 月	1948— 1949 年	1949— 1950 年	1950— 1951 年	1951— 1952 年	合计
谷物	218.3	535.5	509.7	411.6	411.6	2086.7
食油	20.0	80.4	84.0	97.4	97.4	379.2
肉类	1.7	6.0	12.1	17.9	22.8	60.5
奶制品	75.2	100.0	105.7	101.5	90.3	472.7
干果	6.9	26.6	25.2	17.6	20.0	96.3
大米	1.1	6.1	6.1	6.1	11.9	31.3
化肥	52.5	210.0	217.4	215.6	215.6	911.1
钢铁	142.5	433.3	437.6	458.7	430.5	1902.6
农机	—	136.3	161.5	131.8	115.5	545.1
煤炭	92.3	297.0	135.1	49.6	24.9	598.9
采煤	—	81.9	52.7	37.6	34.5	206.7
石油	121.3	530.6	546.2	570.5	537.0	2305.6
木材	24.0	96.3	93.1	88.0	76.4	377.8
纺织品	—	16.9	22.2	11.7	11.7	62.5
电子设备	—	95.0	100.7	85.0	65.0	345.7
总计	755.8	2651.9	2509.3	2300.6	2165.1	10382.7

资料来源：*National Resources and Foreign Aid*：*Report of J. A Krug*，*Secretary of the Interior*，p. 34.

　　尽管欧洲所需物资数额巨大，克鲁格委员会认为美国完全有能力满足这一需要。例如，美国国内对谷物、肉类、家禽等食品的需求虽然仍很旺盛，但美国谷物生产能力远远超出目前国内的食品需求。1936 至 1945 年谷物的平均年产量为 89 亿蒲式耳，1946 年上升为 115 亿蒲式耳，1947 年高达 140 亿蒲式耳。1947 年 6 月 30 日前的 12 个月里，美国已经出口谷物 40 亿蒲式耳。在钢铁产品上，美国 1947 年上半年的钢铁生产量为 6200 万吨，尽管钢铁出口从 1939 年的 250 万吨上升到 1947 年上半年的 850 万吨，但美国国内对钢铁的需求不会明显高于二战前，因此可向欧洲出口的钢仍绰绰有余。克鲁格委员会强调要确保向欧洲复兴计划参与国提供充足的消费品和原材料供应，在恢复生产的同时，防止出现过度饥荒，进而引发社会动荡。不仅如此，美国的援助还要为欧洲经济的长远发展打下持久基础，使它们在未来美国援助水平逐渐降低的情况下能实现自立，成为美国在世界经济中具备偿付能力的贸易伙伴。[1]

有趣的是，克鲁格委员会还发现援助欧洲复兴可以帮助美国缓解某些矿产资源短缺问题。据该委员会统计，美国拥有的石棉、铝矾土、铜和镍不足供应 6 个月。它拥有的镉、钴、工业钻石、铅和锰只可供应 6—12 个月。铬铁矿、云母和锡可支持 1—2 年，而钨和锌可支持 2—4 年。铁矿石可支持 4 年以上。[2] 报告还特别提到金刚石供给短缺的问题。这种高度战略性的物资在美国只有 1 个月的存货，而且全部来自东半球。克鲁格委员会认为，美国可以利用援助欧洲复兴的时机，加快从欧洲复兴计划受援国的殖民地采购这些美国自身短缺的战略物资。报告估计，美国可以在四年内通过欧洲复兴计划从法属摩洛哥、突尼斯和英属缅甸获得 11 万吨铅，从比属刚果和缅甸采购 11.3 万吨锌，而在东南亚的荷属和英属殖民地可以生产 8.4 万吨锡。此外，美国还有可能从欧洲国家的殖民地获得包括橡胶、工业钻石、钴、铬铁矿、锰、矾土和钨等在内的稀有物资。[3]

除了克鲁格委员会外，美国国务院还委派总统经济顾问委员会的埃德温·诺斯（Edwin Nourse）、约翰·克拉克（John Clark）等人组成"诺斯委员会"，重点研究欧洲复兴计划与美国国内经济之间的关系。诺斯委员会于 1947 年 11 月 1 日提交了题为《外援对国内经济的影响》的研究报告。该报告认为，欧洲复兴计划有助于美国通过正常的贸易和投资途径，加强对外经济往来，维持美国的经济活力。据诺斯委员会研究，如果不推行新的对外援助项目，美国的剩余产品出口在 1948 年将减少 40 亿至 50 亿美元。假使美国每年的进口额仅仅保持在 80 亿美元，1948 年后美国的年出口总额将缩减为 130 亿美元。尽管这种出口额的巨大缩减在短期内或许不会对美国经济造成严重损害，但从长远来看，出口额的急遽减少将会引发诸多问题。[4] 美国由于在战争期间压缩了民用购买力，耐用消费品的销售在 1947 年和 1948 年或许还能有所增加，但美国国内市场需求由于通货

---

[1] Secretary of the Interior, *National Resources and Foreign Aid*, p. 19.

[2] Ibid. , p. 20.

[3] Ibid. , pp. 24 – 28.

[4] Council of Economic Advisers, *The Impact of Foreign Aid Upon the Domestic Economy*, Nourse Report, 1947, pp. 12 – 14.

膨胀会逐步减少，无法解决战争中膨胀起来的生产能力即将面临的需求短缺问题。因此，如果要维持长期稳定的繁荣，对外贸易必须建立在更持久的基础之上，只有增加世界范围的生产和恢复国家之间的贸易，美国的资源产品才能同世界其他国家地区交流，找到自己的市场出路。否则，美国过剩产品将失去市场，失业、萧条以及由于欧洲欠美国巨额战债而导致的预算不平衡也会接踵而至。①

诺斯委员会报告还试图说明，美国能够在对欧洲进行援助的同时，确保自己工业产量绝对增长，欧洲复兴计划非但不会降低美国人民目前的生活水平，而且还会增加美国的产品出口。报告举例说，在第二次世界大战中，美国经济在开足马力运行时，做到了既能为军用、民用消耗提供产品，同时又不降低人民生活水平。即便考虑到价格变动的因素，美国的个人消费开支在 1939 年到 1944 年间仍以每年 20% 的速度增长。与此同时，联邦政府得以使用的资源总量也以每年 600 亿—650 亿美元的速度增加。诺斯委员会强调，在欧洲国家面临经济困难、购买力不足的情况下，如果其经济不恢复，它们从美国购买产品的能力就无法提高，美国巨额顺差的存在将成为美国经济可持续发展的隐患。1946 年美国的顺差达 77.79 亿美元，1947 年上半年，美国的顺差就高达 59.22 亿美元。由于欧洲国家无法生产足够的可以出口到美国的产品与服务，这些国家只能使用从美国政府获得的援助和它们的黄金储备和美元资产支付从美国的进口。因此，这些国家从美国购买产品的能力不断下滑，很多国家被迫对从美国购买产品实行严格限制。据诺斯委员会估计，如果一切照旧，西欧 1948 年向美国采购的物资将为 40 亿美元，在其他地区采购的物质 126 亿美元，但是如果实施欧洲复兴计划的话，西欧 1948 年将向美国采购 73 亿美元，在其他地区采购 108 亿美元。由此可见，欧洲复兴计划实施的头一年就会使美国对西欧的出口增加 33 亿美元。②

从美国国务院对欧洲复兴计划的酝酿和制订看，美国对欧洲经济援助的出发点主要表现在以下几个方面。

首先，美国政府推行欧洲复兴计划的直接目标是支持欧洲一体化使欧

---

① Council of Economic Advisers, *The Impact of Foreign Aid Upon the Domestic Economy*, Nourse Report, p. 26.

② Ibid. , pp. 27 – 28.

洲摆脱经济困境。欧洲复兴计划的设想力图为战后初期遭受经济困扰的西欧国家提供一个平等的经济发展平台，使美国和西欧国家之间建立自助和相互援助的合作关系。美国国务院的决策层希望通过欧洲复兴计划，能够在某种程度上缩小西欧各国长期以来由于经济不平等而造成的差距，全面整合西欧国家的政治与经济资源，革除长期以来羁绊欧洲政治、经济和社会走向联合的障碍。

其次，美国政府考虑援助欧洲也是为美国主导的多边自由贸易国际经济体系的运行创造条件。美国一直希冀在世界上建立一个以美国为中心的政治、经济与安全新秩序，取代以英法等殖民帝国为中心的旧秩序。二战后期，美国在筹划建立战后秩序时，就特别强调开放的国际经济秩序和国际安全机制的作用。它们通过布雷顿森林会议建立了以自由贸易为核心，由国际货币基金组织、世界银行和关贸总协定三大经济组织组成的战后国际经济机制，把大多数国家都整合其中，力图在战后建立一个开放和自由的国际经济秩序。这种美国主导下的世界秩序遭到了苏联的挑战，美国把苏联带入开放的自由贸易体系的希望落空了，战后欧洲国家经济凋敝，生活物资匮乏，而美国在战时迅速发展起来的庞大生产能力和日益提高的国民经济潜力正好可以在援助欧洲政策的直接推动下，提升欧洲的产品在国际市场的竞争力，解决欧洲国家的通货膨胀、货币短缺等问题，进一步缩小欧洲与美国的贸易差距，在客观上为美国一直筹划的多边自由贸易国际体系下的经济扩张提供良机。

最后，欧洲复兴计划尽管表面上只涉及欧洲经济建设的内容，但是美国对欧洲实施经济援助与复兴政策的本身，就有强烈的意识形态色彩隐含其中，它排斥和孤立苏联的政治意图非常明确。实际上，欧洲复兴计划并非是要援助包括苏联和东欧在内的所有欧洲国家，而只是想通过有条件和有选择地对欧援助，稳定欧洲资本主义国家动荡的经济、政治和社会形势，防止苏联利用欧洲混乱的经济形势和社会动荡进行渗透，以确保资本主义制度在欧洲的生存和稳定。美国希望尽快从经济上、地缘政治关系上建立一个能够服从于美国全球战略需要的西欧安全地带，全面强化其对苏新战略，联合西欧、控制西欧，使之成为抗衡苏联在欧洲扩充政治影响的狙击地带。

第三节　欧洲经济合作会议上英国对美国政策的挑战

尽管美国国务院、三部委员会、克鲁格委员会和诺斯委员会已经从基本原则、运作框架和政策细节上制订出了比较具体的欧洲复兴计划，但是国务院官员仍然希望能充分发挥欧洲国家的主动性，乃建议召开欧洲经济合作会议商讨美国援助的重点和形式等问题。会议召开前夕，美国国务院官员在同英国内阁成员会晤时提出，此次谈判的指导方针应该是将西欧视为一个整体，逐渐取消金融壁垒和建立强有力的超国家性质的欧洲组织。但英国不以为然，它为了维持自己在欧洲的领导权和继续获得美国的特殊财政援助，反对为实现欧洲一体化而对其经济结构进行实质性调整，只同意建立政府间合作的欧洲组织。面对英国的异议，美国国务院作出了让步，不仅在政策上进行部分调整，而且在会议谈判中采取了谨慎态度。

一　英国寻求美国的特殊援助

为了充分发挥欧洲国家的主动性，美国国务院建议在1947年7月召开欧洲经济合作会议商讨美国援助的重点和形式等问题。在会议前夕，美国助理国务卿威廉·克莱顿于1947年6月24日在美国驻英大使刘易斯·道格拉斯（Lewis Douglas）的陪同下匆匆飞往伦敦，与英国首相克莱门特·理查·艾德礼（Clement Richard Attlee）、外交大臣欧内斯特·贝文（Ernest Bevin）、财政大臣休·道尔顿（Hugh Dalton）等英国内阁成员举行了为期两天的磋商。在会晤时，克莱顿主张以美国国务院确定的一系列政策目标作为谈判的指导方针，在阐述这些政策目标时特别强调全面的经济复兴和欧洲大陆的一体化，建议将欧洲作为一个整体进行援助。他和道格拉斯等人还认为需要对欧洲经济结构做出实质性的调整，要求欧洲国家减少并逐渐取消金融壁垒，促进贸易自由化，为建立关税同盟奠定基础。克莱顿指出，欧洲复兴计划的目标是增加欧洲的生产，使欧洲在三至四年内建立自给自足的基础，要达到该目标，除了美国向欧洲提供商品和制定行之有效的工业计划外，更为重要的是在欧洲实行贸易和货币制度改革。①

克莱顿的这些建议遭到英国方面的反对。在会谈中，英国官员表示拒绝将欧洲作为一个整体来实施援助计划，更不同意将英国等同于其他欧洲国家，他们希望英国在其民族国家需求的基础上继续获得美国的单独援助。在他们看来，英国虽然在二战中遭受巨大损失，但与亡国的法国、败降的德国相比，其经济基础受到的破坏较小，尤其是战后初期英联邦还继续存在，其成员国及殖民地附属国仍然在经济、防务等方面对英国有一定的依赖性，所以英国仍然是权力遍及世界的大帝国，可以利用自身优势与美国讨价还价，维持自己在欧洲的领导权，而不只是做欧洲的一员。英国外交大臣贝文在这次会晤中就指出，英国拥有自己的帝国，它与非欧洲国家存在大量贸易往来，对德国还承担着沉重的财政负担，因此英国同欧洲以外各地的联系必须保持下去，这既是为了英国的长远利益，也是为了欧洲的长远利益。贝文要求美国在欧洲复兴计划的框架之外向英国提供特殊的财政援助，不同意美国把英国视为欧洲同盟的普通一员。英国代表斯塔福德·克里普斯（Stafford Cripps）也认为，英国有别于其他欧洲国家，它是欧洲商品的天然市场，要想重振欧洲经济，英国这一市场应该首先得以恢复，因为美元是经由英国市场流失的。② 显然，英国决策者面对英国经济优势的相对衰落和国际地位的大幅下降，试图利用昔日政治优势的余晖，在英帝国内部创立一种互惠的经济自助体系，并以此为依托，利用双边和支付条约逐步扩展以英国为核心的经济体系，力争扭转英国在欧洲的颓势。

当英国提出在欧洲复兴计划的框架之外要求提供特殊财政援助时，克莱顿持反对立场，且态度强硬，坚持认为一切零敲碎打的援助对欧洲来说都是行不通的。克莱顿直言不讳地指出，英镑区和英联邦的特惠制并不能说明英国区别于其他欧洲国家，如果单独对英国进行特殊援助，将会违背将欧洲作为一个整体这一基本原则，势必遭到美国民众及国会的反对。美国期望的是，欧洲通过推动贸易自由化、遏制通货膨胀和制定出切实有效

---

① Summary of First Meeting of Under Secretary Clayton and Ambassador with British Cabinet Members, June 24, 1947, *FRUS*, Vol. 3, p. 270.

② Substance of Second Meeting of Under Secretary Clayton and Ambassador with British Cabinet Members, June 25, 1947, *FRUS*, 1947, Vol. 3, p. 278.

的共同计划来实现欧洲经济的自立。① 由于英、美双方无法达成一致意见，英国外交部在 6 月 25 日起草的有关会谈的备忘录中仅仅归纳了双方的共同之处，而对双方的分歧避而不谈。备忘录强调欧洲参与国政府同意在相互援助和共同规划的原则上共同制订出一个复兴计划，以满足欧洲经济发展的需要。②

　　1947 年 7 月 12 日，商讨美国援助形式以及分配等问题的欧洲经济合作会议如期在巴黎召开，会议参加国有英国、法国、奥地利、比利时、丹麦、希腊、冰岛、爱尔兰、意大利、卢森堡、荷兰、挪威、葡萄牙、瑞典、瑞士、土耳其 16 国。会议由英国外长贝文主持，美国助理国务卿克莱顿、驻法大使杰斐逊·卡弗里（Jefferson Caffery）、驻英大使道格拉斯等人旁听会议。7 月 16 日，即欧洲经济合作会议召开后的第四天，欧洲 16 国成立了欧洲经济合作委员会（Committee of European Economic Cooperation，CEEC），该委员会将根据各国提供的资料，制订欧洲在四年内资源和需求的报告。英国、法国、意大利、挪威和荷兰五国组成执行委员会，英国牛津大学奥利弗·弗兰克斯爵士兼任执委会主席。

　　在欧洲经济合作会议的谈判中，与会英国官员坚持认为欧洲目前首先应当提高生产和控制通货膨胀，然后才能讨论取消金融壁垒、促进贸易自由化、建立关税同盟等问题，英国官员尤其反对在欧洲举行贸易和货币制度改革，不赞成马上建立关税同盟。在他们看来，加入欧洲关税同盟会使当前英国经济上的困难进一步恶化，一旦加入欧洲关税同盟，则会失去其享受的英联邦特惠，从而使英国与英联邦国家的贸易也大幅度下滑，使英国当前的经济处境更趋险恶。③

　　英国的态度引发了美国国务院内部激烈的辩论。以克莱顿为代表的部分官员主张美国直接介入欧洲复兴计划谈判，以推动欧洲进行有助于一体化的货币和贸易等结构性改革。克莱顿等人对欧洲复兴计划谈判中所遇到的问题深表忧虑。1947 年 8 月 4 日，克莱顿召集美国驻法国大使杰斐逊·

① Substance of Second Meeting of Under Secretary Clayton and Ambassador with British Cabinet Members, June 25, 1947, *FRUS*, 1947, Vol. 3, pp. 278 – 279.
② Aide-Memoire by the British Foreign Office for the Secretary of State for Foreign Affairs, Bevin, June 25, 1947, *FRUS*, 1947, Vol. 3, p. 285.
③ The Ambassdaor in France Caffery to the Secretary of State, July 20, 1947, *FRUS*, 1947, Vol. 3, pp. 333 – 334.

卡弗里和驻英国大使道格拉斯，就欧洲复兴计划谈判中所遇到的问题进行详尽的分析，并商讨对策。他们认为美国理所当然地要支持欧洲复兴，因为从对外贸易的角度看，健康发展的欧洲经济可以扩大美元的出口，而从战略上看，支持自由独立国家的行动符合美国的国家利益。他们力主参与国应当减少并最终消除关税和贸易壁垒，为其商品的生产、分配和交换提供便利条件。[1] 克莱顿在谈到当前谈判中出现的问题时指出，英国无视美国提出的共同援助等原则，不愿意对其经济进行实质性的跨越国家主权的调整，而是想继续在其民族国家需求的基础上获得美国的援助。他建议美国国务院制定谈判要点作为援助欧洲的条件。这些要点如下：煤炭和食品是欧洲复兴的关键项目，各受援国有义务在金融和货币上采取必要的措施，稳定货币，建立和维持与他国的合理汇率，美国为受援国产品的生产、分配和交换提供便利条件，在金融和商业领域采取协调行动，建立欧洲联盟，用十年左右的时间逐步取消关税，消除其他贸易壁垒。[2] 他建议国务院对谈判施加压力，抛弃由欧洲人为主导的政策，改由美国直接介入谈判，劝说欧洲国家放弃代价高昂的社会改革计划，稳定汇率，鼓励欧洲国家在经济上合作，帮助它们走出双边主义的泥沼，减少并最终消除一切关税和贸易壁垒。[3] 显然，在克莱顿等人看来，欧洲国家只有采取消除内部关税、取消对贸易的限制，实现货币自由兑换等措施才能摆脱战后危机，因此，他们竭力主张进行有条件的援助，推动欧洲经济一体化，在西欧实行区域性自由贸易。[4]

以美国副国务卿罗伯特·洛维特（Robert Lovett）为代表的一派则不赞同克莱顿等人的建议。洛维特不仅反对美国直接介入谈判，而且主张恢复生产应重于货币和贸易等结构性改革。在他看来，美国政府采取进一步行动需要得到美国公众和国会的更多支持，而欧洲货币改革要在生产恢复后才能进行。在 1947 年 8 月 14 日给克莱顿的回电中，洛维特对克莱顿提出的建议予以驳斥。他指出金融和货币领域出现混乱的原因复杂，部分是

---

① Paris Discussion on the Marshall Plan, August 4 – 6, 1947, *FRUS*, 1947, Vol. 3, pp. 348 – 349.

② The Ambassador in France to the Secretary of State, August 6, 1947, *FRUS*, 1947, Vol. 3, p. 343.

③ Paris Discussion on the Marshall Plan, August 8, 1947, *FRUS*, 1947, Vol. 3, pp. 345 – 350.

④ Clayton, "GATT, The Marshall Plan and OECD," *Political Science Quarterly*, Vol. 78, 1963, reprinted in FrederickDobney, *Selected Papers of Will Clayton*, The Johns Hopkins University Press, 1971, pp. 211 – 217.

由于生产困难造成的，部分是由于政治集团之间的倾轧，而欧洲的货币混乱情况并不是导致欧洲经济萧条的原因，因此当务之急是通过增加生产，抑制通货膨胀，削减贸易壁垒等方式达到复兴欧洲经济的目标。洛维特指出，如果目前在生产尚未恢复的情况下就急于督促欧洲国家推行激进的货币和财政改革，将会影响货币的正常发展，延缓欧洲经济复兴。欧洲应当制定具体的援助计划和生产方案，建立超国家机构去监督、协调和指导欧洲经济合作，这就要求做到以下几点：第一，复兴计划应当在食品生产和物资方面满足欧洲国家人民的基本需求，帮助欧洲国家实现自立。第二，参与国的生产计划不能仅仅基于其自身考虑，而应当在分配上满足所有参与国的需要。第三，参与国要努力纠正其在金融和货币领域的薄弱状况，建立并维护合理的税率，增强货币的可信度。第四，参与国要采取步骤取消产品配额方面的限制，为加速商品流通排除障碍。①

经过多次争论，洛维特一派的意见占了上风，美国国务院内部的上述两种观点最终达成妥协。1947 年 8 月 26 日，洛维特等人拟制出题为《国务院在欧洲复兴计划中的作用》的报告。该报告重申了欧洲复兴计划的基本目标，包括美国将欧洲视为一个整体实现经济复兴，消除欧洲经济中的瓶颈状况，使欧洲最大限度地实现自救。报告认为，美国应着眼于欧洲的短期复兴而不是长远发展，要充分利用欧洲现存的资源使欧洲国家经济恢复正常。在农业和煤炭、钢铁、运输等基础工业的生产方面，报告指出，恢复农业和基础工业是整个欧洲复兴计划的基础，美国帮助欧洲在生产增加后采取必要措施调整欧洲的内部经济结构，包括有效地利用国家资源，逐步减少外来援助。欧洲国家要利用更为有效的欧洲内部多边贸易取代双边贸易安排，尽可能最终实现欧洲关税同盟，减少贸易壁垒，在参与国中清偿外汇，实现货币自由兑换和流通。报告特别强调，通过建立关税和货币同盟，提高生产领域专业化的水平，实行欧洲经济一体化是欧洲复兴计划最为有益的结果，但它们必须同恢复生产这一直接目标相联系。在美国援助的形式上，报告指出，美国的援助应当集中于特定的领域和部门，要逐步取消美元援助，依靠欧洲组织分配美援，美国应当按照欧洲国家的建议修订援助的范围，确保这些援助得以有效发挥作用。在对待欧洲复兴计划中的德国问题上，报告建议将三个西占区视为一体，制定统一的援助计

---

① Lovett tel. to Clayton and Caffery, August 14, 1947, *FRUS*, 1947, Vol. 3, p. 359.

划。美国希望尽早使德国经济获得自立，但不会考虑在复兴中给予德国其他特别待遇。① 可以看出，美国国务院对最初的政策做了一些调整。美国不再过于强调调整欧洲内部的经济结构，而是主张欧洲国家根据自己的国民生产计划制定生产指标，并通过它来逐步减少对外援的需求，建立经济自立的基础。欧洲复兴计划的目标首先是恢复生产，然后才是稳定金融秩序，减少并逐渐取消金融壁垒，促进贸易自由化。

1947 年 8 月 30 日，美国国务院将上述报告转达给欧洲经济合作委员会。同年 9 月 22 日，欧洲经济合作委员会向美国递交了报告，提出欧洲复兴要实现以下四个方面的目标：第一，各参与国努力发展生产，特别是推动农业、燃料和动力、运输以及设备的现代化。到 1951 年要达到的具体指标是：将小麦和谷类农产品生产恢复到战前水平，提高食糖和土豆产量，并在饲料供给许可的条件下尽可能扩大畜类产品生产。煤炭产量超过 1947 年水平的三分之一，超过 1938 年水平的 6%。电力生产超过 1947 年水平的 40%，发电能力比战前提高三分之二。原钢生产超过 1947 年水平的 80%，超过 1938 年水平的 20%。运输能力超过 1938 年的 25%，成员国商船运输恢复到战前水平。第二，维持国内财政稳定。第三，在参与国之间发展经济合作。第四，解决参与国与美洲大陆之间贸易来往的赤字。②

欧洲经济合作委员会的报告向美国提出了四年内援助 224 亿美元的具体要求，但对欧洲复兴计划的合作范围则含糊其辞，只是表示了参加国之间有相互合作的意愿而已。在关税同盟问题上，报告指出，关税同盟涉及复杂的技术协商和调整问题，必须经过几年时间的渐进阶段才能取得成就。③ 显然，在英国主导下的欧洲经济合作会议制定出的欧洲复兴报告草案只是将各国的要求综合起来，不但没有促进欧洲一体化的内容，连德国经济与欧洲经济有机结合的问题也未予以考虑。④

---

① Summary of the the department's postion on the content of a European recovery plan, in Dennis Merril, ed., *Documentary History of the Truman Presidency*, Vol. 13, Establishing the Marshall Plan 1947 – 1948, pp. 208 – 213.

② Committee on European Economic Cooperation, *General Report*, Vol. 1, 1947, p. 7.

③ Ibid., pp. 8 – 10.

④ Harold Callender, "U. S. Dissatisfied with Paris Total", *New York Times*, September 11, 1947, p. 5.

二 英国在建立欧洲经济合作组织上讨价还价

虽然美国国务院不再将推行贸易和货币制度改革视为要首先解决的问题，但仍主张建立一个强有力的、具有超国家性质的欧洲组织，使之有权审查和调整国民经济计划，并有效地指导生产。对于已经成立的欧洲经济合作委员会，美国副国务卿洛维特等人并不十分满意。他们不希望欧洲经济合作委员会只是制订资源需求报告，而是希望这一机构成为一个强有力的、具有超国家性质的欧洲组织，以督促各参与国履行义务，并负责它们之间的协调工作。为此，这些美国国务院官员在向参加欧洲复兴计划谈判的国家发去的建议中，不仅强调欧洲国家要最大程度地实现自救、相互援助和共享资源等基本原则，而且力主为确保欧洲复兴计划的顺利实施成立一个超国家性质的欧洲组织。根据这一建议，该组织的执行委员会在主权让渡的前提下拥有领导欧洲复兴行动的实权，并设立常驻代表和由德高望重人物领导的秘书处，秘书处应有独立的财政来源，其具体职能包括：搜集信息，公布拨款报告；保持与美国特别代表的联络；搜集复兴合作行动的信息并向参与国通报。① 美国将不加入这一组织，但要在这个组织中设立特别代表，以便能与之保持密切的联系。尽管美国有必要与个别国家单独讨论援助计划，但美国希望减少这种双边谈判，将有关欧洲复兴的讨论和谈判基本上交由这一组织处理，从而充分发挥成员国的优势。② 美国国务院还希望该组织有权调解成员国争端，可以组织专业委员会和制定联合一致的计划，并对各国的经济复兴和生产计划握有支配权。这样一来，美国官员就可以直接与这样的欧洲组织共同推动欧洲经济复兴计划的实行，而不需要就此与西欧各国政府分别联系。③

对于美国国务院在欧洲建立拥有实权的超国家组织的建议，英国持反对态度，唐宁街 10 号的主张是采取政府间合作的形式来推行欧洲复兴计划。在英国看来，建立超国家的机构很有可能将很多国家排斥在欧洲复兴计划之外，并不利于欧洲国家维护自己的主权。英国主张由各国政府掌握

---

① Department's views structure and function continuing CEEC Organization, *FRUS*, 1948, Vol. 3, pp. 384 – 386.
② Ibid. , p. 385.
③ Ibid. , p. 384.

欧洲复兴计划的最终决策权，它们只要发表声明承诺在自愿互助的基础上开展经济合作即可。新组织至多是某种计划机构，不应拥有强大的行政权力和拥有实权的秘书处，其任务是进行政府间的合作。秘书长的任务主要是管理日常事务；中央机构是部长理事会，负责召集外交部长和常驻大使级会议；各成员国都有履行部长理事会决定的义务，做出决定时必须得到一致同意，协助部长理事会工作的是一个人数不多的执行委员会，负责准备理事会的工作，此外还有许多由各国官员和专家组成的技术委员会。为了坚持各国政府之间的磋商合作和确保新组织的控制权掌握在各国政府手中，英国主张欧洲国家应在自愿互助的基础上参加欧洲复兴计划，建立由全体大会、专业委员会和秘书处组成的协调机构，而各国政府拥有最终的决策权。为了避免这个机构通过其秘书处干预各国主权，秘书处只是负责日常行政事务，并由英国人来担任秘书长。[①]

1948 年 3 月 11 日，英国外交部就欧洲复兴计划在欧洲的组织机构正式提出自己的意见：第一，由 16 国代表组成的欧洲经济合作委员会执行委员会负责该组织的基本运作。第二，各国常驻代表加入执行委员会，并与他们的政府保持密切联系，以便使成员国政府的建议及时有效地送达执行委员会。第三，该组织的政策由成员国代表组成的执行委员会共同协商制定，而秘书处不是决策机构。第四，由执行委员会主席而不是该组织秘书长同美国特别代表保持联络。[②] 由此可见，英国所能接受的只是个由完全受制于各成员国的部长理事会所控制的组织，这样的欧洲组织只是国家间合作，而不是美国国务院所设想的独立的、超国家的权力机构。

英国的建议与美国最初的设想相去甚远，再次引起美国国务院官员卡弗里、克莱顿等人的强烈不满。他们为此主张采取强有力的措施，直接介入谈判。美国驻法国大使卡弗里向国务院连续发去电文，分析了在欧洲组织机构建立上面临的问题，表示出对欧洲复兴计划谈判的忧虑。他在 1948 年 3 月 20 日呈送国务卿的电文中指出，就目前的形势看，拟组建的欧洲组织正朝以下方向发展：成员国轮流推举出的部长理事会经常召集会议；

---

① Caffery tel. to Marshall, January 30, 1948, *FRUS*, 1948, Vol. 3, p. 377.

② The Charge in the United Kingdom Gallman to the Secretary of State, March 12, 1948, *FRUS*, 1948, Vol. 3, pp. 391 – 392.

由 5 或 7 位成员组成的执行委员会负责制定主要政策，拥有比秘书长更大的权力；英国主张任命有能力监督这一组织运作的人来担任秘书长，他有权出席执行委员会会议并自由表达观点，但不能超越执行委员会所制定的规章；为了牢牢控制这一组织，英国主张成立一个没有实权的秘书处。①针对英国主导下出现的这种局面，卡弗里建议：第一，主要事务由欧洲复兴计划参与国讨论决定，如果它们的决定与美国意见相左，政府准备采取强硬态度。第二，密切关注欧洲经济合作委员会在执行委员会地位和职责问题上的讨论，看其制定的规章是否能使秘书长恰当履行职责，并朝着美国设想的方向发展。第三，为了使欧洲经济合作委员会有效发挥职责，需要设立强有力的执行委员会和秘书处，这样欧洲经济合作委员会才能成为与美国联系的重要渠道，而美国不希望与个别国家进行双边谈判。② 一周后，卡弗里再次给国务卿发去电文，继续要求国务院采取行动。其理由是：由于租借法案、战后贷款等等都是欧洲国家与美国进行双边谈判达成的，欧洲国家现在仍想继续采用双边谈判的方式，并且认为美国对其经济复兴起决定作用，完全寄希望于美国，这些都是不利于欧洲经济合作的因素，美国政府为克服这些不利因素有必要公开表示自己的立场，指出欧洲经济合作委员会在欧洲合作中应承担重任，为此必须进一步加强它的权力，将这一组织发展成为充满生机和活力的机构，不仅要吸引更为优秀的人才，而且要形成高效率的运作体系。③

可是，身在华盛顿的大多数国务院官员却不作如是观，他们反对美国直接介入谈判。1948 年 4 月 8 日，美国副国务卿洛维特向法国使馆发去报告，洛维特赞成给予欧洲经济合作委员会实际权力，使之拥有有效的组织结构和一流的人员，因为只有拥有有效的组织结构，才能实际运用其权力，也只有具备了重要的功能和有效的组织结构，才可能吸引高素质的人员，从而最大限度地发挥欧洲国家的主动性，使欧洲在获得共同援助、合作和更高程度的一体化上取得实质性进展。但美国不应当就该问题向欧洲国家代表提出进一步的要求。④

根据洛维特的指示，美国驻欧官员在欧洲经济合作谈判中采取了谨慎

---

① Caffery tel. to Marshall, March 20, 1948, *FRUS*, 1948, Vol. 3, p. 396.

② Ibid., pp. 395 – 398.

③ Caffery tel. to Marshall, March 28, 1948, *FRUS*, 1948, Vol. 3, pp. 404 – 409.

④ Lovett tel. to Carrery, April 8, 1948, *FRUS*, 1948, Vol. 3, pp. 414 – 417.

态度，英国的立场自然也就占了上风。在英国主导下的欧洲经济合作委员会制订出欧洲经济合作公约草案。公约草案规定未来领导欧洲经济合作的组织的理事会拥有相当大的权力。按照草案第 15 条的规定，由所有成员国组成的理事会是作出一切决定的机构；理事会每年在它的成员国中任命主席一人和副主席二人；理事会由执行委员会和秘书长协助，为了完成必要的任务，理事会可以成立任何技术委员会或其他必要的机构。所有这些机构都向理事会负责。

公约草案将欧洲复兴计划在欧洲的行政职责交由执行委员会承担，但最终决策权力属于各国代表组成的理事会。公约第 15 条规定：执行委员会每年由理事会任命的七个成员国组成，它根据理事会的训令和指示开展工作，并向理事会报告工作；理事会每年在执行委员会的成员中任命主席、副主席各一人，它也可以每年任命总报告员一人，总报告员的职责由理事会确定；组织的任何成员国，凡在执行委员会没有代表者，可以参加委员会，并参与制订对该成员国利益有影响的一切讨论和决议。①

而公约草案赋予秘书处的职能仅仅限于处理日常事务，秘书长也只能列席一些会议。草案第 17、18 条规定：秘书长和副秘书长由理事会任命，秘书长置于理事会的权力之下；秘书长列席理事会、执行委员会的会议，也可以列席技术委员会和其他机构的会议。秘书长负责准备理事会和执行委员会的各项讨论，并根据它们的训令和指示保证它们决议的执行；秘书长可以任命对组织的工作有用的人员，但领导人员的任命须根据理事会的意见，人事章程应提请理事会核准；由于该组织具有国际性质，秘书长及其人员不得请求也不得接受组织的任何成员国或组织以外任何政府或当局的指示。在美国的要求下，草案增加了关于秘书长职责的补充条款。补充条款规定：秘书长可以向理事会和执行委员会提出建议；他可以同各技术委员会主席协议，采取一切措施保证这些委员会每次必须召开的集会顺利进行；秘书长协助理事会工作，并在需要时传达理事会和执行委员会的训令；秘书长要采取必要措施保证同其他国际组织的联络，但要与理事会和执行委员会的训令相一致；秘书长负责其他一切组织工作的职责，这些职

---

① Organisation for European Economic Co-operation, *Interim Report on the European Recovery Programme.* Paris, December 30, 1948, pp. 2 – 4.

责由理事会或执行委员会委托。①

《欧洲经济合作公约草案》对各参与国之间的合作方式提出了若干指导意见。草案开门见山地指出，各参与国的经济是相互依赖的，并且它们中的每一个国家的繁荣有赖于所有国家的繁荣。只有缔约各方紧密和持久的合作，才能恢复和维持欧洲的繁荣，并且治愈战争创伤。草案规定建立该组织的目的是联合它们的经济力量，增加它们的生产，发展和革新它们的工业和农业设备，增加它们的贸易。缔约各方要利用它们在本土和海外殖民地的资源，使它们的装备和技术逐步革新，单独或集体地促进生产的发展；缔约各方要经常在需要的限度内，在考虑各方各自的估计或计划以及世界经济的总体情况后，制订生产、商品和劳务交换的总计划。欧洲经济合作组织要保证各成员国能够在互相合作中实现最大可能的货物与劳务互换。为此目的，它们将继续为在它们之间尽快完成一个多边支付体系而努力，并为减少它们相互间的贸易和支付限制而合作，以期尽早取消目前妨碍贸易和支付的限制；缔约各方考虑在贸易额、就业和预防或克服通货膨胀的危险方面，采取措施以便建立或维持货币稳定和财政平衡。②

显然，按照该公约制定出的欧洲组织并不能有效地推动欧洲经济合作，其中既没有制定利用多边协定来约束参与国进行经济合作的条款，也没有涉及将国家主权让渡于一个超国家机构的内容，连关税同盟问题也被搁置起来。可以说，这种组织仅仅是传统意义上的政府间合作模式，是美国在欧洲经济合作问题上对英国的要求作出让步妥协的结果。

1948 年 4 月 16 日，参加欧洲经济合作会议的 16 国代表在巴黎签署了《欧洲经济合作公约》，将欧洲经济合作委员会更名为欧洲经济合作组织（The Organization of European Economic Cooperation，OEEC）。欧洲经济合作委员会自新组织成立后自行结束。但美国国务院在对英国作出让步的同时，并不肯就此善罢甘休。为了能使该组织成为一个强大的权力机构，美国国务院提议各国派遣部长级的官员加入这一组织，因为这种级别的官员拥有较大的外交自主权。③ 可是，当美国建议英国派遣外长贝文或相当内

---

① Organisation for European Economic Co-operation. *Interim Report on the European Recovery Programme*. Paris，December 30，1948，pp. 6 – 10.

② Ibid.，pp. 17 – 20.

③ The Ambassador in France Caffery to the Secretary of State，April 16，1948，*FRUS*，1948，Vol. 3，p. 425.

阁级别的官员率领派驻欧洲经济合作组织的英国代表团时，它再次遭到英国的抵制。英国只同意外交部次官霍尔·帕奇（Hall Patch）作为英国代表团团长担任该组织执行委员会主席，而秘书长由法国人罗伯特·马乔林（Robert Marjolin）担任。美国的设想又一次落空了。

由此可见，在英国的抵制下，欧洲经济合作组织并没有像美国所设想的那样成为推动欧洲一体化的工具。该组织手中没有足够的权力，掌握实权的是各国政府，所以欧洲经济合作组织在协调投资、稳定财政和货币、发展出口方面所能起的作用受到了很大的限制。尽管如此，欧洲经济合作组织成立后，形成了相互合作的良好氛围，各国官员能够经常在一起就广泛的经济问题进行磋商，并制定具体方案，使各国能够从寻求共同利益、兼顾他国利益的角度来考虑问题。

美国国务院之所以在有关欧洲经济合作的谈判中对英国的挑战采取谨慎态度而没有过多地介入，其实是有原因的。首先，美国国务院感到仍然有必要维护英美特殊关系。事实上，保持英美特殊关系，延续战时美英同盟，使之成为重建独立的西欧政治、经济及防务的必要条件，是战后美国对欧洲政策的一个重要内容。美国外交的主要决策者考虑到战后全球战略的需要，尤其是考虑到法国和德国的矛盾难以缓和，便很自然地寄希望于英国在欧洲复兴中起领导作用。他们认为只有英国才有资格、有能力担负起领导欧洲的使命，使欧洲成为抵抗苏联扩张的一个坚强堡垒。洛维特在向法国使馆发去的指示中就明确指出："没有英国的参加，欧洲复兴是不可能实现的"，"英国作为在欧洲起着重要作用的国家，不可能被排除在欧洲复兴之外，尽管英国在西欧一体化问题上与欧洲其他国家存在较大分歧，但确保在英国支持下的组织框架内实现欧洲复兴是可能的"。[1] 就连在欧洲复兴计划谈判中多次主张采取强硬态度的克莱顿后来也不得不承认："至少在目前，美国在欧洲扮演领导人的角色是不明智的，而英国对美国经济上的依赖以及英国本身所具备的优势条件，使美国联合英国的政策有了现实的可能性。"[2] 美国国务院对英国挑战采取谨慎态度的另一个原因，是拟组建的欧洲组织本身存在着许多不确定的因素，结果使国务院认为目前就采取让渡主权的超国家形式推动欧洲一体化是不现实的，还不如在现

---

[1]　The Acting Secretary of State Lovett to the Embassy in France, *FRUS*, 1948, Vol. 3, pp. 414 – 417.

[2]　Clayton to the Secretary and Lovett, April 10, 1948, *FRUS*, 1948, Vol. 3, p. 344.

有组织机构的框架下逐步推行欧洲一体化来得更明智。

第四节 美国利益团体参与欧洲复兴计划的制订

　　欧洲复兴计划的制订不仅仅是美国政府高层做出的反应，而且在一定程度上也是商业、劳工、农业等利益集团加以推进的结果。事实上，欧洲复兴计划为这些利益集团提供了一个施展其政治抱负和经济理想的空间，它们凭着各自对欧洲复兴计划的理解，参与到欧洲复兴计划的讨论中。这些利益团体通过发表报告、演说等途径强调援助欧洲的重要性和紧迫性，抵制了美国国内部分人对欧洲复兴计划的负面宣传；它们还组建哈里曼委员会直接参与到欧洲复兴计划政策的制订中，对欧洲复兴计划的诸多关键问题进行了缜密的分析与研究，使欧洲复兴计划的运作框架进一步完善。

一　利益团体对欧洲复兴计划的支持

　　当美国国务院等政府部门试图对经济衰败、政治动荡的欧洲国家施行经济援助和指导其发展时，很多商业、劳工和农业利益团体都觉得在自己面前出现了一个施展政治抱负和实现经济理想的广阔空间，它们凭着各自对欧洲复兴计划的理解，不仅支持这个计划，而且积极参与了它的酝酿和制订过程。对于经济发展委员会、全国制造商协会等商业利益团体来说，支持欧洲复兴计划是理所当然的事情。在它们看来，欧洲是美国商品、文化和民主的广阔市场，如果能在欧洲消除贸易壁垒和增加自由贸易量的话，那么不仅可以为美国带来经济发展的机会，而且会为全球资本主义世界的繁荣与稳定奠定基础。因此，这些团体纷纷以发表公报和演讲等种种方式支持欧洲复兴计划。

　　其中的经济发展委员会（Committee for Economic Development）是欧洲复兴计划的重要拥护者。经济发展委员会成立于 1942 年，这一商业利益团体汇集了来自可口可乐公司、通用电气公司等重要企业的代表，其建立的目的是在尽可能提高生产的同时，鼓励消费，为刺激经济发展、维护自由生活和提高生活水平进言献策，探讨如何确立美国的经济领导地位和推动全球经济复兴等问题。早在 1945 年，经济发展委员会在其组织编写的题为《更多的生产，更多的工作，更多的自由》的小册子中，就指出海外市场和资源对美国经济有着至关重要的作用，建议美国政府参与到战后国际改革和重建中去。该委员会认为，美国经济的发展与世界其他地区密切相关，已经形成了一方面出口工业制成品和农产品，另一方面又进口原材料和食品这样一种经济运营模式，所以应彻底抛弃那种美国经济可以自给自足的观点，使整个世界在产品销售和原材料供应两方面都成为向美国开放的自由贸易区。如果美国在二战后仅仅着眼于开发本国资源，那么依靠世界贸易来提高生活水平的机会将会丧失。委员会还认为，美国是一个工业高度发达、并拥有大量剩余资本的国家，其主要工业制品和对外投资需要西欧这样工业相对发达的地区来消化，进而在世界范围内促进商品、人员和技术的流动。[①]

马歇尔在哈佛大学演讲后，经济发展委员会立即发表报告表示支持欧洲复兴计划。报告指出，西欧保持高度自由社会和自由经济的关键是生产，如果生产能够增加三分之一，西欧将会迅速步入繁荣。虽然增加生产的主要责任在西欧国家的人民，但如果没有外援的推动，西欧很可能走向更为混乱的状况。反之，西欧复兴将会增加美国的贸易，维护自由世界的稳定，使美国从中受益。报告建议美国与西欧国家在更为广泛的层面上开展经济合作，包括向欧洲国家提供原材料，促进工业现代化，维持货币稳定，解决支付问题等。为了确保欧洲复兴计划成功，报告提出以下建议：第一，由于欧洲市场规模狭小，阻碍了物资和人员的流动，每个国家画地为牢，形成各自独立的经济体，结果造成西欧生产力低下，所以应当采取各种方式鼓励建立联合性的组织机构来负责监督实施该项目。第二，鼓励参与国进一步降低贸易壁垒，加快发展各国之间的交通运输业，增加人员的自由流动，发展联合控制的资源，恢复与东欧国家的贸易，使欧洲经济朝着联合的方向发展。第三，以商业运营的方式合理利用资金和物资，结合欧洲和美国的情况妥善分配赠予和贷款。第四，鉴于发挥企业的主动性

---

① Committee on Economic Development, *Toward More Production*, *More Jobs and More Freedom*, New York, 1945.

和创造性是发展生产的必要途径，应鼓励美国私人企业向欧洲提供物资和装备，美国政府不能将对外援助项目视为攫取和控制欧洲财产的手段。①

全国制造商协会（National Association of Manufacturers）也对欧洲复兴计划表示支持。全国制造商协会囊括了摩根集团、美孚石油公司、国际收割机公司等大公司和许多小企业的代表，作为美国最具影响力的企业利益团体，该协会政策研究部在欧洲复兴计划出台后，就提交了题为《马歇尔计划的数据和经济背景》的报告，希望通过欧洲复兴计划向欧洲推广"自由企业制度"。报告强调，美国是创造财富的榜样，它所代表的自由企业制度被认为是人类已知的最好的经济组织方式，这种制度能够增加生产，推动就业，发展消费主义，协调社会矛盾。全国制造商协会坚信，繁荣的欧洲会给美国带来诸多利益，具有竞争性的私有企业制度是确保政治和经济安全以及应对共产主义威胁和阻止它泛滥的最好方式。报告指出，美国作为自由世界私有企业制度发展处于领先地位的国家，应当尽全力将自由经济模式推广到世界上其他地区，采取各种方式鼓励生产，因为增加生产是解决欧洲目前经济问题的关键所在。为了保证欧洲复兴计划的成功，全国制造商协会还认为，美国需要采取削减国内开支、降低个人所得税、遏止通货膨胀等措施来支付对外援助。②

全国计划协会（National Planning Association）成立于1934年，该组织集合了来自美国商界、劳工、农业和学术界的高层人士，其主要任务是探讨具有重要影响的经济和社会问题。全国计划协会于1947年12月8日公布研究报告，强调了美国向欧洲提供援助的必要性。报告指出，全国计划协会对目前世界所面临的状况深表忧虑，战争使数以万计的人流离失所，美国不能脱离世界而独立存在，只有恢复那些遭受战争破坏国家的经济，帮助这些国家的人民提高生活水平，民主与和平才能繁荣壮大，专制集权主义才会被有效遏制。美国寻求的是在和平、正义、法治的基础上建立世界秩序，其国际地位使这个国家有义务担当此种重任，不仅要维护自身的

---

① Committee for Economic Development, *An American Program of European Economic Cooperation*, 1948.

② National Association of Manufacturers, *Statistical and Economic Background to the Marshall Plan*, 1947.

和平和安全，而且要同热爱自由和平的人民一道将民主自由的理念遍布全球。①

为了使美国公众和欧洲国家接受欧洲复兴计划，这些利益团体除了发表报告外，其代表人物还在公众场合演讲，吁请美国人民积极支持欧洲复兴计划，号召各国政府为建立稳定的世界经济和持久和平相互合作。经济发展委员会主席保罗·霍夫曼（Paul Hoffman）在向公众多次发表的演讲中，从历史教训、理智和道义责任上详细论证了承担对外援助的必要性。霍夫曼指出，不能在一个经济停滞的世界中分享繁荣，经济困扰无论出现在世界哪个地方，都是暴力政治的滋生地。承担救济任务，帮助欧洲国家人民恢复经济，不仅仅出于美国人民的善意，而且有利于美国人民自身。如果想要美国保持经济繁荣，促进世界和平与安全，那么以合理为基础的国际贸易就是必要的。上苍在一代人的短暂岁月中给予了美国人民两次机会，去建立一种能够使全人类免除恐惧和匮乏的自由生活的秩序，上一次失败了，这一次则再也经不起失败了。② 美国通用电气公司董事长菲利普·里德（Philip D. Reed）也发表演讲，指出美国在帮助他人的同时也帮助了自己，因为它需要世界市场吸纳美国生产的粮食、棉花、烟草等农产品和钢铁、汽车以及种类繁多的其他工业制品。在一半富裕而另一半贫困的世界上，国际贸易不但无法增长，而且还可能导致另一场可怕的经济萧条，从而损害到美国人民的利益。紧急救济是平衡经济必不可少的一步，而其后长期的重建工作则需在世界贸易的基础上进行，为美国的出口商品开拓市场。这意味着美国的制造业主将有更多的产品出口，工人将有更多的工作机会，商业界将有更多的利润，人民将有更高的收入。③

除了这些商业、企业利益团体外，美国劳工、农业等利益团体也对欧洲复兴计划表示支持。美国劳工联合会财政秘书长乔治·米尼（George Meany）在演讲中强调，人类目前面临着诸如饥饿和安全、文明和混乱、民主和专制、和平和战争的一系列较量，在这场竞争中，美国必须承担挽

---

① "The General Principles and Administration of the Marshall Plan", a joint statement by the National Planning Association, December 8 – 9, 1947, in Committee for Economic Development, *An American Program of European Economic Cooperation*, 1948.

② Paul Hoffman, *Peace Can Be Won*, Garden City, N. Y., 1951, pp. 102 – 104.

③ Philip D. Reed, "Can America Afford the Marshall Plan?" *New York Times*, November 20, 1947, p. 12.

救世界的重任。欧洲复兴计划应当立即通过并实施。这种对欧援助在经济上能够刺激国内外生产和消费，提高人们的生活水平和购买力，在政治上能够消除共产主义对劳工的影响。① 以美国农业联盟为代表的美国农业利益团体也作出了类似的表示。1947 年 10 月 12 日，美国农业联盟主席艾伦·克兰（Allan B. Kline）宣读了美国农业联盟题为《援助欧洲的提议》的报告，指出该联盟为促进生产发展和社会稳定，支持欧洲复兴计划中体现出的合作精神，主张采取措施帮助那些受战火蹂躏的国家，使它们恢复并扩大生产，提高人民生活水平，恢复正常的国际贸易。美国农业联盟认为："美国对世界文明做出的重大贡献之一就是在曾经动荡不安的世界里，使强大的私有企业生产体系得以维持。尽管有些国家对资本主义体系表示怀疑，但更多来自世界各地的国家迫切需要自由企业体系下的成果。美国应当在欧洲复兴计划中宣扬美国的私有企业和民主制度，为民主的发展创造便利条件。"②

二　哈里曼委员会的成立及报告

　　除了通过发布报告和演讲支持欧洲复兴计划外，一些利益团体还直接参与了欧洲复兴计划政策的制订。这种参与主要是通过哈里曼委员会进行的。1947 年 6 月，杜鲁门总统为了听取美国社会各界的建议，决定建立一个由商业界、劳工界、学术界人士组成的总统对外援助委员会来研究欧洲复兴计划，并任命商业部长艾夫里尔·哈里曼担任主席，故该委员会又称"哈里曼委员会"。哈里曼委员会的 19 名成员均为当时在商业、劳工和学术等领域享有声望并有丰富经验和专业知识的人士，其中来自商业金融领域的有经济发展委员会主席、斯蒂贝克汽车公司总经理霍夫曼，通用电气公司总裁菲利普·里德，宇宙造船公司总经理格兰维尔·康维（Granville Conway），纽约国家银行副主席伦道夫·伯吉斯（Randolph Burgess），联邦储备银行总裁切斯特·戴维斯（Chester C. Davis），古德里奇橡胶公司总

---

① "AFL Program for World Recovery and Lasting Peace", 19 December 1947, *International Free Trade Union News*, Vol. 3, January 1948.

② "The Proposal of Assistance to Europe", in U. S. Congress, House, Committee on Foreign Affairs, *Hearings*, *United States Foreign Policy For A Post-War Recovery Program*, 80th Congress. , 2d session, 1948, pp. 940 – 958.

经理约翰·科利尔（John Collyer），摩根财团代表、前参议员小罗伯特·拉福莱特；来自劳工界的有产业工会联合会财政秘书长詹姆斯·凯里（James B. Carey），美国劳工联合会财政秘书长乔治·米尼（George Meany）；来自学术界的有麻省理工学院经济学教授、前战争运输委员会成员理查德·比斯尔（Richard Bissell），康奈尔大学农业学院的威廉·迈尔斯（William Myers），杜克大学研究生院卡尔文·胡佛（Calvin Hoover）、哈佛大学公共管理系主任爱德华·梅森（Edward S. Mason），加利福尼亚大学校长罗伯特·加登（Robert Gordon）等人。可以说，参加哈里曼委员会的是在美国首屈一指的企业家、劳工领袖和学者。①

　　哈里曼委员会下设六个分委员会，各有明确的授权和精明强干的工作班子。这六个分委员会也主要由来自各领域的专家负责。如古德里奇橡胶公司总裁约翰·科利尔主管消费者商品研究，通用电气公司董事会名誉主席欧文·扬（Owen Young）负责经济和金融分析，宇宙造船公司总经理格兰维尔·康维分管研究运输，艾里夏尔煤炭公司总经理、矿业专家罗伯特·凯尼格（Robert Koenig）主持研究矿产资源。

　　哈里曼委员会动用了庞大的社会关系网，征求了上千人的意见，从不同方面就欧洲复兴计划展开研究，于 1947 年 11 月 7 日完成了《欧洲复兴和美国援助》的报告，又称"哈里曼报告"。由于该报告的主要策划者汇集了美国商界、劳工界一些十分有影响的人士，他们的研究结论成了美国社会团体参与酝酿欧洲复兴计划所形成的看法的集中体现，加之该报告中的很多专业性意见又是各行业专家审慎研究的结果，自然对欧洲复兴计划政策的制定与后来的实施都产生了相当重要的影响。

　　哈里曼报告主要分为三大部分：第一部分提纲挈领地总结了实施欧洲复兴计划应当遵循的总原则；第二部分从参与欧洲复兴计划的欧洲国家的资金需求、欧洲收支赤字和美元短缺问题、援助的实施机构等方面进行了缜密的分析并提出了详尽的建议；第三部分则从食品、农业机械、煤炭、交通运输、石油资源、化学工业等方面具体阐述如何实施欧洲复兴计划。②

　　哈里曼报告首先提出了实施欧洲复兴计划应当遵循的总原则：第一，

---

① The President's Committee on Foreign Aid, *European Recovery and American Aid*, Washington, DC, 1947, pp. 7 – 9.

② Ibid., pp. 12 – 15.

美国需要开发欧洲资源，开辟私人贸易和筹措资金的渠道，主要采取贷款而不是赠予的方式对欧洲进行援助。第二，美国要通过欧洲复兴计划鼓励私人资本进入欧洲，这就需要欧洲减少对贸易的限制，使人员和货币能够自由流通。第三，美国实施欧洲复兴计划不能仅仅出于政治策略的考虑，还要考虑到欧洲无数人民已备受蹂躏、劫掠和饥饿折磨，除非美国同这些国家政府携手，对这些不幸的人民伸出援助之手，否则这些国家将备受经济崩溃和内部骚乱的折磨，因此美国援助物资作为供应品向消费者出售时，售价应定在有利于供应品流入合适的消费者手中的水平，并应避免破坏当地的物价结构。第四，欧洲复兴计划需要对美国的经济起到缓冲的作用，即适合美国的市场发展，有利于保持美国经济的稳定。①

哈里曼委员会在专家的协助下，对欧洲复兴计划所需资金的数额进行了估计。欧洲国家在 1947 年 9 月 22 日草拟的报告中，提出欧洲在四年内所需要的美援数额为 224 亿美元。欧洲国家在估算时，将所需要的物资需求划分为三大部分：用于当前生产所需的原料，恢复和扩大生产能力的设备，为满足当前需要而弥补当前产量不足所需的制成品。按照这样计算，欧洲国家估计 1948 年欧洲复兴计划参与国进口需求的总值达 138.67 亿美元，其中 83.7 亿美元是用于原料和基本工业的装备和制成品，其他货物的进口总值为 54.97 亿美元，未列入生产计划、对国外的出口总值估计为 64.56 亿美元，其中 12.6 亿美元是基本工业的产品。对于欧洲国家提出的要求，哈里曼委员会建议欧洲对出口数额的估计下调，并修改一些其他增加成本项目的数字。考虑到欧洲经济合作委员会在估算援助需求时对进口货物价格下降的设想不尽合理，哈里曼委员会仔细推算后将四年间欧洲复兴计划的总额定在 125 亿美元到 172 亿美元之间，并建议美国拨款要逐年精确计算，按年度予以批准。②

哈里曼委员会认为欧洲复兴计划的一个重要任务是帮助欧洲国家实现自由贸易，因此就阻碍欧洲贸易发展和经济复苏的收支赤字与美元短缺问题进行了研究。据该委员会统计，1948 年欧洲复兴计划受援国同美国之间收支赤字总数将达到 56.4 亿美元，在 1948—1951 年间同美国的收支赤字总计可能为 158.1 亿美元。这些受援国不仅和美国存在大量收

① The President's Committee on Foreign Aid, *European Recovery and American Aid*, p. 97.
② Ibid. , pp. 34 – 38.

支赤字，同其他西半球国家（加拿大、拉丁美洲）之间也存在收支赤字，估计 1948 年为 19.4 亿美元，1948—1951 年间为 59.7 亿美元。因此，1948 年欧洲复兴计划参与国与整个美洲大陆之间的收支赤字总数估计为 75.8 亿美元，1948—1951 年间为 217.8 亿美元。如果将受援国的美元短缺也计算进去，1948 年它们与美洲大陆的收支逆差将增加到 80.35 亿美元。由于对美洲大陆的国际收支存在如此大的赤字，而且要用黄金和美元支付，欧洲国家在购买欧洲和其他软货币地区商品时便不愿使用美元，结果只好对贸易数量和汇率实施控制，从而严重阻碍了彼此之间的贸易往来。哈里曼委员会认为，解决这个问题的办法就是建立一个西欧地区性贸易和支付组织来管理欧洲国家的货币，只有这样才能帮助欧洲国家实现自由贸易。①

特别值得注意的是，哈里曼委员会对欧洲复兴计划未来的主管机构也提出了具体的建议，主张在美国建立经济合作署作为负责欧洲复兴计划运作和实施的新机构。该机构的组成包括董事会、由商业、劳工、农业代表组成的顾问委员会和行政长官。董事会的领导层由拥有丰富经济管理经验和杰出组织领导才能的人组成，鼓励国务卿、商业部长、进出口银行总裁等国务院高级官员加入其中。董事会应掌握执行对欧援助计划的基本权力，包括选派人员、任命或罢免行政长官和驻欧洲的特别代表。董事会主席从董事会成员中选择一人担任，此人要经总统任命，并定期向国务卿、国会递交详细的报告。顾问委员会从美国普通公民中选拔，其委员由具备丰富经验、在公众中有较强影响力的人担任，同一政党在委员会的成员不得超过两位；该机构行政长官要有相当大的权力，不但受命负责协调和监督欧洲复兴计划，审查和评估参与国的需求，组织制订美国援助计划，而且具有相当于内阁成员的地位，有权遴选任命下属人员具体实施该计划。②

哈里曼委员会为经济合作署设计的权限范围包括以下几个方面：第一，在欧洲复兴的整体框架下按照特定需要制订专门计划，根据欧洲参与国的年度报告综合衡量美国的供给能力后制订援助物资的有关数额，并研究分析出口这些物资对美国经济的影响。第二，负责分配那些直接赠予、

---

① The President's Committee on Foreign Aid, *European Recovery and American Aid*, pp. 93 – 97.

② Ibid., pp. 99 – 101.

贷款以及通过国际银行、进出口银行提供的贷款等资金供给。第三，会同国务院、国际基金组织或其他国际组织协调参与国之间的金融问题的解决，包括在参与国采取控制金融货币和调整出口的政策，加强对欧洲国家货币的监管。第四，和参与国及其相关组织保持密切联系，使美国政府能够及时获悉参与国对物资的需求信息，并确保供给的物资得到合理有效的利用。①

为了确保履行上述职责，哈里曼委员会建议经济合作署应具有较大的自主权和较强的灵活性。具体说来，该机构将不受政府机构规章的束缚，机构行政长官有权根据需要招募或解聘人员，成员的薪水和福利不低于常规的政府雇员，能够在预算等事宜上享有充分的自由等等。在该机构同国务院、国际组织的关系上，哈里曼委员会建议这一机构需要同国际复兴与发展银行、进出口银行合作，资助并安排欧洲国家购买物资。该机构的领导还应加入到全国顾问委员会和进出口银行顾问委员会中，以便确保来自进出口银行的贷款顺利到达参与国。该机构派驻欧洲的代表将审查参与国的请求，使物资得到合理使用，监督参与国完成预期的目标。这些驻外代表直接向欧洲复兴计划实施机构的主管汇报工作，并受其领导。②

不仅如此，哈里曼委员会还建议经济合作署采用公司方式运作，鼓励美国私人企业在欧洲复兴计划中发挥作用。哈里曼报告指出，通过私人资本对外投资是美国外援的重要组成部分。鼓励美国私人企业参与欧洲复兴计划，不但可以增加对外援助的规模，而且可以在尽可能多的国家为当地私人经济提供一个发展模式，通过向接受投资国转让企业管理的经验和技术，显示美国私人企业制度的优越性。为此，哈里曼委员会建议欧洲复兴计划主管机构采取下列措施来鼓励美国私人企业参与欧洲复兴计划：第一，帮助提供及安排美国私人企业在欧洲复兴计划参与国投资与开发的机会，促使私人企业注意欧洲复兴计划参与国的投资与开发情况，加速它们在参与国谈判商业和贸易计划。第二，为了吸引美国投资者到欧洲投资，欧洲复兴计划主管机构应分担美国私人企业由于在欧洲国家投资而额外增加的费用，并保证这些私人企业投资将有利于达到促进欧洲受援国经济发

① The President's Committee on Foreign Aid, *European Recovery and American Aid*, pp. 103 – 105.

② Ibid. , p. 114.

展的目的。第三，欧洲复兴计划主管机构可以向美国和欧洲私人企业提供美国贷款，该贷款的条件是能够鼓励对这些欧洲国家经济发展有贡献的投资，必须有合理的偿还前景，而且投资项目必须是欧洲国家可接受的对其经济发展有利的选项。除了上述措施外，哈里曼委员会还提出了其他一些促进和保护美国私人企业和投资的措施，诸如规定欧洲复兴计划运输商品的总吨位中，至少有 50% 必须由挂美国旗的船只运输；当用受援资金采购的商品可由美国小企业生产时，要通知这些小企业，以使它们有机会参加竞标。①

总的说来，哈里曼报告与美国国务院等部门的报告最大的不同点在于，它并不过于强调借欧洲复兴计划来对抗苏联和维护美国眼前的现实利益，而是走出了国家安全的概念，着眼于实现更为重要任务的长远努力。当国务院在谈判建立欧洲经济合作组织的问题上不得不对英国作出让步，从而在欧洲复兴计划谈判上避免过多干预时，哈里曼报告却不顾地缘政治方面的力量权衡，主张建立公私合作的经济合作署以便对欧洲复兴计划的实施掌握决定权。也许就是为了能从长远利益出发摆脱国际政治过于现实的考虑和官僚机构过于短视的眼光所造成的限制，哈里曼报告特别建议经济合作署应具有较大的自主权和较强的灵活性，并采用公司的方式运作。这不仅为后来美国利益团体参与欧洲复兴计划的实施提供了可能，而且使它们在推动这一计划走向更长远的目标上发挥了重要作用。可以说，哈里曼报告为后来经济合作署公私合作机构的诞生奠定了理论基础。

从欧洲复兴计划的酝酿和制订过程可以看出，美国国务院是在 1947 年 3 月对欧洲的救济性援助失败、国内压力加大和大国努力解决德国问题受挫的情况下开始制定欧洲复兴计划。1947 年 6 月马歇尔在哈佛的讲话中正式宣布美国有复兴欧洲的计划和打算，通常被视为欧洲复兴计划即马歇尔计划出台之时，但此时的计划还远未定型。欧洲国家和美国国内的利益团体实际上都对欧洲复兴计划的最后形成产生了重大影响，可以说它们都在不同程度上参与了欧洲复兴计划的酝酿和制订。其中尤其值得注意的是，以哈里曼委员会为代表的美国商业、劳工和农业团体在设计和建立欧洲复兴计划的美国主管机构——经济合作署——上起了非同一般

---

① The President's Committee on Foreign Aid, *European Recovery and American Aid*, pp. 118 – 122.

的主导作用。这不仅是合作主义在美国外交决策过程中的一次成功体现，而且是后来欧洲复兴计划在执行中能着眼于长远考虑的一个重要保证。

第二章　围绕欧洲复兴计划议案的辩论及经济合作署的建立

　　美国政府的欧洲复兴计划不仅要获得欧洲国家的合作和美国国内舆论的支持，而且必须在美国国会形成立法并获得通过。没有美国国会的立法认可，欧洲复兴计划就只是纸上谈兵。因此，美国总统杜鲁门在 1947 年 12 月就向国会递交了咨文，详细阐述了实施欧洲复兴计划的必要性，美国国内围绕这一议案展开了激烈的辩论。这场辩论不仅探讨了复兴欧洲的援助条件和方式，而且反映出杜鲁门政府和社会团体在界定二战后美国国际角色、处理对外援助与国内民主之间关系等问题上的基本态度。杜鲁门政府和利益团体借助为欧洲复兴计划辩护的有利时机，运用"自由的危机"话语在国内营造出强烈的反共氛围。这场辩论不仅完成了欧洲复兴计划的政策设计，加强了美国对外援助活动的制度化程度，而且进一步为二战后美国以遏制共产主义和"捍卫自由"为旗号的对外干涉政策奠定了舆论基础。

　　美国利益团体介入到欧洲复兴计划的立法过程，既有自身具体利益方面的考虑，也有对欧洲和世界资本主义长远发展的展望和追求。它们对自身利益的保护明显反映在对《1948 年经济合作法》有关海运和剩余农产品输出的法律条款所施加的影响上。至于在它们一手推动下根据《1948 年经济合作法》建立的经济合作署，则不仅反映了这些团体自身利益的需要，而且体现了它们对未来欧洲乃至于世界资本主义体系的关注。这些团体中的有识之士希望通过这个公私合作和相对独立的机构广泛吸纳来自商业、劳工等利益团体的代表和专业人士，在帮助欧洲国家迅速高效地解决欧洲复兴计划实施中的各种繁杂问题的同时，将美国资本主义的发展模式推广到欧洲，影响欧洲和整个世界未来的发展。

第一节　"自由的危机"话语与《1948 年经济合作法》的通过

美国总统杜鲁门于 1947 年 12 月 19 日提交的欧洲复兴计划议案遭到了来自美国国内左右两翼的攻击，美国国内围绕这一议案展开了激烈的辩论。美国前总统胡佛、参议员亨利·黑兹利特和罗伯特·塔夫脱等人士担心大规模的政府援助计划会使美国人背上沉重的经济负担，建议大大削减提案中对欧洲的援助数额，减少美国政府对欧洲的干预；而以前副总统亨利·华莱士为代表的左翼人士则认为欧洲复兴计划是为美国垄断资本服务的工具，威胁到美国的经济发展和民主进步。当欧洲复兴计划议案由于杜鲁门政府和国内反对派的意见分歧而面临难产困境之时，杜鲁门政府与利益团体运用"自由的危机"话语开展了一场为欧洲复兴计划宣传、造势的运动，在很大程度上削弱了国内反对派的攻势，为《1948 年经济合作法》的出台铺平了道路。

一　欧洲复兴计划议案遭受部分美国人士的反对

杜鲁门总统向国会递交的欧洲复兴计划议案从意识形态、安全利益以及未来西欧国家的经济建设等方面详细阐述了欧洲复兴的必要性。[①] 该议案指出，欧洲是西方民主制度的摇篮，如果欧洲能够实现自立和繁荣，将大大有助于抵制共产主义思想对这一地区民众的侵蚀。可是，由于战争的破坏，欧洲的经济、政治以及国际影响力明显削弱，其工业生产全面停滞，农业生产极不景气，经济危机随时可能爆发。在这种危难关头，尽管美国在战后已经制订了许多具体的援助计划，通过各种各样的援欧项目投入了 90 多亿美元，增加了进出口银行的支付能力，向联合国救济总署提

---

① Proposed Economic Cooperation Bill, in *Outline of European Recovery Program*: *Draft Legislation and Background Information*. Printed for the use of the Senate Committee on Foreign Relations, 80th Congress, 1st session, Washington. DC. 1947.

供了援助资金，但这些举措在欧洲复兴上并没有任何成功的迹象。因此，杜鲁门政府要求国会在 1948—1952 年拨款 170 亿美元，以挽救濒临绝境的欧洲经济。[①] 在递交议案的同时，美国国务卿还向参议院对外关系委员会提交了《美国支持欧洲复兴计划的基本因素》《欧洲复兴的所需货品和美国援助支出》《欧洲复兴计划行政机构》三个背景性报告，分别就欧洲复兴计划对美国国内经济的影响、欧洲复兴计划的援助程度和执行机构等问题做了详尽的分析。[②]

但是，欧洲复兴计划议案遭到了来自美国国内左右两翼的大张挞伐。站在右翼反对欧洲复兴计划议案的以参议员罗伯特·塔夫脱（Robert A. Taft）、美国前总统赫伯特·胡佛（Herbert Hoover）和经济学家亨利·黑兹利特（Henry Hazlitt）为代表。胡佛和塔夫脱等人对欧洲复兴计划给美国造成的经济负担深表担心，他们以费用过大为由反对政府的政策，试图限制这项计划的开支。胡佛指出，该计划要求四年拨款 170 亿美元，此外，美国还要在西德、日本、朝鲜可能还有中国等其他国家提供约 9 亿美元的物资，这些开支的总额将占该时期整个联邦税收的 18%，个人收入税的 36%。他认为，农业重建项目是必需的，但是工业重建项目并不仅仅是恢复战前的生产力，而是想超越战前生产水平，这种想法其志可嘉，但能否在不过度加重美国人负担的前提下使欧洲经济超过战前水平则令人怀疑。在胡佛看来，大规模的政府援助计划会使美国人承担高额赋税，导致国内商品短缺、物价上涨。为维护美国的经济利益和减轻美国的税收负担，胡佛力主大大削减提案中对欧洲的援助数额。他指出，虽然国务院反复强调马歇尔计划的援助数额是经过科学计算的，但事实是无论怎样估算这些数额都缺乏科学根据，所以应当将美国的援助数额缩减一半。[③] 胡佛还建议加强私人资本援助，反对单凭由美国政府出资援助欧洲。他为此提出的各种措施包括：通过进出口银行贷款，发挥私有企业力量向欧洲 16 国提供资本来缓解美国的财政压力；鼓励受援国使用这些资金来鼓励发展

① U. S President Speical Message to the Congress on the Marshall Plan, December 19, 1947, in *Public Papers of the Presidents*, *Harry S. Truman*, Washington, DC, 1947, pp. 515 – 529.

② *Outline of European Recovery Program*：*Draft Legislation and Background Information*. Printed for the use of the Senate Committee on Foreign Relations, 80th Congress, 1st session, 1947.

③ U. S. Congress, Senate, Committee on Foreign Relations, *Hearings*, *European Recovery Program*, 80th Congress, 2d session, 1948, pp. 707 – 712.

工业，通过美国私有银行的渠道，满足在资金商品进口等方面的需求；建立高效的商业组织，在考虑到供应的情况下合理安排进口物资等等。①

参议员塔夫脱也担心实施欧洲复兴计划将会使美国不堪重负，因而极力反对通过议案。早在 1947 年 11 月 10 日，塔夫脱就在俄亥俄的演讲中告诫美国人："我们高估了美元在推动欧洲经济复兴中的作用，因此难以在不损害美国经济的原则下完成这一任务。"② 塔夫脱 1947 年 12 月 30 日在约翰·马歇尔社团发表了题为《通货膨胀与马歇尔计划》的演讲，进一步指出"增加如此巨额的财政支出，很可能摧毁美国的自由企业制度"，他建议美国政府"集中一切力量解决国家的经济和社会问题"③。在听证会上，塔夫脱指出，欧洲复兴计划要求 15 个月内从美国出口价值约 8 亿美元的物资，包括钢铁和机器设备，很难在不损害美国经济的原则下完成这一任务。不完善的铁路运输业已经削弱了美国生产机器的能力，由于农业机器的短缺，美国的食品生产也大为缩减，加上油井、炼油和运输装备的匮乏，在一些地方已经出现石油荒，大量退伍兵返乡安置，更需要大量的建筑材料，实施欧洲复兴计划将会使美国人民自身的需求难以满足，甚至给他们带来灾难。④

经济学家亨利·黑兹利特坚持认为大规模的援助计划会给美国经济发展带来不利影响，从根本上质疑欧洲复兴计划的可行性。在《美元能挽救世界吗?》的小册子中，黑兹利特提出了一连串尖锐的、带有挑战性的问题，他指出，欧洲存在大量尚未使用的资源来促进其资本积累，所谓非要有外部力量帮助才能恢复欧洲国家的资本结构的说法是夸大其词，况且美国只能生产世界食物总量的12%，显然不能养活整个世界。因此，在黑兹利特看来，欧洲复兴计划只不过是美国垄断集团为了向欧洲转移剩余资本而制造的一场政治运动而已。美国政府向欧洲国家提供大规模的贷款，不

① U. S. Congress, Senate, Committee on Foreign Relations, *Hearings*, *European Recovery Program*, 80th Congress, 2d session, 1948, p. 712.

② Taft's Speech Delivered Before the Ohio Society, November 10, 1947, *New York Times*, November 11, 1947, p. 20.

③ *Robert A. Taft*, "Inflation and the Marshall Plan", Taft's Address to the John Marshall Club, December 30, 1947, in Clarence Wunderlin, Jr., ed., *The Papers of Robert A. Taft*, Vol. 3, 1945 – 1948, Kent State University Press, 2003, p. 355.

④ U. S. Congress, House, Committee on Foreign Affairs, *Hearings*, *United States Foreign Policy For A Post-War Recovery Program*, 80th Congress, 1st session, 1948, pp. 212 – 215.

仅无助于推动欧洲经济增长，而且会给美国经济带来不利影响。[1]

这些人士还担心，杜鲁门政府这种不惜代价承担复兴欧洲的责任，会扩大行政部门的权力，自由企业制度和公民自由会因此受到损害。亨利·黑兹利特提醒道："美国援助欧洲以及随之而来的积极干涉国际事务，将使民主党政府能够在国家安全的名义下加强对经济的管制，从而破坏自由市场体系。"[2] 在黑兹利特看来，政府集中控制的经济不但是低效的，而且不可避免地会导致集权，使人民失去自由和权利，而欧洲经济只有在市场和自由竞争的条件下才能有效运转。[3] 黑兹利特认为，从推动经济复兴的角度而言，一个国家的经济政策远比对外贷款更重要。他建议取消政府战时那种遏止资本输出和不利于市场自由发展的控制，采取措施刺激生产，使美国资本主义变得更为自由和强大。他还主张立即降低美国的关税，转变美国对德国和日本的经济政策，容许德国和日本恢复经济，除了对它们那些生产战争武器的工业实行限制以外，取消其他各种限制，刺激这两个国家的商品出口。[4] 黑兹利特在参议院作证时进一步阐述了这种观点，他认为，由政府运作的计划"只能造就庞大的掌握外援事务的官僚机构，伤害美国企业的利益"，因为"侵犯国内自由、摧毁美国财政和经济结构的政策如同战争一样，将使国家遭受巨大的破坏"[5]。黑兹利特指出，欧洲经济是否能够得以复兴并不取决于美国向欧洲贷款的数额和商品的数量，如果欧洲现行的那些经济政策继续存在，即使美国满足欧洲所要求的全部数额也不会使欧洲真正复兴。欧洲国家只有通过恢复生产、刺激生产、削减过重的社会福利项目、稳定国内财政、终止对贸易的管制等措施才有可能推动经济复兴。黑兹利特认为，如果由美国政府控制欧洲的贸易和社会福利将会限制其生产能力，加剧通货膨胀，恶化美元区的支付问题。[6]

塔夫脱也认为杜鲁门政府的政策将损害美国的宪政原则，威胁国内的

---

[1] Henry Hazlitt, *Will Dollars Save The World?* New York, 1947, pp. 15 – 19.

[2] Henry Hazlitt, "The Uncalculated Risk", *Newsweek*, January 5, 1948, p. 23; Henry Hazlitt, "Blueprint for Disruption", *Newsweek*, Feburary 19, 1948, p. 19.

[3] Henry Hazlitt, "Back to Police-State Controls", *Newsweek*, December 1, 1947, p. 22.

[4] Henry Hazlitt, *Will Dollars Save The World?*, 1947, p. 19.

[5] U. S. Congress, Senate, Committee on Foreign Relations, *Hearings*, *European Recovery Program*, 80th Congress, 2d session, 1948, pp. 684 – 705.

[6] U. S. Congress, House, Committee on Foreign Affairs, *Hearings*, *United States Foreign Policy For A Post-War Recovery Program*, 80th Congress, 1st session, 1948, pp. 612 – 658.

自由和民主。他在底特律经济俱乐部的演讲中警告称，如果美国不能理性地审慎估量自己的能力而过多地介入全球事务，将制造出庞大的军事工业集团和拥有广泛权力的军事、行政部门，侵蚀国会的权力，损害美国的宪政原则，国家形态将会由市民国家演变为专制集权的兵营国家（Garrison State）。① 一些国会议员更是直截了当地指责这样大规模的政府性援助"违背美国的立国原则和国家特性，对美国所遵循的意识形态构成挑战"，致使"有限政府、自由企业制度、私有产权等美国生活方式正在面临考验"②。

欧洲复兴计划还遭到前副总统亨利·华莱士（Henry A. Wallace）为代表的左翼人士的质疑。华莱士从其特有的政治关切出发，对未来的形势忧心忡忡。欧洲复兴计划议案被递交国会讨论前，华莱士就在《新共和》杂志刊文，谴责该计划是"美国垄断资本家、军事集团企图以社会公平为代价在国内外谋取私利的尝试"③。在国会听证会上，华莱士对杜鲁门政府奉行的对苏政策和欧洲复兴计划的动机予以激烈抨击。他强调国务卿马歇尔所陈述的基本原则就是为美国垄断集团的利益服务，可是美国人民还没有真正认识到这一点。事实上，商业巨头正在日益侵蚀国务院和其他公共机构，将它们变为为垄断资本服务的工具，他们上下其手，在国务院和国会为欧洲复兴计划四处游说。不仅如此，总统已经任命了大约50个银行家、工业界巨头在政府中担任要职，他们在策划欧洲复兴计划的过程中发挥了重要作用。正是由于这些商界人士在政府内外的努力，欧洲复兴计划对受援国规定了诸多限制性条件，违背了欧洲自助的原则，实际上成了为美国的大企业和军事寡头服务的举措，因而也绝不可能促进欧洲的复兴。④

华莱士在批评欧洲复兴计划的目的是服务于垄断资本之后，进一步指出了该计划存在的几个具体问题：首先，他认为对欧洲的支持重消费而忽

① Taft's address to the Economic Club of Detroit, 23, February 1948, in Clarence Wunderlin, Jr., ed., *The Papers of Robert A. Taft*, Vol. 3, 1945–1948, pp. 400–408.
② U. S. Congress, House, Committee on Foreign Affairs, *Hearings*, *United States Foreign Policy For A Post-War Recovery Program*, 80th Congress, 2d session, 1948, pp. 1749–1752.
③ Henry A. Wallace, "What We Must Do Now", *New Republic*, July 14, 1947, p. 14.
④ U. S. Congress, House, Committee on Foreign Affairs, *Hearings*, *United States Foreign Policy For A Post-War Recovery Program*, 80th Congress, 2d session, 1948, pp. 1585–1590.

视生产。华莱士指出，国务院故意削减了欧洲用于发展生产的项目，使参与国在食品和能源等方面过分依赖美国，但西欧国家需要的不仅仅是食物。如果它们想稳定经济、提高社会水平，就必须扩大工农业生产，而国务院对欧洲复兴和发展的这些关键性因素只是做出了口头上的承诺。事实上，西欧国家提出的在工业材料、装备等方面的需求，被国务院削减了14%，当西欧国家需要原材料来重建他们的钢铁工业时，国务院却计划提供比它们需求多一倍的烟草。① 华莱士还认为推行欧洲复兴计划将破坏传统意义上的东西贸易模式，减缓欧洲复兴的步伐。他指出，美国大企业为了牟取暴利，试图阻止东西方贸易，在美国和世界建立一个没有竞争的大市场，而东西欧国家所生产的产品只有相互弥补、合作才能稳定经济，西欧国家迫切希望扩大东西方贸易，例如西欧国家如果能从波兰进口大量煤炭，将会大大减少从美国进口的运费。联合国一份研究表明，如果投资9000 万美元用于改善波兰的煤矿和交通运输，西欧国家将能够每年避免耗资 5 亿美元来购买美国煤炭，而欧洲复兴计划阻碍了欧洲东西方这种必要的贸易交往，迫使西欧国家紧缩经济，联合抵制东欧，限制世界银行对波兰等东欧国家的贷款。②

华莱士对欧洲复兴计划所制订出的那些限制性条款、尤其是对等基金、"自由企业运动"做了抨击，认为欧洲复兴计划是把对等基金和"自由企业运动"等限制性措施强加于欧洲国家。他指出，欧洲复兴计划提案规定美国以赠予的形式提供食品、燃料、化肥等物资并不是免费赠予，接受这些物资的国家必须以美元为标准储存同等价值的当地货币，这种所谓的对等基金目的是使西欧国家要遵循美国华尔街的指挥，有损于欧洲政府对金融的监管。欧洲复兴计划实际是在"自由企业运动"的招牌下，为商业界打入欧洲市场、掌握垄断权铺平道路，推行欧洲复兴计划的后果只能是将欧洲独立的小企业排挤出市场，从而维持高额的垄断价格。美国在二战时的经历表明，政府需要调拨工业原材料、控制出口和稳定价格，目前欧洲面临比美国战时更为严重的困难，遭受战争蹂躏的欧洲大陆迫切需要将关键性的工业部门实现国有化，由政府负责控制外贸，分配资源，对钢

---

① U. S. Congress, House, Committee on Foreign Affairs, *Hearings*, *United States Foreign Policy For A Post-War Recovery Program*, 80th Congress, 2d session, 1948, pp. 1601 – 1602.

② Ibid. , p. 1605.

铁企业实行国有化，而这些措施由于部分美国人的阻挠而拖延。①

针对这些问题，华莱士提出以下建议：由联合国领导下的复兴欧洲行动取代美国政府的欧洲复兴计划；按照联合国救济署的模式设立联合国重建基金，帮助那些遭受纳粹蹂躏的国家恢复工业和农业，使它们尽快摆脱经济上的困境，对这些国家的贷款和赠予不能附加任何政治上的条件；目前由联合国掌管的 5 亿美元的重建资金，可以用于在欧洲推行"新政"，毁灭卡特尔主义，推进民主改革；这些联合国重建基金应优先分配给那些受战争破坏严重的国家和部门，用于和平目的，不能用来购买军事装备和武器。②

华莱士的观点得到了一些人士的赞同。美国共产党领导人威廉·福斯特（William Foster）在《劳工与马歇尔计划》的小册子中指出，马歇尔计划是一个战争计划，真正目的并不是促进经济复兴，而是那些控制共和党和民主党的大公司试图通过马歇尔计划对欧洲进行控制，与苏联相对抗，进而统治整个世界。③ 福斯特认为这个战争计划的内容包括：向西欧提供经济援助，加强美国垄断资产阶级对西欧政治经济的控制；削弱这些国家的独立性，使它们成为华尔街的工具；打击欧洲的民主力量，分裂贸易联盟，破坏共产主义者和社会主义者的合作，孤立摧毁共产党；复兴德国军国主义，将其变为反抗苏联的军工厂。④ 因此，通过马歇尔计划，美国托拉斯集团可以控制欧洲工业，为华尔街的利益削弱西欧国家的独立性，复兴军国主义，组建反对苏联的战争联盟。所有这些都是为发动第三次世界大战做准备。福斯特指出，马歇尔计划对美国最直接的影响是大大增加了美国人民的开支，导致物价上涨，将美国经济引入混乱局面。为了避免这些情况，福斯特建议西欧国家人民冲出大银行家、工业家等垄断集团的束缚，对银行和主要工业实行国有化，采取国家计划经济，建立真正的民主政府，同苏联及其他国家发展贸易联系。⑤《工人日报》主编约瑟夫·斯塔

---

① U. S. Congress, House, Committee on Foreign Affairs, *Hearings*, *United States Foreign Policy For A Post-War Recovery Program*, 80th Congress, 2d session, 1948, pp. 1606 – 1609.

② Ibid. , pp. 1581 – 1625.

③ William Z. Foster, *Labor and the Marshall Plan*, New York: New Century Publishers, 1948, p. 25.

④ Ibid. , pp. 45 – 48.

⑤ Ibid. , pp. 49 – 52.

罗宾（Joseph Starobin）于 1948 年 2 月发表的小册子《美国人应该支持马歇尔计划吗?》也认为欧洲复兴计划是美苏紧张关系的产物，其目的是联合西欧国家开展反苏战争，所以支持欧洲复兴计划是向战争更走近了一步，而美国对欧洲的援助将从经济转向军事，从小规模走向大规模。[1] 类似的小册子还有《谁为冷战付款? 马歇尔计划是如何影响你的生活水平》等等。[2]

可见，无论是塔夫脱、胡佛等孤立主义者，还是以华莱士为代表的左翼人士，他们都反对欧洲复兴计划，并且达成了一点共识，即杜鲁门政府递交的欧洲复兴计划议案不但会消耗美国的财富，影响美国经济发展，而且会威胁国内自由，激化国际紧张局势。这些人士的观点代表了二战后部分美国民众在看待美国与外部世界关系上的基本态度。经过珍珠港事件前的美国外交大辩论，主张美国参与国际事务，承担国际义务的自由国际主义思想已经深入人心。战争的惨痛教训以及战后新的国际现实促使美国走上了"全球主义"的道路，美国国内的孤立主义和左翼势力在国内反共气氛日益浓厚的情况下已经失势。然而，滞留在美国民众思想深处的孤立意识并未完全消亡，一些民众担心美国过多地卷入国际事务是对国内自由的侵犯，他们呼吁政府应该集中精力和财力解决国内事务，强调美国在国际社会中发挥重要作用的同时，不能超越一个民族国家理性应该限定的合理范围。这种思想虽然已不可能在当时的美国社会和政坛中占据主流，但也为国会通过欧洲复兴计划议案构成了一定的障碍。

二 "自由的危机"话语的建构与法案的通过

为了说服那些仍固守于孤立主义思想的美国民众和保守的国会议员接受这一耗资巨大的援助计划，杜鲁门政府开展了一场为欧洲复兴计划宣传、造势的运动。与之前宣传杜鲁门主义的话语相类似，杜鲁门政府强调欧洲和其他国家正遭受苏联意识形态的严重"威胁"，如果不加以遏制，美国乃至其他"自由世界"的制度和生活方式将会遭到巨大破坏。1947

---

[1] Joseph Starobin, *Should Americans Back the Marshall Plan?*, New York, 1948.

[2] George Blake, *Who Pays for the Cold War? How the Marshall Plan affects your living standards*, 1948.

年 11 月 17 日，杜鲁门在国会特别会议上用极端意识形态的语言把世界划分为自由与集权的两级，强调苏联政府是一个"集权的"、"反民主"的政府，其意识形态与美国的立国原则截然对立，他声称"集权国家的存在对世界和平与自由构成严重威胁"①。国务卿乔治·马歇尔（George Marshall）到全国各地公开演讲，大谈"自由"将处于"危机"之中。1948 年 1 月 15 日，马歇尔在匹兹堡美国商会的演讲中警告道："如果美国对国际事务充耳不闻，其自由和安全也不可能得到有效保护。一旦计划经济和社会主义在欧洲得势，美国会处于专制国家的包围中，无法从欧洲获得生产原料，出口贸易也会受到极大影响，美国生活方式将无法延续。"② 他在全国农场主协会的演讲中进一步表示："如果没有一个繁荣的、生机勃勃的欧洲，民主政府会让位于苏联那种集权性政权，国家将控制主要的市场和资源，国家贸易将取代私人贸易。"③ 1948 年 3 月 11 日，欧洲复兴计划议案投票表决前夕，马歇尔在对全美基督教协进会的演讲中使用了更为煽动性的语言，声称"目前国际形势危急，流弊丛生"，他坦言欧洲复兴计划议案因国会的反对而搁浅，指出"如果不采取果断措施，集权主义一旦在西欧获得胜利"，那么"警察国家将统治教会和牧师，欧洲将最终丧失宗教自由"④。1948 年 3 月 19 日马歇尔在加利福尼亚大学伯克利分校的演讲中继续为欧洲复兴计划辩护，这次他集中强调苏联对欧洲政治和思想自由的"威胁"，指出苏联"正在制造狡诈的欺骗和侵略计划，一旦控制欧洲，将剥夺人民的言论自由，对社会和政治生活实行严密的监控"⑤。《纽约时报》等一些美国报纸也刊登了一系列渲染苏联威胁增加的文章，谴责苏联试图向全欧洲扩展自己的势力范围，企图通过发动战争征服世界，对

① U. S President Speical Message to the Congress on the First Day of the Special Session, November 17, 1947, in *Public Papers of the Presidents*, *Harry S. Truman*, p. 493.

② Address by George Marshall before the Pittsburgh Chamber of Commerce, January 15, 1948, in George C. Marshall Papers, Box157, George C. Marshall Research Library.

③ Address by George Marshall before the National Farm Institute, Des Moines, Iowa, February 13, 1948, in George C. Marshall Papers, Box157.

④ Remarks by George Marshall before Federal Council of Churches, Washington, D. C., March 11, 1948, in George C. Marshall Papers, Box158.

⑤ Address by George Marshall at the University of California at Berkeley, March 19, 1948, in George C. Marshall Papers, Box158.

西方文明构成严重威胁。①《旧金山纪事报》的社评认为，苏联政府已经酝酿同美国开展一场意识形态战争，它不仅"阻止自己的人民实现自治，而且要把它的意志强加给其他国家"②。显然，他们把欧洲的形势渲染为事关美国自由意识形态生死存亡的"危机"，而且这种"危机"被塑造的既真切又急迫。

面对"自由的危机"，杜鲁门政府强调美国应承担更多的"国际责任"，担负起遏制共产主义和领导"自由世界"的使命。对共产主义极为憎恶和敌视的迪安·艾奇逊（Dean Acheson）在宾夕法尼亚发表演讲，宣称"自由世界的安全正遭受严重威胁"，因此"美国不能仅仅满足于自己享有繁荣和自由，也要领导其他国家渴望自由的人民享有繁荣和自由"③。《时代》杂志则将1947年视为美国"承担世界领导责任的又一重要时机"，称"这个国家正面临新的角色和责任"④。1948年3月20日马歇尔在加利福尼亚大学洛杉矶分校的演讲中将苏联与二战时阴谋统治世界的纳粹德国相提并论，指出苏联与纳粹德国一样，不仅是美国的敌人，而且是"自由的敌人"，"在一个存在像苏联这样集权国家的世界上，民主政府的安全不可能得到保障"。他强调，"美国是世界上唯一有资格担当自由世界领袖角色的国家，如果美国不承担这种领导责任，将是世界上最不负责任的民族"⑤。可见，马歇尔等人将苏联作为"他者"与美国相对照，把美国塑造为遏制共产主义、捍卫"自由世界"的领袖，反映出杜鲁门政府对冷战时期美国国际角色的思考和定位。

除了开展公共关系运动以获得民众的支持外，美国国务院和政府其他部门的许多重要官员还在国会听证会发表言论，力陈对欧援助的必要性。他们反复说明仅仅给予单纯的救济是远远不够的，只有帮助这些欧洲国家尽快恢复本国必需品的生产和服务，建立地区和世界贸易体系，使欧洲国家在经济上逐渐自立，才能达到预期的目的。国务卿马歇尔在解释为什么

---

① Forum Discusses U. S. Soviet Clash: Marshall Plan is Described at Summit Meeting as Crux of Difficult Relations, *New York Times*, October 19, 1947, p. 16.

② "We Must Stop Stalin", *The San Francisco Chronicle*, October 7, 1947, p. 7.

③ Dean Acheson, "Diplomatic and International Significance of the European Recovery Program", *New York Times*, January 25, 1948, p. 12.

④ "the Year of Decision", *Time*, January 5, 1948, p. 18.

⑤ Address by George Marshall at the University of California at Los Angeles, March 20, 1948, in George C. Marshall Papers, Box158.

欧洲需要援助时指出，欧洲赖以生存和发展的经济结构经历了历史上最为严重的战争破坏，欧洲国家不可能凭借自己的资源，在短时期内恢复经济，所以重建欧洲的经济结构没有外来援助是不行的，而美国是目前世界上唯一有能力帮助欧洲国家恢复经济和生产的国家。接着，他从欧洲复兴计划的目标、时间、援助的数量等方面强调了援助的基本原则。马歇尔指出，欧洲复兴计划的目标是使西欧经济得以恢复，并建立一个良好的经济基础，使西欧国家能在美国援助结束后靠自己努力发展经济。他强调，如果没有一个繁荣的、生机勃勃的欧洲，民主政府将会让位于苏联类型的那种集权性政权，国家将控制主要的市场和资源，国家贸易将取代私人贸易；在援助的数额和时间上，马歇尔说，计划规定的前 15 个月的拨款总数数约 75 亿美元。其中一部分作为贷款拨付，其余作为赠款。计划规定的全部援助时间为四年，在此期间，美国对参加欧洲经济合作会议的 16 国和德国的西方三国占领区将提供 170 亿美元援助。①

商务部长哈里曼援引统计数据说明，迅速而有效地援助受到严重威胁的国家，符合美国商业利益。他指出，近两三年内的美国工业生产增长虽然可以主要仰赖国内市场需求的扩大，但美国在生产和消费之间的差距也需要依靠对外贸易来弥补。商务部估计 1947 年美国出口总额为 145 亿美元，占国民生产总值的 7% 左右，比 30 年代增加近三分之二，但该数额却远远落后于美国工业生产能力增长的需要，对外贸易至少要占国民生产总值的 20%，才能弥补未来供求之间的差距。倘若今后九个月内美国不能成功地发展大规模的海外贸易，不推动欧洲经济复兴，美国将失去广大的海外市场，被迫在农业、工业的生产和分配上做出调整，结果会走向军事化，使国防开支增加 50%，导致美国人民不得不承担高额的国防开支。②

国防部长詹姆斯·弗雷斯特尔则从地缘政治和国家安全的角度阐述了欧洲复兴计划在平衡权力上的作用。弗雷斯特尔指出，国家安全不仅仅要依靠自己的军事力量，而且要恢复整个世界的力量平衡，因为当今世界已失去均势，存在着苏联和美国这两个超级大国，中间的真空地带是被希特勒德国削弱了的西欧。由于西欧拥有美国之外最为集中的技术工人、技师

---

① U. S. Congress, Senate, Committee on Foreign Relations, *Hearings*, *European Recovery Program*, 80th Congress, 2d session, 1948, p. 3.

② Ibid., p. 248.

和管理人员，保持着位居世界第二的工业生产能力，因而对美国有着极其重要的战略价值。目前欧洲的状况同希特勒发动战争时的背景类似，美国对外政策目标应该是牵制苏联力量的增长，发展欧洲力量，维持全球均势。如果西欧被一个敌对国家控制，其巨大的工业和人力资源将被用来增强对方的优势，那么美国将陷入孤立，国际力量的平衡将向不利于美国的方向发展。复兴欧洲的目标就是通过构建政治、经济和社会平衡，避免另一场世界大战，维护世界和平。①

当欧洲复兴计划议案在国会中遭到来自左右两翼的反对而陷入僵局时，一些美国利益团体和大公司的代表也在听证会上为欧洲复兴计划尽全力辩护，力图排除反对派的影响，促使国会尽快通过欧洲复兴法案。经济发展委员会、全国制造商协会这些曾经在欧洲复兴计划酝酿过程中发挥过重要作用的团体，如今又介入到欧洲复兴计划的立法过程中来，他们担心反对派在国内政治中的巨大影响会使美国徒具地理位置和资源丰富的优势，却不能主导重振欧洲的活动和分享这一广阔的市场。经济发展委员会主席保罗·霍夫曼在国会作证时慷慨陈词，竭力主张通过同西欧开展广泛的经济合作，帮助西欧国家度过暂时的经济困难，稳定货币和实现工业现代化。霍夫曼指出，维护西欧自由社会和自由经济制度的关键在于发展生产，如果生产力能够提高三分之一，西欧将很快踏上繁荣之路。为确保欧洲复兴计划顺利实施，霍夫曼提出三点建议：第一，西德应当成为欧洲复兴计划中不可分割的一部分，迅速恢复其生产能力；第二，采取各种措施鼓励欧洲国家建立高效的组织机构来推动经济复兴，鼓励参与国进一步削减贸易壁垒，增加各国人员的自由流动，联合开发资源，集体讨论建立新型工业设施，使欧洲经济朝着一体化的方向发展；第三，欧洲复兴计划应当是商业行为，不能成为美国政府操纵欧洲的工具，应妥善管理并合理使用欧洲复兴计划资金和物资，鼓励美国私有企业向欧洲投资并发展贸易。②

霍夫曼的观点在美国通用电气公司董事会主席菲利普·里德的证词中得到进一步阐发。里德指出，美国商界已经感受到了部分议员抵制欧洲复兴计划议案的压力，如果议案在国会搁浅，欧洲经济将持续恶化，美国同

---

① U. S. Congress, Senate, Committee on Foreign Relations, *Hearings*, *European Recovery Program*, 80th Congress, 2d session, 1948, p. 477.

② Ibid. , p. 847.

欧洲地区的贸易则会急剧减少，美国人民的生活水平也要因此受到影响。他强调："一旦西欧国家由专制政府控制，其企业运作由政府监督，我们建立自由企业体系的设想将会破灭。相反，如果欧洲复兴计划能够成功实施，美国将同欧洲和世界其他地区开展愈来愈广泛的贸易，美国人民的生活水平也会提高。"①

宾夕法尼亚商会为支持欧洲复兴计划专门成立了马歇尔计划援助欧洲宾夕法尼亚委员会，其主席系宾夕法尼亚商会会长威廉·巴特（William Batt），他曾经在罗斯福政府的战争生产委员会任职 6 年，是原材料委员会委员，生产和资源委员会成员。巴特在国会宣读了马歇尔计划援助欧洲宾夕法尼亚委员会对欧洲复兴计划的研究报告。报告强调了利用私人基金对欧洲复兴的重要性，认为如果能够合理使用私人资金，并向海外投资，将会推动欧洲复兴。报告提出以下建议：尽可能通过民间渠道购买援助物资，采取刺激性措施使美国的资本和管理技术扩展到国外；在欧洲复兴计划参与国稳定货币，建立合理的汇率，减少贸易壁垒；继续组建和加强欧洲组织，委任一名具有才能的欧洲人担任该委员会主席，负责监督协调援助基金的使用和复兴计划受援国的生产计划；鼓励欧洲国家使用援助基金购买美国商品，扩大美国出口；采取措施应对一些国家对欧洲复兴计划的负面宣传，使欧洲人民了解该计划的实施情况；在强调发挥私人贸易渠道实施欧洲复兴计划的同时，采取积极措施防止欧洲复兴计划对美国物价带来不利影响。②

如果说商业团体是从美国的商业利益和世界经济发展的考虑支持欧洲复兴计划，那么劳工利益团体则更倾向于在政治上对欧洲复兴计划予以支持。美国劳工联合会主席威廉·格林（William Green）认为，军事上的胜利只是在一定程度上废除了法西斯的统治，但"新专制主义"的扩张对欧洲和亚洲人民构成威胁，在莫斯科接受过训练的共产主义者已经通过各种手段渗入到欧洲国家的工会组织，企图削弱和摧毁欧洲国家的自由劳工联盟。美国劳工联合会将向欧洲国家派出自己的代表，说服欧洲国家的劳工摆脱专制主义的威胁，用美国劳工的经验来说明建立民主机构是促进劳

① U. S. Congress, House, Committee on Foreign Affairs, *Hearings*, *United States Foreign Policy For A Post-War Recovery Program*, 80th Congress, 2d session, 1948, p. 577.

② Ibid., pp. 1142 – 1163.

工进步的最好方式。出于这种考虑，美国劳工联合会推行战后国际主义的内容之一是鼓励复兴欧洲国家建立自由的国家机构，有效抵制负面宣传。①

产业工会联合会则从推动世界"和平"出发强调欧洲复兴计划的必要性。该联合会主席兼联合汽车工人工会主席沃尔特·鲁瑟（Walter P. Reuther）表示，给欧洲国家充足的援助是确保民主力量扩大的一个重要措施，美国是民主世界的兵工厂，生产将能赢得和平。他在国会作证时宣读了产业工会联合会对欧洲复兴计划的决议，指出当前美国及世界人民面临最为重要的问题是世界和平，促进和平是制订欧洲复兴计划的一个重要目标。为了维护和平，产联认为欧洲复兴计划要经历三个主要阶段：第一步是向这些国家的人民提供紧急援助，使他们摆脱饥饿、寒冷的困扰；第二步是帮助这些国家的人民重建经济，提高他们的生活水平，使他们有能力同美国和世界其他国家开展正常的贸易；第三步是使这些参与国以民主的形式解决其内部问题。②

产业工会联合会还专门就欧洲复兴计划的援助对象、援助方式和欧洲复兴计划的主管机构提出建议。在援助的对象上，产业工会联合会认为，美国援助应当面向所有那些需要帮助的国家，帮助它们在自立的基础上促进经济健康发展，使它们参与到欧洲的全面复兴中。尽管美国目前主要关注欧洲的经济复兴，但不能忽视世界其他很多地区也面临同样情况，要能够担负起领导世界的责任，给这些国家人民予以援助，而不应考虑种族、信仰和肤色；在援助的方式上，欧洲复兴计划不能只限于复兴欧洲经济，还应当扩大生产规模，使经济出现快速增长的势头。采用商业的方式来管理和运作欧洲复兴计划，维持目前自由的贸易渠道，采取措施取消对贸易的限制，确保资金都能得到合理的使用。欧洲人民有权自由选择自己的生活方式，不应当在政治或经济上给这些受援国以种种限制。在欧洲复兴计划的主管机构上，产业工会联合会建议劳工在欧洲复兴计划的主管机构中应当占重要比重，并有机会参与各阶段的讨论，充分表达劳工的建议和诉求。③

---

① U. S. Congress, Senate, Committee on Foreign Relations, *Hearings*, *European Recovery Program*, 80th Congress, 2d session, 1948, pp. 833 – 843.

② Ibid., pp. 1383 – 1395.

③ Ibid., pp. 1377 – 1395.

　　铁路劳工协会的代表也在国会宣读了其对欧洲复兴计划的决议，指出美国人民目前面临着一个重大的抉择，这个决定将对历史发展产生深远影响。决议强调，马歇尔计划是一个具有建设性的提议，该计划能够帮助那些倍受经济困扰的欧洲人民走上复兴之路。当然，这一计划或许会牺牲美国劳工的某些利益，但是美国劳工为了实现民主自由的信念，准备并乐意承担这些责任。美国劳工充分认识到目前欧洲国家所面临的危机，也十分清楚他们自身同欧洲国家乃至世界劳工的利益生死攸关，一半经济繁荣而另一半经济惨败的世界是不能长久存在的，欧洲经济如果继续动荡，美国的繁荣和稳定也会受到影响，因此美国铁路劳工支持欧洲复兴计划。[①]

　　美国是一个主要依赖自由主义意识形态建立国家认同的国家，在美国人心中，美国的建立和存续不是依靠族群特性和文化，而是依赖自由的理念，自由的思想如果受到了威胁，就足以对这个国家的安全构成威胁。[②]正是出于这点考虑，杜鲁门政府和利益团体在为欧洲复兴计划辩护时，并不刻意强调欧洲实际面临的经济和社会问题，而是突出"自由"遇到威胁，面对这种"自由的危机"，对欧洲进行援助既符合美国的安全与经济利益，又符合美国捍卫自由的意识形态利益。实际上，这种"自由的危机"并不完全是当时国际形势的客观反映，仅仅是以他们特定的意识形态和政治、经济方面的需求为基础建构的危机话语，目的是借助"捍卫自由"这一道德理念来论证其政策和外交行为的合法性。对于美国这样一个存在强烈自由情结的国家来说，这种危机话语起到了重要的政治动员和辩护功能。

　　这样，杜鲁门政府和利益团体通过发表声明、公开演讲制造社会舆论、在国会作证等多种方式支持欧洲复兴计划，给国会内外的反对派造成了很大的压力。当国会辩论在 1948 年 3 月 31 日结束后，参众两院分别以 69 票对 17 票和 329 票对 74 票通过了该法案。参众两院在举行两院外交委员会联席会议后于 1948 年 4 月 2 日商定了最后文本。是年 4 月 3 日，杜鲁门总统签署了此项法案。

---

① U. S. Congress, Senate, Committee on Foreign Relations, *Hearings*, *European Recovery Program*, 80th Congress, 2d session, 1948, p. 969.

② 王立新：《意识形态与美国外交政策》，北京大学出版社 2007 年版，第 202 页。

　　《1948年经济合作法》就欧洲复兴计划援助的条件和方式、对美国经济的保护等内容作出了具体规定。在援助方式上，《1948年经济合作法》规定美国的援助拨款将转入受援国的特别账户，由各受援国与美国主管欧洲复兴计划的机构（根据该法将建立的经济合作署）派驻各国首都的代表共同管理，包括援助款的分配和如何用于向美国购买受援国所需物资等等。受援国的企业或其他需要从美国采购物资的单位在进口美国产品时由前面所说的特别账户向美国出口商支付美元，而这些企业和单位则向各国政府支付相当于自己进口货款美元价值的本地通货。这些本地通货由各国政府用来建立所谓"对等基金"，即与已利用的马歇尔计划美国援助款对等的本地通货基金。这笔基金将主要用于在受援国进行新的投资，诸如向本地私人企业提供贷款以促进受援国经济的重建和发展等等。不过，该基金的使用大都必须得到美国方面的同意。这样的援助方式显然是旨在使欧洲复兴计划产生一箭双雕的效果：既扩大美国的出口，又促进欧洲受援国的经济重建，包括进一步发展的投资。

　　当然，美国的援助不是没有条件的。《1948年经济合作法》明确规定，欧洲受援国必须同美国签订协定以承担某些具体义务。这些义务范围相当广泛，主要包括：促进工农业生产的发展；与其他国家合作以增进贸易；采取必要的财政和金融措施，稳定货币，建立或维持有效汇率；参与国之间要相互合作，为提高商品与服务交换提供便利，减少参与国之间及参与国与他国之间的贸易壁垒；促进物资调拨以适应美国的需要；在收取货款时应接受其本国的通货；参与国要提供它们经济情况的统计数字，容许美国对它们的内部预算作某种程度的控制。①

　　不仅如此，《1948年经济合作法》还为保护美国利益与资源而作出了一些规定。考虑到美国自身已有的或可能出现的资源匮乏，该法要求受援国在美国需要时为提供这类资源提供方便，并与美国政府就下列事项展开谈判：第一，开列美国可购买的资源清单，使美国在受援国资源中获得一份公平的分配额，分配额可根据世界市场价格以百分比或绝对数字的方式设定。第二，保证任何美国公民依照美国联邦、州或属地的法律设立公

---

① The Economic Cooperation Act of 1948, Part 111, in U. S. Congress, House, Committee on International Relations, Selected Executive Hearings, *Foreign Economic Programs*, 80th Congress, 2d session, 1948.

司、合伙关系或其他社团享有开发这类资源的权利。第三，在受援国接受的范围内增加这类资源的生产，并将增加的部分以双方同意的比例作出移交给美国的长期安排。①

　　这样一来，《1948 年经济合作法》的通过生效，就以立法形式保证了欧洲复兴计划的启动和执行。它在以重建欧洲战后经济为主旨的同时，不忘保护美国的利益和资源，并为此作出了详尽的规定。美国商业、劳工、农业团体的利益和要求在《1948 年经济合作法》中得到了充分的体现，特别是在有关海运业和农产品销售的规定和有关建立经济合作署的条款上，这一点表现得尤为明显。

第二节　利益团体在立法中保护自身利益的努力及结果

　　美国利益团体不仅为《1948 年经济合作法》的通过作出了不可忽略的贡献，而且对该法内容的最后形成产生了很大的影响。一些利益团体支持欧洲复兴计划是为了实现其自身利益，关于援助物资运输和剩余农产品销售的条款的制定就是两个很好的例证。在援助物资的运输上，美国海运利益团体为了获取大量利润，防止美国海运劳工失业，在劳工组织支持下抵制国务院向欧洲国家出售或租赁美国船只的主张，迫使国会一次次修改草案，对运输援助物资的百分比配额做出明确规定，使美国私人海运业的利益基本得以满足；在农产品销售问题上，美国农业联盟、全国农民协会等农业利益团体要求受援国必须将部分援助资金用于购买美国剩余农产品，将购买美国过剩农产品置于优先考虑的地位，结果促使国会在《1948年经济合作法》中采纳相应法律条款，为美国剩余农产品提供了新的处理机制，从而保护了美国农业团体的利益。

---

① 　The Economic Cooperation Act of 1948, Part 115, in U. S. Congress, House, Committee on International Relations, Selected Executive Hearings, *Foreign Economic Programs*, 80th Congress, 2d session, 1948.

一　对美国私有海运业利益的保护

以何种方式通过海运向欧洲运输大批物资是欧洲复兴计划的一个重要问题，因为美国对欧洲的援助物资多半是经由水路运输。在第一次世界大战期间，美国船只十分缺乏，政府曾大量购买和建造船只，结果到战争结束后，美国拥有商船吨位数高达1100万吨，却没有多少运输业务的市场可言。当时那些由政府拥有的船只受美国航运委员会和紧急航运公司管理，但是到了1920年，联邦政府担心亏损乃决定放弃管理，让航运业私有化。为了促进私人航运业的发展，政府给了航运业某些特惠津贴，诸如业主以节省下来的收入用于建造新船时可以免付某些赋税，准许他们以低得出奇的价格购买政府所有的船只等等。可是，尽管有政府的这些刺激措施，美国的航运业并未能走向繁荣。这一来是因为其他国家其航运业给予了财政援助，二来是因为美国的工资标准与外国相比特别高，所以美国航运业劳力成本太高。因此，美国政府不得不再次插足航运事业，在1928年将紧急航运公司改组为商船运输公司，并于1936年成立美国海事委员会，通过政府鼓励船舶的建造。美国参加第二次世界大战以后，其造船业因战争需求再度蓬勃发展，到1945年9月1日为止，美国建造好的船只总吨位数达5400万吨。然而，战时需求的消失使这些船只的运输市场大大萎缩。美国海运业面临新的危机。

美国国务院在酝酿欧洲复兴计划时，没有考虑到美国海运业的这种困境，因为它当时关注的是如何降低这一计划的成本，以避免成本问题成为反对派手中的筹码。因此，国务院主张依靠劳动力成本比美国低得多的欧洲航运业承担援欧物资的运输任务，建议将美国商船出售后租赁给欧洲复兴计划参与国的海运业者，由他们运输援助物资。1947年5月，助理国务卿克莱顿在对欧洲进行了为期数周的考察后，认为欧洲必须重新具备自己的运输能力，他建议美国将过剩的船只出售给法国、意大利等国家，使它们的商船运载能力至少恢复到战前水平。克莱顿认为，出售这些船只将为美国节省3亿美元的开支，如果加上租赁额外的船只，欧洲复兴计划的开支将减少数百万。美国预算局局长詹姆斯·韦布也持同样的观点，他认为："国外运输费用要低于美国，向欧洲国家出售美国商船，由外国运作的商船将会大大降低欧洲复兴计划的成本"。①

基于这样的考虑，杜鲁门政府在向国会提交的欧洲复兴计划立法草案中就船只转让问题作出规定：欧洲复兴计划主管机构负责人有权决定何时、在何种条件下把商船出售给欧洲复兴计划参与国，欧洲复兴计划主管机构负责人有权租赁那些海运委员会证明闲置的美国商船。② 国务院官员则在国会听证会上反复强调租赁或出售美国商船能够节省大量援助成本。国务卿马歇尔指出，从美国运往欧洲的煤炭价格每吨约 24 美元，其中 14 美元是用来支付海运费用的，如果将船只租赁给欧洲国家来运的话可以大大减少穿越大西洋的运输成本。当然，马歇尔也承认，租赁或出售这些美国商船后的货运收入不是流向美国海运公司，可能有损美国海运公司的利润，但他提议对按照美国成本运营的美国海运公司进行一定程度的补贴就可以了。③

然而，马歇尔等国务院官员的这番陈词难以获得美国私人运输业的认可。美国船运联盟、美国劳工联合会等利益团体坚决反对向欧洲国家出售或租赁美国商船。它们担心向欧洲国家出售额外船只，将会使美国海运业在竞争中处于相对不利的位置。代表美国私人商船运输业近 70% 业主的美国船运联盟主席弗雷泽·贝利（Frazer Bailey）在听证会上指出，美国船运联盟主张向欧洲 16 国提供经济援助，帮助它们经济自立，但前提是不能对美国自身的经济或个别产业带来严重影响。贝利引用了 1948 年 1 月 30 日美国海运委员会"马歇尔计划与美国海运业"的报告，以大量统计数据说明若继续出租美国船只就意味着取消美国的海运业。欧洲复兴计划参与国在 1938 年商船的运载总量为 4330 万吨，到 1947 年底共 4750 万吨，预计到 1951 年为 5360 万吨。他强调，在这种情况下，如果美国仍旧向欧洲国家出售额外的船只，美国自身的海运业将处于相对不利的位置。④

---

① Memorandum of the President from James Webb, "Transfer of Ship to Foreign Countries under the European Recovery Program", December 1, 1947, in U. S. Congress, Senate, Committee on Foreign Relations, *Hearings*, *European Recovery Program*, 80th Congress, 2d session, 1948, p. 840.

② *Outline of European Recovery Program*: *Draft Legislation and Background Information*. Printed for the use of the Senate Committee on Foreign Relations, 80th Congress, 1st session, December, 1947.

③ U. S. Congress, Senate, Committee on Foreign Relations, *Hearings*, *European Recovery Program*, 80th Congress, 2d session, 1948, p. 41.

④ U. S. Congress, House, Committee on Foreign Affairs, *Hearings*, *United States Foreign Policy For A Post-War Recovery Program*, 80th Congress, 1st session, 1948, pp. 1163 – 1179.

　　如果说美国船运联盟是从美国海运业整体发展的考虑来提出反对意见，那么美国产业工会联合会等劳工利益团体则担心美国海运劳工在与欧洲海运业的竞争下大量失业。早在 1947 年 12 月 17 日，产业工会联合会就向杜鲁门总统提交报告对美国海运业目前的衰退状况深表忧虑。报告强调，最近几个月内美国的商船运输业持续萧条，其规模还不及战争时期的一半，仅 1947 年 7 月间就有约 16000 名海运人员失业，到 1947 年 12 月 1 日，美国私有造船厂和修船厂的 105700 名雇员只有 31% 的人能够就业。同年中，至少 27 万美国海员和造船工人由于缺乏海运业务而失业。为了逃避税收和获取利润，一些美国船运公司将很多船只移交给国外公司经营，仅仅 12 个月就有 1951 艘船只被国外公司接管。所有这些方面的发展自然减少了美国的工作机会，降低了购买力，不仅给政府的税收造成损失，而且对美国的国防和国家福利事业的发展也带来了危害。① 产业工会联合会主席抱怨，美国国务院忽视了美国那些失业的船员、造船厂的工人和他们的家人，忘记了战争时期海运业的劳工为美国带来的 2.25 亿美元的利润。劳工团体认为，国会在制定欧洲复兴计划立法时考虑添加援助美国海运业的条款并不意味着排斥外国海运业，而是为了在充分考虑自身国家利益的基础上有效使用资源。②

　　北美国际联盟主席哈里·伦德伯格（Harry Lundeberg）从美国目前海员就业、海运业的整体发展状况等方面强调向欧洲出售美国商船的危害。伦德伯格指出，随着越来越多的美国船员失业，美国将不得不增加数百万美元来支付失业保险。1945 年 9 月在太平洋沿海受雇的海员为 48857 人，到 1947 年 12 月跌落到 18668 人。他指出，除了影响海员的就业外，出售美国商船还将严重影响到美国船厂的业务，因为欧洲人不可能将这些船只交由美国的船厂修理。国务院提议转让这些船只的主要目的是使用欧洲的廉价船员，从而减少开支，但这些船只是依照世界市场的价格进行商业运作，无论是使用美国船员还是外国船员都要征收同等数量的运费，从中获利的只是外国船主而已。伦德伯格还认为，欧洲 16 国可能利用剩余商船开辟新的贸易航线，对美国商船形成新的竞争。事实上，外国商船已经控

① U. S. Congress, Senate, Committee on Foreign Relations, *Hearings*, *European Recovery Program*, 80th Congress, 2d session, 1948, pp. 1311－1314.

② Ibid. , p. 1315.

制半数以上美国对外贸易的运输业务。1947 年前 9 个月，美国船只所承担的外贸商品运输只占其总额的 49%，西海岸的形势更不容乐观，美国商船在 1947 年 8 月只承担了进出口商品运输总额的 42%。事实证明，欧洲国家并不需要额外的船只来运输援欧物资，如果将这 500 艘美国船只交由欧洲国家经营，欧洲航运业将会同美国航运业在利润丰厚的大西洋航线上竞争，给美国海运业带来十分不利的影响。①

针对上述情况，产业工会联合会海运委员会、全国海运联盟等利益团体提出增加保护美国海运业的相关条款。产业工会联合会海运委员会由来自美国通讯协会、美国海运和造船工业联盟、国际渔民联合会的代表组成，其执行秘书长霍伊特·哈多克（Hoyt Haddock）为防止美国海运业出现大面积的失业提出以下建议：由美国商船负责运输援助物资；立即停止向欧洲出售商船的行为，不得容许外国商船运输欧洲复兴计划的援助物资；美国对钢材出口严格审查，防止欧洲钢材需求量过大，影响美国造船业的钢材供给。② 全国海运联盟主席约瑟夫·柯伦（Joseph Curran）也反对美国国务院提出的向欧洲国家移交商船的建议，指出至少 60% 的欧洲复兴计划物资应当由美国商船运输。③

除了在国会作证时发言反对以外，一些劳工组织代表还直接给重要的国会议员写信劝说他们放弃向西欧出售商船的提案。产联海运委员会主席约瑟夫·柯伦在 1948 年 2 月 4 日给参议院外交委员会主席阿瑟·范登堡的信中指出："海运委员会就 1947 年其他国家海运业的情况做了更为详尽的研究报告，调查显示，希腊、巴拿马等国的海运业排名仅仅落后美国几位，这些国家对欧洲复兴所起的作用微乎其微，却占据了大量的海运资源，希望您慎重考虑，停止美国继续租借船只的活动，使用悬挂美国旗帜的船只运输援助物资。"④

这些利益团体在海运问题上的意见在国务院决策层的助理班子中引起

① U. S. Congress, Senate, Committee on Foreign Relations, *Hearings*, *European Recovery Program*, 80th Congress, 2d session, 1948, pp. 1282 – 1287.

② U. S. Congress, House, Committee on Foreign Affairs, *Hearings*, *United States Foreign Policy For A Post-War Recovery Program*, 80th Congress, 2d session, 1948, pp. 1391 – 1409.

③ U. S. Congress, Senate, Committee on Foreign Relations, *Hearings*, *European Recovery Program*, 80th Congress, 2d session, 1948, pp. 1314 – 1323.

④ Ibid. , p. 1432.

正面反应。国务院等部门乃做出妥协，放弃了最初出售美国船只的要求，但仍希望国会考虑制定租赁美国商船的条款。它们认为如果不租赁美国商船，按照当前的运费计算，在欧洲复兴计划实施的最初 15 个月内将会增加 1 亿美元的开支，而且如果没有具体的租赁条例，美国私人船运业很可能擅自提高运输费用。制定该条款的重要意义在于使行政部门监督私人运输业，防止其获取暴利。①

参议院对外关系委员会也从减少成本和保护美国海运业两方面考虑，主张在立法有关向欧洲受援国租赁美国船只的条款中规定：租赁条款不能超过 1952 年 12 月 31 日，被租赁的美国商船不得超过 300 艘，为了保护美国的海运业，经济合作署署长有权采取他认为必要的措施确保用援助资金在美国采购的商品总吨位的至少 50% 由美国商船以市场运价运往欧洲。② 参议院对外关系委员会主席范登堡认为采取这种做法"能够为欧洲复兴计划节省至少 2.4 亿美元的开支"③。尽管国务院和参议院对外关系委员会做出了相当大的让步，但海运团体对此仍不满足，他们对该法案依然颇有微词，要求彻底禁止租赁美国船只。④ 这些海运团体策动劳工联合会等各种劳工组织制造舆论，提出制定更切实可行的条款以保护美国私人海运业的利益。

面对劳工组织的强大压力，美国国会和国务院在运输问题上不得不做出最后妥协。国会对《1948 年经济合作法》作出补充规定，确保至少有 50% 的援助物资由美国商船运输，不仅禁止以任何方式向欧洲国家出售或租赁美国船只，而且对西欧国家运输援助物资的百分比配额做出规定，使美国私人海运业的利益基本上得到了保护。⑤

---

① U. S Congress, Senate, Committee on Foreign Relations, *European Recovery Program*, Hearings Held in Executive Session, 80th Congress, 2d session, 1948, pp. 257 – 258.

② The Economic Cooperation Act of 1948, in U. S. Congress, House, Committee on International Relations, Selected Executive Hearings, *Foreign Economic Programs*, 80th Congress, 2d session. , 1948.

③ U. S. Congress, Senate, Committee on Foreign Relations, 80th Congress, 2d session, Report No. 935, *European Recovery Program*, 1948, p. 36.

④ AFL Information and Publicity Service, Press Release, March 8, 1948.

⑤ The Economic Cooperation Act of 1948, Part 111, in U. S. Congress, House, Committee on International Relations, Selected Executive Hearings, *Foreign Economic Programs*, 80th Congress, 2d session, 1948, pp. 254 – 272.

二　倾销剩余农业产品的提议

如果说援助物资的运输问题反映了美国海运界的利益，那么欧洲复兴计划立法中对农业的规定则与美国农业团体利益攸关。如何借此机会倾销剩余农业产品成为农业利益团体关注的焦点。

众所周知，农业曾经为美国积累了大量资金，成为国家工业化、城市化、现代化的依托。尽管随着工业化的发展，农业在美国国民经济中所占的比重越来越小，但它作为美国国民经济基础的地位从未动摇。美国农业在 19 世纪末 20 世纪初经历过产品丰裕、欣欣向荣的黄金时代，但第一次世界大战后由于技术进步和生物改良造成的农产品大幅度增长把美国农业带进了生产过剩时期，从此危机的阴影便紧附在美国农业身上，挥之不去，如果剩余农产品不及时处理，或者处理不当，就会损害农户的利益，给美国的经济造成严重的后果。

然而，国务院在酝酿欧洲复兴计划时一心关注的是欧洲农产品的需求，而不是如何解决美国的剩余农产品问题。因此，杜鲁门政府提交的欧洲复兴计划立法草案中只有一个题为"保护国内经济"的条款，规定要尽可能减少美国的资源流失，避免损害美国人民的需求，但丝毫没有提及解决美国剩余农产品的问题。①

美国农业利益团体对这一简单含糊的规定甚为不满。它们要求制定专门条款来推动美国农产品出口、维护美国农场主的利益。西北种植业委员会代表威尔·史密斯就如何开发欧洲市场、推动农产品出口在参议院陈词。他强调以下三个原因造成目前美国农产品大量滞销：美国农产品失去了从前的出口市场；农业技术的改进推动农产品产量大为提高；加拿大、拉丁美洲水果大量进口。史密斯指出很多证据表明西欧人民迫切需要美国的农产品，他建议国会在欧洲复兴计划立法中将大宗农产品作为援助物资的重要项目，在对欧洲进行援助时尽可能考虑发挥私人渠道的作用，尽快

---

① *Outline of European Recovery Program*：*Draft Legislation and Background Information.* Printed for the use of the Senate Committee on Foreign Relations, 80th Congress, 1st session, Washington. DC, 1947, p. 131.

开放供农产品出口的市场。[①]

美国农业联盟、全国农场主联合会等农业利益团体则建议为美国农产品扩大海外市场，在欧洲复兴计划立法中增加一些推动国际贸易的条款。美国农业联盟艾伦·克兰认为，欧洲难以在没有大量物资流通的情况下存在，美国农业同样需要海外市场，很明显美国农业会从欧洲这个永久的市场中受益，欧洲复兴计划的农产品出口还不到美国农业产量的10%。[②] 全国农场主联合会主要代表美国中西部和西部地区的小农或家庭农场主的利益，其代表从政策和法律的角度提出了向欧洲复兴计划参与国提供美国剩余粮食的必要性，并建议在大力推进农产品海外市场的同时注意对国内市场的保护。他们指出，农业虽然是美国国民经济的基础性产业，但与其他产业相比又是明显的弱势产业，美国农业之所以能从一个自给自足的原始产业发展成为高度集约化、商业化的基础产业，与政府长期以来的农业保护政策息息相关。1929 年至 1933 年的经济危机中，罗斯福政府就努力解决国内农产品过剩的问题，实行了农产品价格支持制度，采取补贴农产品出口和鼓励国内消费的政策，通过了著名的《农业调整法》，建立了商业信贷公司负责稳定和保护农场收入。战时美国向欧洲盟国提供了 60 多亿美元的农产品援助，不但解决了欧洲农产品匮乏的窘迫局面，也从外围上缓解了美国农产品剩余的压力，但这只是出于战时加强同欧洲国家关系的需要，利用已有的经济援助计划来处理农产品，而对外农产品援助政策和机制尚未建立。随着二战的结束，美国农产品已经没有战时渠道可用于输出。如果剩余农产品问题得不到有效解决，它不仅影响到国内农户的利益，甚至可能引发农业危机。美国政府应当考虑农业产业自身特点，为适应农业在国民经济发展整体格局中地位的变化以及农产品国际贸易的具体要求，因势利导，形成一套完整的农业保护政策体系。[③]

来自加利福尼亚的干果协会、水果交流协会等农业集团代表了加州95％的水果生产加工业，它们向国会提交了"扩大剩余农产品出口，换取外汇的提议"的报告。这些协会的代表建议国会制定合理的出口价格为处

---

① U. S. Congress, Senate, Committee on Foreign Relations, *Hearings*, *European Recovery Program*, 80th Congress, 2d session, 1948, pp. 1432 – 1436.

② U. S. Congress, House, Committee on Foreign Affairs, *Hearings*, *United States Foreign Policy For A Post-War Recovery Program*, 80th Congress, 2d session, 1948, pp. 940 – 958.

③ Ibid. , pp. 921 – 926.

理剩余农产品提供法律上的保障，使这些剩余农产品成为获取外汇的有效途径。报告指出，美国政府要为美国农产品提供新的处理机制以确保国内农业集团的利益，美国应当依靠私人贸易的渠道向欧洲国家出口美国的剩余农产品，利用所得资金为美国农产品开发海外市场提供资金并获取外汇，通过粮食援助促进欧洲复兴计划参与国的经济发展，从而将这些国家转变为美国新的商业贸易伙伴，以促进美国国内农业生产的平衡发展。①

这些农业利益团体的建议引起了参议院外交委员会的重视。因此，《1948 年经济合作法》对第 112 条作出了相当重要的补充规定。除了保留对美国国内经济加以保护的相关条款外，经济合作法把对美国实际或潜在农产品过剩的担忧置于更为突出的位置，在新补充的第 112 条（d）款中规定了美国农业部决定"剩余农产品"的具体数量，要求受援国必须优先购买美国的过剩农产品，并让欧洲复兴计划主管机构将部分援助资金用于购买美国剩余农产品，以优惠价格提供给友好国家的政府。② 除此之外，为保护美国农业经济和面粉加工业的发展，法案规定不少于 25% 的小麦以面粉的形式出口，不低于 25% 的未加工小麦必须由美国加工后运往欧洲国家。更有甚者，修改后的法案还批准农业部长对采购运往受援国的过剩农产品追加不低于 50% 的出口补贴。此外，修订后的第 112 条（f）款明确规定，为了鼓励外国充分利用美国的过剩农产品，农业部长授权任何采购或销售美国过剩农产品的政府有权对运往欧洲的粮食在原销售价上追加不低于 50% 的利润，并要求它们采取合理措施保证美国农产品的正常销售，确保不会影响农产品的世界价格。③ 很明显，这些规定对美国实际或潜在农产品过剩的担忧置于更为突出的位置，为解决美国剩余农产品问题提供了有效途径。

可以看出，为了保护自己的利益或为了自己预期的利益得以实现，这些利益团体在欧洲复兴计划议案制定过程中，采取各种方式向国会和政府部门施加压力，包括出席听证会，试图证明自己建议的合理性，或者直接

---

① U. S. Congress, Senate, Committee on Foreign Relations, *Hearings*, *European Recovery Program*, 80th Congress, 2d session, 1948, pp. 1436 – 1438.

② The Economic Cooperation Act of 1948, Part 112, in U. S. Congress, House, Committee on International Relations, Selected Executive Hearings, *Foreign Economic Programs*, 80th Congress, 2d session, 1948, p. 137.

③ Ibid. , p. 138.

游说国会议员以赢得更多的同情和支持。这些利益团体的活动在很大程度上影响了欧洲复兴计划政策的制定和执行方式，也反映出美国对外援助的一个重要目标是帮助美国国内工农业开拓海外市场，以维持美国自身经济的繁荣和良性发展。

第三节　在欧洲复兴计划主管机构问题上的争论

　　美国利益团体在《1948 年经济合作法》的制定过程中并不只是为保护自身具体的经济利益而努力，其中的有识之士还就建立欧洲复兴计划主管机构的问题积极建言，产生了举足轻重的影响。国务院等行政部门当时的考虑是：为了能够直接领导和控制欧洲复兴计划，应在国务院内部组建由政府主导下的机构实施欧洲复兴计划；而国会则认为，要在欧洲达到恢复生产、稳定货币、推动贸易自由化的目标，需要摆脱国务院等部门政治上的干扰，建立一个独立于国务院行政管辖、广泛吸纳公众参与并有较大自主权的机构。美国商业、劳工、农业等利益团体融合了这两方面的意见，主张建立一个公私合作的欧洲复兴计划主管机构。它们竭力倡导建立的经济合作署将是在政府指导下、广泛接纳利益团体代表参加并有较大自主权的机构，它将主管欧洲复兴计划，通过来自民间组织、拥有丰富经验的专家与美国其他政府部门的合作共同解决欧洲复兴计划实施中的各种繁杂问题。后来，利益团体有关欧洲复兴计划主管机构的这种合作主义的建言基本上为国会所采纳，并为杜鲁门总统所批准，结果成了《1948 年经济合作法》的重要组成部分。

一　国务院与国会在欧洲复兴计划主管机构上的分歧

　　1947 年 6 月，美国副国务卿罗伯特·洛维特任命了由林肯·戈登（Lincoln Gordon）领导的专门委员会就欧洲复兴计划的主管机构问题展开研究。戈登委员会建议在国务院内部组建经济合作署这一由政府主导的机构来领导欧洲复兴计划的实施，从而确保欧洲复兴计划沿着美国外交政策的正确轨道运行。戈登委员会建议经济合作署的主要官员包括驻华盛顿总部的署长、驻欧洲特别代表以及由专家组成的顾问团，经济合作署接受国务卿和经济合作署署长的联合领导，经济合作署驻欧洲特别代表直接向国务院报告工作，顾问团由国务院招募，该署将同美国农业部、商业部、国务院共同负责对外援助的分配。①

戈登委员会的这些主张得到了国务院大多数官员的赞同。杜鲁门政府在 1947 年 12 月 19 日向国会提出的立法草案指出，为了对欧洲复兴计划进行行政方面的指导，美国国务院提议建立经济合作署作为欧洲复兴计划的主管机构，该署署长由总统任命、参议院批准。经济合作署的主要职责包括：审查参与国递交的援助方案；在法律许可的框架下分配援助物资；控制贷款和赠与基金，按照进出口银行的要求协调基金的分配；负责实施对该项目的管理，定期向总统、国会报告该项目的进展情况。为了保证能从外交政策的高度指导欧洲复兴计划的运作，草案强调经济合作署接受国务院的直接领导，由国务院在欧洲复兴计划的各个层面上提出具体建议，包括参与欧洲复兴计划基金的管理和分配。经济合作署还需要同财政部、农业部、商业部、内务部相互协调，共同讨论，制定包括评估美援在欧洲和世界其他地区的分配比例、决定援助用途等各方面的政策。②

美国国会在欧洲复兴计划主管机构上的态度与国务院迥然不同。参议院对外关系委员会委托赫脱委员会（Herter Committee）和布鲁金斯学会（Brookings Institution）对欧洲复兴计划的主管机构进行研究。赫脱委员会是由马萨诸塞州议员克里斯琴·赫脱（Christian Herter）提议成立的研究对外援助问题的众议院特别委员会，该委员会由 19 名委员组成，他们原来都担任众议院许多常设委员会的委员。赫脱委员会在欧洲进行了为期 3 个月的调查后，向国会呈交了报告。

赫脱委员会建议创建两个相对独立的机构来负责实施欧洲复兴计划。其中一个机构可以命名为紧急对外重建局，这一独立的政府性公司由该机构董事会主席负责总体实施，董事会有独立的行政长官，有权制订各项援

①　"Staff Memorandum concerning Administration of the Program for European Recovery", June 4, 1947, in *Outline of European Recovery Program: Draft Legislation and Background Information.* Printed for the use of the Senate Committee on Foreign Relations, 80th Congress, 1st session, p. 253.

②　*Outline of European Recovery Program: Draft Legislation and Background Information.* Printed for the use of the Senate Committee on Foreign Relations, 80th Congress, 1st session, pp. 254 – 257.

助计划。董事会由主席和其他 7 位成员组成，董事会成员经由美国总统任命，参议院批准。另外一个机构名为对外援助委员会，是紧急对外援助局的顾问委员会，由国务卿担任主席，其他委员分别由来自财政部、农业部、进出口银行、国防部以及世界银行和货币基金组织的代表组成。为了确保援助资金和物资得到合理使用，提高欧洲复兴计划的效率，赫脱委员会对该机构的权力做了具体规定，它认为紧急对外重建局应负责履行受援国家在食品、能源等物资上的需求，帮助受援国重建遭受战争破坏的经济，包括制订重建计划，对出口物资实施控制，决定物资装备的购买及分配，协调来自进出口银行及世界银行的贷款等。这就把国务院在实施欧洲复兴计划时摆到了顾问的位置上。①

除了赫脱委员会之外，布鲁金斯学会也按照国会的要求对欧洲复兴计划的主管机构展开研究。布鲁金斯学会是美国著名的公众政策研究机构，该学会旨在充当学术界与公众政策之间的桥梁，向决策者提供最新信息。为了研究欧洲复兴计划的主管机构，布鲁金斯学会组成了一个特别工作小组，这一小组不仅在政府相关机构的高层中征求意见，还请了很多知名的社会人士参加讨论。经过两周的研究，布鲁金斯学会制定出一份题为《欧洲复兴计划的主管机构》的报告。该学会指出欧洲复兴计划的主管机构有四种可供选择的方案：第一，在国务院内部创建新的机构，由国务卿直接领导；第二，创建一个独立于国务院之外的机构，但在涉及对外政策的问题上，由国务卿负责；第三，设立总统直接领导下的行政机构；第四，建立完全独立于国务院等行政部门管辖的机构，由独立的美国社会团体组成，共同履行职责。②

在比较了这几种方案后，布鲁金斯学会主张建立一个独立于国务院行政管辖、广泛吸纳公众参与、并有较大自主权的机构。在布鲁金斯学会看来，这种形式的机构不但可以摆脱政府行政部门在程序、人员、审计等问题上的诸多限制，从而在财政和行政上具有较强的灵活性，而且能够以自己的名义缔结商业方面的协议，拥有了商业化的特征。布鲁金斯学会的报告就该机构具体提出如下安排：第一，鉴于欧洲复兴计划涉及重建欧洲的

---

① U. S. Congress, House, Committee on Foreign Affairs, *Hearings*, *United States Foreign Policy For A Post-War Recovery Program*, 80th Congress, 1st session, 1948, pp. 1 - 6.

② The Brookings Institution, *Administration of United States Aid For A European Recovery Program*, Report to the Committee on Foreign Relations United States Senate, Washington. DC, 1948.

诸多复杂问题，单凭国务院等部门不可能解决经济和商业方面的专业问题，需要设立一个由专家领导的新机构负责项目政策的制定和实施。第二，为了避免权力过于分散，设立单独的行政长官并给予其同其他政府部门长官类似的权力来领导该机构，行政长官在必要时可以直接向总统汇报工作。第三，从商业、劳工、农业以及其他私人组织引进具有丰富经验和专长的人员组成顾问委员会，顾问委员会需要摆脱各种联邦条例的约束，取消对最高薪酬的规定，但顾问委员会并不具有行政权力。第四，在职责分工上，行政长官负责制订项目计划，决定财政和物资需求，协同其他相关部门完成计划；商业和农业部负责分配出口物资，国务院掌管与受援国间双边性质的谈判，全国顾问委员会制定起草专业性的财政政策；各受援国设立的特别代表直接或者通过国务院的大使向该机构总部汇报工作。①

　　国会大多数议员对赫脱委员会和布鲁金斯学会的这些主张表示满意，他们也认为要在欧洲达到稳定货币、复兴工业和提高生产效率的目标，不但需要拥有丰富经验的专家来解决这些繁杂的经济问题，而且需要建立相应的机构摆脱国务院等部门在政治上的干扰，从而确保这些专家能够有效工作。这些国会议员建议，应当由一个真正具有独立于国务院之外的机构负责欧洲复兴计划，该机构由来自私人组织的专家管理，与美国其他政府部门共同制定相关政策。在这些国会议员看来，建立这样性质的机构不但能够减轻国务院的负担，而且可以从私人部门引进经验丰富的管理人员，提高欧洲复兴计划的运作效率。②

　　这样，在欧洲复兴计划的主管机构问题上便出现了两种方案：一种是国务院强调在其内部组建受其直接领导的机构；一种是国会主张的脱离国务院行政管辖、广泛吸纳公众参与并有较大自主权的独立机构。国务院和国会在欧洲复兴计划主管机构问题上的分歧，引起了双方激烈的辩论。

　　国务院官员认为，建立独立于国务院管辖之外的机构来负责欧洲复兴计划，将会削弱国务院在对外事务中的行政权力，政令得不到统一，不利于维护美国外交政策的一致性。在参议院对外关系委员会上，国务卿马歇尔从美国外交政策的层面上强调了国务院对经济合作署实施领导的必要

①　The Brookings Institution, *Administration of United States Aid For A European Recovery Program*, Report to the Committee on Foreign Relations United States Senate, Washington. DC, 1948, pp. 8 – 12.

②　U. S. Congress, House, Committee on Foreign Affairs, *Hearings*, *United States Foreign Policy For A Post-War Recovery Program*, 80th Congress, 2d session, 1948, p. 810.

性。他指出，欧洲复兴计划在实施中必定会遭到以苏联为首的东欧国家的破坏，因此经济合作署在涉及对外政策上应当受国务院的直接领导和控制。在实施欧洲复兴计划期间，经济合作署需要同欧洲许多国家在政治经济上展开合作，这就需要经济合作署在国务院的监督和指导下实施这些对欧洲的外交活动，从而确保美国外交政策的一致性。为了让国会议员放心，马歇尔表示，国务院只是在涉及外交政策方面对经济合作署给予领导，而不会干涉经济合作署正常的商业性活动。①

马歇尔的发言引起了部分国会议员的质询。很多议员指出上述安排会将经济合作署行政长官贬到同普通行政官员一样的位置上，不利于该机构发挥自主性，难以从商业、农业和劳工界吸纳最优秀的人才。更为严重的是，一些国会议员认为，国务院的一些官员由于缺乏经济援助和生产管理方面的经验，在做决策时容易受到政治和国外政府机构的干扰，很可能使商业性的决策受到政治方面的制约，不利于欧洲复兴计划长远目标的实现。②

二 利益团体对欧洲复兴计划主管机构的建言

在国务院和国会在欧洲复兴计划的主管机构问题上相持不下之时，美国商业、劳工、农业等利益团体参加到了欧洲复兴计划主管机构的讨论中。这些利益团体认为，建立直接由国务院领导下的机构会加重政府的行政负担，影响国务院集中精力处理繁杂的外交事务。不过，经济合作署在实施欧洲复兴计划的过程中确实需要借助国家的手段完成，因此经济合作署要同国务院在涉及重要的外交政策上保持合作。于是，这些利益团体主张国务院和国会都做出一定的让步，建立一个在政府指导下由商业、劳工等利益团体的代表广泛参与的机构来主管欧洲复兴计划的具体实施。③ 美国利益团体实际上提出了一个具有合作主义特点的欧洲复兴计划主管机构

① U. S. Congress, House, Committee on Foreign Affairs, *Hearings*, *United States Foreign Policy For A Post-War Recovery Program*, 80th Congress, 1st session, 1948, pp. 46 – 50.

② U. S. Congress, House, Committee on Foreign Affairs, *Hearings*, *United States Foreign Policy For A Post-War Recovery Program*, 80th Congress, 2d session, 1948, pp. 665 – 667.

③ U. S. Congress, Senate, Committee on Foreign Relations, *Hearings*, *European Recovery Program*, 80th Congress, 2d session, 1948, pp. 1115 – 1117.

的组织模式。

经济发展委员会主席霍夫曼援引商业部和商业顾问委员会的成功实践，主张采取公私合作形式的机构来主管欧洲复兴计划。霍夫曼指出，顺利实施欧洲复兴计划需要建立一个高效的管理机构，并以法律的形式确保该机构在实施欧洲复兴计划上的自主性和灵活性。霍夫曼具体提出以下建议：第一，尽快建立由专人领导的经济合作署负责欧洲复兴计划的具体实施，该机构长官由总统提名、国会批准。第二，要从政府或私有企业招募有着丰富管理经验，具有敏锐商业洞察力的人作为经济合作署的工作人员。第三，建立顾问委员会，该委员会负责在贷款、调配资源等专业性问题上向行政长官提供建议。在国务院与经济合作署的关系上，霍夫曼强调，经济合作署在对外政策上要同美国外交政策保持一致。最后，霍夫曼建议派遣具有大使级别的人员作为经济合作署驻欧洲特别代表，此人由经济合作署署长和美国国务卿联合推荐，经总统任命和国会批准。①

美国通用电气公司董事会主席菲利普·里德分析比较了国务院和国会提议后，也主张欧洲复兴计划的主管机构采取介于二者之间的形式。里德认为，应当赋予该机构行政长官真正的权力和自由，他指出，16 个参与国情况各异，经济合作署行政长官在各国实施欧洲复兴计划可能会采取不同的措施灵活处理，立法只是对欧洲复兴计划的总体原则和目标做出规定，而不应当用法律对行政长官的具体权力范围做严格的限定，阻碍其自由开展行动。美国应当从商业界选派人员担任经济合作署署长，从各国实际情况出发制定政策以确保欧洲复兴计划顺利实施。里德同时指出，欧洲复兴计划中许多涉及重要的外交问题都需要国务院去决定，经济合作署在实施欧洲复兴计划中也需要同财政部、农业部、商业部密切合作。②

身兼全国制造商协会国际关系委员会主席和邦德电子公司董事会主席的柯蒂斯·考尔德（Curtis Calder）也就欧洲复兴计划的主管机构发表看法。考尔德主张在行业基础上建立一个由专业人员组成的董事会来负责实施欧洲复兴计划。他认为，如果欧洲复兴计划的主管机构由负责美国外交

---

① U. S. Congress, Senate, Committee on Foreign Relations, *Hearings*, *European Recovery Program*, 80th Congress, 2d session, 1948, pp. 847 – 853.

② U. S. Congress, House, Committee on Foreign Affairs, *Hearings*, *United States Foreign Policy For A Post-War Recovery Program*, 80th Congress, 2d session, 1948, p. 577.

政策的政府部门担任，会让人误解欧洲复兴计划是为了操纵受援国的政治经济。考尔德建议，美国政府从制造业、商业、交通运输业、金融业、农业等领域的领导层中选派拥有丰富经济管理经验和杰出组织领导的人组成董事会，欢迎国务卿、商业部长、进出口银行总裁等国务院高级官员加入其中。他认为，董事会应掌握对欧援助计划中的基本权力，包括选派人员、任命或罢免行政长官和驻欧洲的特别代表。董事会主席从董事会成员中选择一人担任，此人要接受总统任命，并定期向国务卿、国会递交详细的报告。就国务院提出的经济合作署署长在涉及外交政策时要听从国务卿的说法，考尔德明确表示反对。他指出，这样做的结果将使欧洲复兴计划实际上是在国务卿指导下进行，而经济合作署只能唯命是从而已。考尔德认为，既然该计划的目的是恢复和重建经济，就需要建立专门的董事会、采用专业化的方式对欧洲国家进行经济援助。由专业人员组成的具有独立性质的董事会来领导欧洲复兴计划，可以在很大程度上避免欧洲复兴计划在实施过程中受党派的影响，要远比国务院主管下的欧洲复兴计划更有效。①

全国计划协会也提出了自己的报告——《马歇尔计划的总原则和行政机构》，就欧洲复兴计划的主管机构作出如下建言：第一，欧洲复兴计划最终的决策者应当是美国总统。第二，建立合理有效的机制确保各部门、各机构积极参与到欧洲复兴计划中，成立由总统担任主席、国务卿担任副主席的专门委员会，使之成为协助总统实行美国外交政策、协调国内经济和欧洲复兴计划关系的有力工具，确保欧洲复兴计划的各种项目发展情况能够及时传达到总统。第三，成立新的行政机构负责欧洲复兴计划的具体运作，该机构行政长官由总统任命、参议院批准。行政长官具有相当于内阁成员的地位，有权遴选人员来具体实施该计划。第四，成立由来自农业、商业、劳工等不同领域的代表组成的顾问委员会负责向欧洲复兴计划行政长官提供政策支持和建议。第五，欧洲复兴计划的主管机构要有充足的资金和运输条件，使食品、燃料等必需品顺利到达受援国。②

---

① U. S. Congress, Senate, Committee on Foreign Relations, *Hearings*, *European Recovery Program*, 80th Congress, 2d session, 1948, pp. 805 – 813.

② U. S. Congress, House, Committee on Foreign Affairs, *Hearings*, *United States Foreign Policy For A Post-War Recovery Program*, 80th Congress, 2d session, 1948, p. 1158.

美国利益团体就欧洲复兴计划主管机构提出的上述建言，以合作主义的组织模式巧妙地缓和了国务院和国会在这个问题上存在的矛盾，为双方达成妥协提供了前提，同时也为美国利益团体直接参与领导欧洲复兴计划的实施创造了理想的平台。正因如此，它们的建议对经济合作署这一欧洲复兴计划主管机构的建立、性质、结构和功能都产生了极其重要的影响。可以说，《1948 年经济合作法》有关欧洲复兴计划主管机构的规定，基本上反映了在美国利益团体建言下美国国务院和美国国会形成的以合作主义为基础的成功的妥协。

　　《1948 年经济合作法》规定经济合作署是欧洲复兴计划的主管机构，并赋予了经济合作署署长相当大的权力。法案规定，经济合作署的主要任务是管理基金和合理分配物资，与其他国际组织和政府协调采购事宜。署长由总统任命，参议院批准，主要负责协调和监督欧洲复兴计划，审查和评估参与国的需求，组织制订美国援助计划。除了这些基本权力外，经济合作署署长还有以下权力：有权在其认为必要的情况下增加援助条款或附加条件；有权从任何渠道采购他认为有助于欧洲复兴的任何商品；有权将采购的商品或设施调拨给任何一个参与国；有权设立特别账户，设立提款权；出于对美国国家安全的考虑，有权拒绝向参与国运送某些产品，可直接向总统汇报工作；经济合作署署长如发现受援国有违反法案的行为，有权提出忠告，直到终止援助。①

　　法案规定成立隶属经济合作署的顾问委员会（Public Advisory Board），顾问委员会负责在涉及欧洲复兴计划的基本政策上提出建议。顾问委员会由经济合作署署长等 12 人组成，经济合作署署长兼任委员会主席。法案特别强调从美国普通公民中选拔具备丰富经验、在公众中有较强影响力的人士担任顾问委员会委员，同一政党在委员会的成员不能超过两位。顾问委员会每月至少召开一次会议。②

　　经济合作署还有权在国外建立自己的分支机构，任命一名官员担任驻

①　The Economic Cooperation Act of 1948, Part 106, in U. S. Congress, House, Committee on International Relations, Selected Executive Hearings, *Foreign Economic Programs*, 80th Congress, 2d session, 1948.

②　The Economic Cooperation Act of 1948, Part 107, in U. S. Congress, House, Committee on International Relations, Selected Executive Hearings, *Foreign Economic Programs*, 80th Congress, 2d session, 1948.

欧洲特别代表。经济合作署驻欧洲特别代表由总统任命、参议院批准，此人将是美国在参与国的主要代表，也是美国在欧洲经济委员会的代表。经济合作署驻欧洲特别代表要接受经济合作署署长的指令，与经济合作署派驻欧洲各国使团团长协调行动。各国使团团长的身份仅次于美国派驻各国大使。《1948 年经济合作法》第 109 条规定，经济合作署派驻各国使团要保证美国驻各国大使全面、及时地了解欧洲复兴计划的发展，保证各使团的行动与美国驻外使馆的外交政策目标相一致。如果美国驻各国大使认为使团的行动与美国外交政策相悖，应对使团团长和欧洲特别代表提出建议，若协商达不成一致意见，由经济合作署署长和国务卿定夺。①

考虑到欧洲复兴计划是美国外交政策的重要组成部分，《1948 年经济合作法》对经济合作署与美国国务院等部门的关系作了特别规定。法案强调位于华盛顿的经济合作署总部人员要同国务院人员在涉及欧洲复兴计划上的重要问题相互切磋，经济合作署署长和美国国务卿在实施欧洲复兴计划中要相互通报，如果国务卿认为经济合作署制订出的行动与美国的对外政策不一致，经过协商仍然无效，将由总统做最后的决断。经济合作署派驻海外的使团要同美国驻该国外交官员密切合作。在经济合作署与美国农业部的关系上，法案规定美国农业部在分析国内剩余农产品的数量后，向经济合作署建议农产品的援助规模。进出口银行则管理经济合作署批准的贷款。经济合作署署长要参与顾问委员会关于国际货币和金融问题的讨论，共同研究对等基金、长期贷款等问题。② 经济合作署还要定期就欧洲复兴计划的实施情况向美国商务部递交报告，主要包括欧洲复兴计划受援国物资需求和采购情况，商务部负责将这些信息传达给美国商业界。

可以说，《1948 年经济合作法》确保欧洲复兴计划受美国政府的宏观控制和指导，又赋予了经济合作署在政策制定上享有较大的自主权和较强的灵活性，尤其注重发挥私人资本在欧洲复兴计划中的作用，从而避免了国家权力对社会生活的全面干预，使西欧重建在一定程度上摆脱了国际政

---

① The Economic Cooperation Act of 1948, Part 109, in U. S. , Congress, House, Committee on International Relations, Selected Executive Hearings, *Foreign Economic Programs*, 80th Congress, 2d session, 1948.

② The Economic Cooperation Act of 1948, Part 110, in U. S. , Congress, House, Committee on International Relations, Selected Executive Hearings, *Foreign Economic Programs*, 80th Congress, 2d session, 1948.

治过于现实的考虑和官僚机构过于短视的眼光所造成的局限，具有一定的积极作用。

第四节　经济合作署的建立及其机构和组成

这样，经济合作署于 1948 年 4 月根据《1948 年经济合作法》正式建立，成为一个相对独立、公私合作的欧洲经济复兴计划主管机构。它的合作主义性质不仅体现在组织结构上，而且反映在人员组成上。在组织结构上，经济合作署拥有一整套独立的、较为完备的组织体系，并在权责上同国务院等其他部门有所分工，可以并驾齐驱，协调合作。在人员组成上，经济合作署广泛吸纳来自商业、劳工等利益团体的人士，使美国主要利益团体可以和政府部门在执行欧洲复兴计划上彼此配合，相得益彰。经济合作署这种公私合作形式下相对独立的性质，不但为这些来自利益团体、拥有丰富经验的专家发挥自己的专长提供了可能，而且使欧洲复兴计划在很大程度上摆脱了美国政府部门的直接行政控制，同时促成了私人利益团体与政府的合作，对欧洲复兴计划的推行及效果产生了积极的影响。

一　经济合作署的组织机构

经济合作署建立后很快就形成了自己的一整套相对独立和较为完备的组织机构。位于华盛顿的经济合作署署长负责统领整个经济合作署，驻欧洲特别代表配合经济合作署署长执行欧洲复兴计划，同时兼任美国在欧洲经济合作组织的主要代表；位于华盛顿的经济合作署总部是经济合作署的最高权力机关，经济合作署署长和副署长在华盛顿其他人员的协助下同美国政府相关机构共同负责制订基本政策，确保欧洲复兴计划发展符合美国利益，包括总顾问、署长特别助理、副署长助理、秘书长等职位。行政服务处、组织运营处、人力资源处、预算处、协调办事处、劳工顾问办事处、战略报告处、信息办事处、安全调查处等 10 个部门直接受经济合作署署长和副署长管辖。①

副署长下设副署长项目助理和项目执行主任两个职位。副署长项目助理统管财政贸易政策处、食品农业处、项目协调处和工业处。财政贸易政策处主要在美国政府机构的配合下，负责审核参与国和欧洲经济合作组织在涉及欧洲贸易、货币兑换、基金使用以及投资方面的政策。食品农业处和工业处吸纳了大批专家，负责研究制订措施提高西欧国家的农业和工业生产，评估欧洲复兴计划参与国在土地使用、工厂建设以及提高工农业生产效率，审查参与国进口工农业产品的提议，帮助它们决定利用援助资金，购买这些货品的类型、数量等问题。项目协调处负责在经济合作署和美国政府的基本政策下，沟通经济合作署各部门之间的联系，促使它们在实施各种项目上相互协调。②

经济合作署项目执行主任负责交通运输处和战略物资处。交通运输处主要同海事委员会保持密切联络，并与其他国际组织和政府以及私人组织协调采购、调度船舶等事宜。它要掌握必要的基金、物资和船舶，避免同其他政府发生竞购，满足救济需要。战略物资处负责不断筹措开发新的战略资源，并向美国运输这些战略物资。项目执行主任还会同美国商务部，向承担运输任务的私人船只支付费用，安排技术人员考察，鼓励美国公民到欧洲旅游等等。③

经济合作署的海外分支机构包括驻欧洲使团、驻中国使团和驻朝鲜使团。为了协调经济合作署驻欧洲各国的使团，经济合作署成立了驻欧洲特别代表办事处，委派一人担任驻欧洲特别代表，统筹管理欧洲事务。经济合作署向各国派驻的使团有两个主要任务：一是评估美国在该国援助物资的数额，协调欧洲复兴计划参与国之间的经济合作，确保美国的援助物资得以合理使用。欧洲参与国根据自己的情况提交需要美国援助的数额，经济合作署驻该国的使团在对该国实地考察获得一手信息的基础上，对这些数额进行分析，在确定具体的援助数目后报送位于华盛顿的经济合作署总部批准。二是具体研究该国的金融贸易政策及其实施情况。由于各国经济

---

① Economic Cooperation Administration, *A Report on Recovery Progress and United States Aid*, Washington, DC. 1949, p. 118.

② Economic Cooperation Administration, *A Report on Recovery Progress and United States Aid*, pp. 120 – 121.

③ Ibid., pp. 122 – 124.

发展情况存在差异，经济合作署派驻各国使团在人员规模和组织结构上也略有不同，如驻英国、法国和意大利的使团人员分别是 62，87 和 45 人，而派驻一些小国家的人员不到 10 人。①

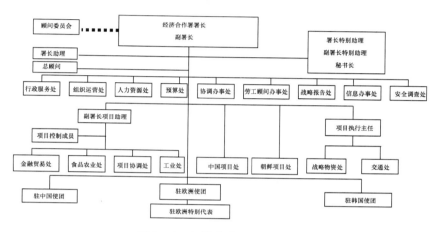

图 2—1　经济合作署组织机构

资料来源：Economic Cooperation Administration，*A Report on Recovery Progress and United States Aid*，p. 133.

从经济合作署的组织系统及其同其他机构的关系看，这样的组织机构既使经济合作署有了相对于政府行政部门的独立性，又有了与之合作的组织渠道。经济合作署自身拥有了一整套组织系统，其驻华盛顿总部起草设计具体政策，通过后交付其海外使团及其下设各部门具体执行，在政策制定上享有相当大的独立性和自主性。经济合作署驻华盛顿总部成为经济合作署的中枢决策指导机构，其海外机构受华盛顿总部的直接领导。而对经济合作署与美国国务院、农业部、商业部等关系的界定，又使得经济合作署在权责上同国务院等其他部门有所分工，体现了经济合作署是建立在合作主义基础上的机构。

---

① Economic Cooperation Administration，*A Report on Recovery Progress and United States Aid*，pp. 126 – 127.

二 经济合作署的人员组成

经济合作署合作主义的性质不仅体现在组织机构上，更体现在人员组成上。经济合作署广泛吸纳来自商业、劳工等主要利益团体的代表，从而使该机构能代表社会团体与政府合作，在共同主导欧洲复兴计划的执行上发挥了重要作用。

当然，在经济合作署的人事任命上不是不存在分歧和斗争。国务院为了继续控制经济合作署，在经济合作署署长的人选上与国会展开了新一轮较量。它向总统建议由艾奇逊和克莱顿担任经济合作署署长，这遭到了国会中范登堡等议员的强烈反对。范登堡认为如果由国务院官员担任经济合作署署长，欧洲复兴计划实际上就是由国务院控制，《1948 年经济合作法》关于经济合作署相对独立地位的条款就会名存实亡。在范登堡看来，这一职务需要由在经济管理上具备相当能力并有着丰富经验的人士担任。他在致国务卿马歇尔的信中指出，经济合作署署长应当从私人部门而不是从国务院招募，才能使经济合作署像商业企业那样运行，使欧洲复兴计划成为商人领导的商业活动。考虑到这两种不同的意见，杜鲁门总统提出了九人为经济合作署署长的人选。他们是美国国务卿艾奇逊、副国务卿克莱顿、美国驻英大使道格拉斯、哥伦比亚广播公司前法律顾问保罗·波特、前参议员小罗伯特·拉福莱特、通用电气公司董事长菲利普·里德、前美国商会主席埃里克·约翰逊、通用汽车公司查尔斯·威尔逊和经济发展委员会主席保罗·霍夫曼。

经过权衡，范登堡把目光投向了保罗·霍夫曼这位杰出的企业家。霍夫曼靠卖汽车起家，在 20 世纪三四十年代就已成为著名的进步主义企业家，曾担任斯图德贝克汽车公司总裁，后出任企业顾问委员会成员和经济发展委员会主席，在商界有着很高的威望。由于范登堡这位著名的共和党参议员的竭力主张和推荐，杜鲁门总统做出了让步，在他签署《1948 年经济合作法》的第二天，就提名霍夫曼为经济合作署署长。1948 年 4 月 7 日，霍夫曼正式被任命为经济合作署署长，负责欧洲复兴计划事宜。①

---

① Felix Belair Jr., "Hoffoman is Sworn in as Director of ERP", *New York Times*, April 10, 1948, p. 2.

霍夫曼深知人才在经济合作署中的重要性，在他的努力之下，大批优秀的人才云集到经济合作署。时任美国商业部长的哈里曼对欧洲十分了解，并对欧洲复兴计划充满热情。霍夫曼乃提议由商业部长哈里曼出任经济合作署驻欧洲特别代表。由于哈里曼并不十分情愿接受这份差事，霍夫曼耗费十多天说服哈里曼放弃商业部长的职务，加盟经济合作署。[①]　随后不久，霍夫曼又确定了经济合作署副署长和助理副署长等高级职务。考虑到民主党人霍华德·布鲁斯（Howard Bruce）在二战时期积累了丰富的管理经验，霍夫曼任命布鲁斯为经济合作署副署长，委任麻省理工学院经济学教授、前哈里曼委员会执行秘书理查德·比斯尔（Richard Bissell）担任经济合作署助理副署长。

在霍夫曼的安排之下，大量商界精英人物掌握了经济合作署的高级职务。前进出口银行总裁韦恩·泰勒（Wayne Tayer）担任经济合作署署长助理，钢铁公司的总裁威廉·福斯特担任经济合作署驻欧洲特别代表助理，百事可乐公司副总裁伯恩斯·休斯敦（Bryan Houston）担任经济合作署信息办事处主任。商界人士不但控制了经济合作署位于华盛顿总部的高级职务，而且控制了经济合作署的驻外部门。Crown Zellerbach 公司的董事会主席詹姆斯·泽勒巴克（James Zellerbach）担任驻意大利特使，纽约信托公司总裁詹姆斯·布莱恩（James Blaine）任比利时特使，来自巴尔的摩的商人大卫·布鲁斯担任驻法国特使。经济合作署驻挪威、丹麦、土耳其、奥地利、希腊、瑞典的特使也分别由来自商界的人士担任。在经济合作署海外使团担任重要职务的人士还有，美国商业顾问委员会罗杰·拉帕姆（Roger Lapham）任驻中国特使。沃尔蒙特大学农学院前院长约瑟夫·卡里根（Joseph Carrigan）任驻爱尔兰特使，罗切斯特大学校长阿兰·瓦伦丁（Alan Valentine）担任驻荷兰特使。[②]

除了这些商业界人士外，劳工利益团体的代表在经济合作署中也占有一席之地。由于美国劳联和工联的领导人多次要求霍夫曼任命代表劳工利益的人担任经济合作署的重要职务，经济合作署驻各国分支机构中均有来自劳工界的代表。这些人大多隶属于美国贸易联盟、美国劳工联合会和产

①　Felix Belair Jr. , "Harriman Named Aid Chief Abroad", *New York Times*, April 22, 1948, p. 10.

②　Economic Cooperation Administration, *American Business and European Recovery*, Washington, DC. 1948, p. 135.

业工会联盟。铁路劳工执行协会的阿龙·莱昂（Arlon Lyon）、美国劳工联合会财政秘书长乔治·米尼（George Meany）、产业工会联合会詹姆斯·凯里（James Carey）都是哈里曼委员会的成员，参与过欧洲复兴计划的酝酿，他们三人均被任命为负责监督经济合作署工作的顾问委员会成员。产业工会联盟的鲍里斯·希斯金（Boris Shishkin）和哈里·马丁（Harry Martion）分别主管经济合作署驻巴黎的劳工和人力处和劳工信息宣传，劳联的伯特·朱厄尔（Bert Jewel）和来自产联的克林顿·戈尔登（Clinton S. Golden）成为经济合作署的主要劳工顾问专家。

　　为了处理欧洲复兴计划中的专业性问题，经济合作署署长霍夫曼还任命了很多来自商业、劳工、农业等领域的专家担任经济合作署顾问委员会的顾问。如在财政和货币问题咨询委员会中，霍夫曼聘任纽约人寿保险公司乔治·哈里森（George Harrison）、纽约第一国家银行爱德华·布朗（Edward Brown）、洛克菲勒基金会沃尔特·斯图尔特（Walter Stewart）、底特律银行的约瑟夫·道奇、伊利诺伊的银行家奥古斯特·斯特利（August Staley）、在纽约投资公司身兼数职的威斯特摩·威尔科可斯（Westmore Wilcox）、财政执行官约翰·哈斯克尔（John Haskell）等专家担任顾问。其中乔治·哈里森是纽约联邦储备银行的前任主席，道奇是美国驻德国大使克莱的金融顾问，美国农业部食品专家丹尼斯·菲茨杰拉德（Dennis Fitzgerald）被委任为经济合作署食品农业处主管。[①] 这些顾问参与制订基本政策，在涉及人力、劳工等问题上为特别代表提供政策咨询。可以说经济合作署的各种人才都能够在适当的位置发挥所长。

　　美国国内围绕欧洲复兴计划议案的辩论反映出影响美国外交决策的因素是多方面的。利益的多元化使美国社会中各利益团体之间、部分利益团体与国家利益之间、美国政府内各部门之间围绕着各自利益展开了一种多层次的谈判。《1948 年经济合作法》就是美国行政机构、立法部门与利益团体激烈竞争与妥协的产物。当美国国务院等政府部门试图对经济衰败、政治动荡的欧洲国家实施经济援助和发展指导时，很多商业、企业、劳工和农业利益团体都觉得在自己面前出现了一个施展政治抱负和实现经济理想的广阔空间。它们通过国会作证和其他游说渠道，在很大程度上影响了

---

① Economic Cooperation Administration, *American Business and European Recovery*, Washington, DC. 1948, p. 171.

欧洲复兴计划法案的最后形成与通过。这些利益团体在欧洲复兴计划法案的制订过程中，努力把各自集团的利益上升为国家利益，以便在外交政策中获得合法性。这具体表现在它们不但一次次迫使国会修改草案，使自身经济利益得到保护，而且对建立欧洲复兴计划的主管机构提出了重要建言，使经济合作署最终成为一个在政府指导下广泛接纳利益团体代表加入并有较大自主权的机构，为在合作主义框架模式下领导和执行欧洲复兴计划奠定了组织和人员上的基础。

1947 年 6 月马歇尔在哈佛大学的讲话中正式宣布了美国准备实施复兴欧洲的计划和打算，这通常被人们视为是欧洲复兴计划出台之日，然而此时的计划还远未定型。经过激烈辩论产生的《1948 年经济合作法》对欧洲复兴计划的援助条件、援助方式以及援助机构的设立等重要方面做出了明确的规定，以立法的形式保证了欧洲复兴计划的启动和执行，此时的欧洲复兴计划才最终成型。该法案不仅加强了美国对外援助活动的系统性和制度化程度，而且在很多方面都有所创新，包括建立经济合作署这样公私合作的管理机构，采用专业化的方式来管理和运作欧洲复兴计划，利用私人贸易的渠道采购援助物资等。这些规定对欧洲复兴计划的实施均产生了重要影响，也为后来美国对外援助政策的制定提供了重要参考。

这场辩论不仅完成了欧洲复兴计划的政策设计，而且进一步为二战后美国以遏制共产主义和"捍卫自由"为旗号的对外干涉政策打造了舆论基础。一项重大外交政策的出台需要具有广泛的社会基础，需要建构一种话语体系以论证该政策的"合法性"和"正当性"。第二次世界大战后，为了推行全面介入国际事务的对外干涉政策，杜鲁门政府对美国公众开展了多次"教育"活动，围绕欧洲复兴计划的宣传便成为这种公共关系运动的重要组成部分。在这一系列的公共关系运动中，杜鲁门政府运用"自由的危机"话语把美国塑造成遏制共产主义、捍卫"自由世界"的领袖，并煽动美国公众按照这一角色去行动。可以说，"自由的危机"话语成为杜鲁门政府弥合国内分歧、凝聚冷战共识和妖魔化苏联阵营的核心话语。经过多次冷战动员，美国国内出现了强烈的反共气氛，国内争论的重心已不再是共产主义是否构成威胁和是否应该支持国际主义政策的问题，而在于美国今后将如何实施反共目标以及准备付出多大代价来承担所谓"保卫自由世界"的"国际义务"。1948 年 3 月的盖洛普民意调查表明，73% 的美国民众认为"自由世界"正面临严重威胁，美国对苏联的政策过于软弱。[1]
1948 年初，美国对外关系委员会对 21 个城市的社区领导人就欧洲复兴计
划问题做了问卷调查，94% 的受访者支持欧洲复兴计划，认为援助欧洲有
助于维护美国安全。[2] 美国民众对欧洲复兴计划的态度反映出当一场经济
援助成为意识形态主导下的政治辩论时，围绕欧洲复兴计划议案而展开的
冷战动员已演变成掩盖在"捍卫自由"外衣下美国民族主义群体行为的一
部分，支持对外干涉的国际主义政策成为美国民众在政治态度上与国家利
益保持一致，意识形态上与共产主义划清界限的必然选择，其背后的隐形
力量是政府主导下的舆论宣传。

《1948 年经济合作法》的出台和经济合作署的建立，标志着欧洲复兴
计划的准备工作已经完成，欧洲复兴计划开始步入具体实施阶段。

---

[1] *The Gallup Poll*, Vol. 1, New York, 1972, p. 721.

[2] Joseph Barber, *The Marshall Plan As American Policy: A Report on the Views of Community Leaders in Twenty-One Cities*, New York, 1948, p. 13.

第三章 经济合作署的自由贸易举措：整合西欧贸易结构

　　随着《1948 年经济合作法》的出台和经济合作署的成立，欧洲复兴计划开始正式实施。经济合作署认为，欧洲复兴计划的目标并非简单地医治战争创伤和恢复经济，要想使欧洲经济顺利恢复并最终走向繁荣，美国就要依靠自己在贸易、金融和技术等方面的优势在欧洲推动以地缘为基础的自由贸易区的形成，促使那些与美国贸易往来日益密切的国家或地区的经济市场化，并让这些自由贸易区按照美国的价值标准朝着美国所设想的方向不断前进。为此，经济合作署在欧洲复兴计划参与国推行了自由贸易计划，鼓励西欧打破战前支离破碎的民族经济，督促欧洲国家进行货币改革，试图通过经济一体化来提高生产和消费。

　　经济合作署的自由贸易举措包括修改欧洲内部支付协定、成立欧洲支付同盟和支持欧洲煤钢联营谈判。经济合作署为减少原先协定中对双边贸易的限制性因素，制订并修改了 1948 年欧洲内部支付与补偿协定。在欧洲支付同盟的谈判中，经济合作署采用援助基金迫使英国妥协。在欧洲煤钢联营谈判中，经济合作署成功抵制了英国试图将煤钢共同体的管理机构降格为政府间合作组织的提议，说服了德国同意对煤钢工业实行非卡特尔化和非集中化。

　　经济合作署推行的这些自由贸易举措取得了良好成效。修改后的欧洲内部支付与补偿协定减少了欧洲各国双边贸易协定对双边贸易的限制，在一定程度上遏制了欧洲国家美元储备严重流失的状况；欧洲支付同盟将多边支付和贸易自由化相联系，是通过建立西欧地区性贸易和支付组织来推动欧洲一体化的重要步骤，该支付同盟采取定期、多边结算的方式，促使欧洲贸易趋于平衡，扩大了对美元区的出口；至于经济合作署通过鼓励建立超国家机构和推动制定反卡特尔条款等措施来支持欧洲煤钢联营谈判的努力，则使欧洲一体化步入了超国家的合作阶段。

第一节　制定修改欧洲内部支付协定

欧洲复兴计划实施的最初两年，令经济合作署颇感忧虑的是欧洲复兴计划参与国对进口限额或数量做出种种限制，严重阻碍了西欧国家之间合理使用资源和货币自由流通，不利于欧洲经济的复兴。经济合作署乃采取制订并修改欧洲内部支付与补偿协定等措施，试图减少欧洲内部支付协定对双边贸易的限制，加强欧洲复兴计划国家之间的竞争，遏制欧洲国家美元储备严重流失的状况。尽管这些措施是经济合作署为暂时缓解欧洲国家的贸易赤字而采取的权宜之计，但它们在一定程度上打破了双边贸易对欧洲经济发展的障碍，刺激了欧洲自由贸易的发展，为美国从根本上改变欧洲内部支付体系和推动欧洲自由贸易提供了最初的经验。

一　欧洲内部支付协定的制订及缺陷

战后最初几年，西欧各国的情况不尽一样，但大多数国家的经济处境都极为艰难。为了弥补财政赤字，西欧一些国家的政府发行额外的货币，导致通货膨胀恶性发展。与 1938 年相比，1948 年意大利的流通货币增加了 49 倍，希腊增加了 96 倍，法国的货币增加了 10 倍，物价上涨了 15 倍。英国、斯堪的纳维亚各国和荷兰，通过对开支进行各种限制，并控制货币供应，竭力制止通货膨胀。然而，在这种被压抑的通货膨胀下，显然存在着剩余需求，即潜在需求量暂时超过了当时的商品储备。由于实行了控制，这些国家暂时限制了物价、工资和国际贸易赤字的上涨，但是在需求量超过供给量的情况下，这些数量限制和货币管制只能产生暂时的效果。

1946 年和 1947 年，欧洲内部贸易是在双边贸易协定框架下进行的。到 1947 年底，西欧各国间双边贸易协定达两百多个。这些双边贸易协定规定入超限额，一旦超过限额，双方要再进行谈判，而且尽量避免用黄金或美元结算。西欧国家认为，这样做虽不能迅速扩大欧洲内部贸易，但可以大大减少为解决美元赤字而调整国内货币、财政、就业等政策所付出的代价。这种双边协定详细规定了交货数量和种类以及结算方法。进出口使用的是双方同意的货币，贸易可以保持平衡。由于当时缺乏自由兑换的货币，而且对外贸易的资源很有限，所以西欧各国之间的贸易除了通过双边协定进行以外，没有其他替代办法。

但是，欧洲国家之间双边贸易协定的弊病逐渐显露，主要表现为协定对进口限额或数量做出的安排使欧洲国家之间的贸易因支付困难而受到严重阻碍，结果使欧洲经济的发展受到了束缚。双边协定提供的贸易范围很有限，满足不了经济日益增长的需要。一个国家在工业生产已达到饱和点时，却因缺乏支付手段无法将其产品的一部分用于出口，除非该国进口相等价值的物资。这严重阻碍了西欧国家之间合理使用资源，不利于欧洲经济的健康发展。

为了摆脱双边贸易支付的困境，比、荷、卢、法、意等国在 1947 年 11 月 8 日签订了五国支付协定。该协定规定这五国每月通过国际清算银行进行结算，抵消一部分欧洲内部贸易盈余和赤字，一国可以放弃对第三国的债权来抵消对第二国的债务。经过这种抵消，参与国的债权大都得到了解决。设在瑞士巴塞尔的国际结算银行作为代理人，承担了参与国的多边结算业务。协定参与国的中央银行每月通知国际结算银行用于参与国之间进行结算的金额。通过国际结算抵消相互的债权和债务，减少了彼此的国际收支差额，自然有利于贸易的进行。然而，即使采用了这个办法，欧洲各国还是缺少货币用来结算剩下的收支差额。

于是，经济合作署开始考虑把有关国际结算的多边协定和欧洲复兴计划的美元援助联系起来，希望通过直接向贷方国家提供美元这种有条件的援助方式来协调欧洲国家之间的贸易关系。1948 年 10 月 16 日，经济合作署督促欧洲复兴计划参与国在巴黎签订了欧洲内部支付与补偿协定（The Agreement for Intra-European Payments and Compensations）。与先前五国支付协定相比，欧洲内部支付与补偿协定作出了两项明显的修改：首先，该协定要求参与国设立"提款权"账户。协定规定，任何一个参与国如果在 1949 年 6 月为止的 12 个月中与另一国的贸易预算出现顺差，那么该国就要提供一笔相当于出超金额的贷款或"提款权"，而与其有逆差的成员国有权提取此款项来抵消预期赤字。其次，协议还规定建立"提款权"账户的国家可以获得相等数额的美元援助。经济合作署拨出这笔美元援助是有条件的，即该国建立了逆差国所必需的提款权账户，而且拨出这笔援助的实际数额要同提款权被动用的数额相一致。如果存在收支赤字的国家采取其他方式而不动用分配给它们的提款权的一部分，那么提供"提款权"的收支盈余国也就得不到这部分有条件美元援助。①

在经济合作署看来，这种建立在提款权和有条件援助基础之上的协定是合理的。它鼓励在欧洲内部贸易中有出口盈余的国家为赤字缠身的进口国提供"提款权"信贷，因为出口盈余国可以因此而得到与"提款权"同等数额的美元援助作为补偿，不过，这种美元援助要在出口盈余国的物资真正运出后才会提供。所以，该协定在给进口赤字国提供"提款权"信贷的同时给出口盈余国提供了美元援助。协定规定，后者收到的美元援助是以美元计价的商品，而不是美元。可以说，这种有条件援助是对设立提款权账户国家的补偿，使它可以进口以美元计价的必要的物资，但不是抵偿美元赤字。此外，这种有条件援助给予了赤字进口国以提款权，可以直接弥补欧洲内部贸易的赤字。这看上去似乎是扩大美国出口和增加欧洲内部贸易的一箭双雕之举。

然而，这种支付体制仍存在着很多弊端，并不能如经济合作署所设想的那样有效协调欧洲国家之间的贸易关系。其主要问题在于：首先，该支付体制仍然具有双边性质，结果为结清债务不仅需要事先估计各参与国的贸易差额，而且需要成员国在双边贸易的基础上，经过一系列双边谈判，预测盈余和赤字后，再确定提款权。这种涉及双方的预测往往不准确。不仅如此，双边性还决定了一方在提供"提款权"上的努力能否得到美元援助，必须取决于不受自己控制的另一方的决定。其次，这种建立在预测借贷平衡上的制度过于呆板。提款权不可转让就是典型。例如，当时英国建立了总额为 3.34 亿美元的提款权账户，只有对英国有逆差的法、德、意、奥、希腊和土耳其六国有权使用这笔提款权，而英国自己对比利时有 3000万美元的赤字，却不能靠它在欧洲内部贸易中获得的这 3.34 亿美元盈余来消除，只能从比利时建立的 2.18 亿美元的提款权账户中获得 3000 万美元的贷款。据经济合作署给国会的第五次报告统计，1948 年欧洲九国共建立了 8.05 亿美元的提款权。由奥地利提供的 70% 的提款权没有被使用，西德仅仅使用了 60% 的提款权。到规定时期结束时，九国还有 1.285 亿美

---

① Imanuel Wexler, *The Marshall Plan Revisited: The European Recovery Program in Economic Perspective*, pp. 137 – 139.

元提款权没有使用，其中的一部分根据该协定转入了新的账户，但还有高达 4570 万美元的提款权被取消了。①

二 1948 年欧洲内部支付与补偿协定的修改

为了克服上述种种缺陷，欧洲内部支付与补偿协定实施不到半年，经济合作署就开始考虑对该协定做出修改。为了进一步明确解决贸易与支付问题的方针政策，欧洲合作署贸易与支付政策处主任詹姆斯·麦卡洛（James McCullough）组织人员在 1949 年 4 月 28 日提出了名为《欧洲内部自由贸易与支付问题》的研究报告。这一报告将欧洲的贸易与支付问题放在世界经济的框架体系内，从美欧经济差距的角度加以历史探讨和分析，提出了短期和长远的补救措施。报告首先简要回顾了欧洲经济史，指出欧洲在历史上采取垄断和限制竞争的方法，使企业丧失了提高效率和劳动生产率的动力，结果在经济上落后于后来居上的美国。大萧条后，西欧国家外贸条件的改善只是暂时掩盖了问题的严重性。至于欧洲目前面临的经济问题，报告认为仍然是市场狭小和缺乏竞争的结果。欧洲市场深受国界限制之苦，企业家不愿冒跨国做生意的风险，导致当代西欧资本主义死气沉沉、趋于衰微。其问题之严重超过了战前。这主要是因为战后西欧失去了许多殖民地，贸易条件和外贸结构不断恶化，战争的毁坏和资本损耗严重，恢复经济所需的设备更新和资本货物进口使西欧国家不堪重负，美元短缺十分严重。此外，西欧人口的增长，战后的通货膨胀，以及福利国家政策和英法的海外驻军，都给西欧经济造成了很大的困难。因此，解决西欧经济问题的关键在于废除有碍市场竞争的政府或私人限制以及保护性惯例，动员一切可以动员的力量发展大批量低成本生产。②

有鉴于西欧经济问题的根本障碍所在，报告提出了经济合作署为排除这类障碍所要采取的紧急行动和长远行动计划。紧急行动包括采取措施减少欧洲内部支付协定中对双边贸易的限制，在欧洲设立像美国联邦贸易委

---

① Economic Cooperation Administration, *Fifth Report to Congress*, 1949, p. 13.

② "The Liberalization of Intra-European Trade and Payments", Report by James McCullough, the director of Trade and Payments Division, Economic Cooperation Administration, April 28, 1949, in Dennis Merril, ed., *Documentary History of the Truman Presidency*, Vol. 13, Establishing the Marshall Plan 1947–1948, pp. 632–635.

员会一样的欧洲内部贸易委员会来疏导和调节贸易；长远行动是着眼于西欧内部投资、生产和贸易的未来发展，建立一个开放的、高度竞争的内部单一市场，消灭商品、人员及资本自由流动的障碍。① 可以说，麦卡洛等人的报告不但为经济合作署正式修改 1948 年欧洲内部支付与补偿协定打下了基础，而且为后来进一步解决欧洲贸易问题、建立欧洲一体化市场等举措拟定了一个大纲。该报告的很多建议后来都被付诸实施。

霍夫曼对麦卡洛等人的意见深表赞同。在他的指示下，经济合作署贸易与支付政策部人员归纳了麦卡洛报告中的要旨，并于 1949 年 8 月 23 日向欧洲经济合作组织理事会递交了题为《转换提款权与推动自由贸易方案》的报告。该报告就推动欧洲自由贸易、修改欧洲内部支付与补偿协定做出了更为具体的安排。报告强调推动欧洲自由贸易的总体方针，阐明在欧洲复兴计划参与国中减少贸易壁垒、恢复世界多边贸易和促进世界范围内的货币流通的必要性。报告还主张废止数量限制，建立一个广阔的具有竞争力的国内市场，降低欧洲产品价格，提高欧洲在世界经济中的竞争地位。②

在推动自由贸易、取消贸易限制上，报告提出以下四点具体建议：第一，调整欧洲国家的外汇汇率，反对美元歧视政策，在参与国间调整货币兑换率，减轻欧洲内部贸易的不平衡状况，增强美元商品的竞争力。第二，为解决欧洲内部贸易发展和支付面临的种种限制，修改 1948 年欧洲内部支付与补偿协定，在双边和多边提款权之间寻求一种折中的方法，分步骤地把提款权的双边性质改为多边性质，努力促使西欧朝着多边贸易的方向发展。第三，鼓励西欧国家通过扩大出口、废除对贸易的限制来获得更多美元，减少欧洲内部贸易赤字。第四，由于西欧存在相互独立的民族经济，个别国家不愿意在参与国中削减贸易和支付壁垒，经济合作署要采取措施督促参与国建立更为密切的经济联盟。③

---

① "The Liberalization of Intra-European Trade and Payments", Report by James McCullough, the director of Trade and Payments Division, Economic Cooperation Administration, April 28, 1949, in Dennis Merril, ed., *Documentary History of the Truman Presidency*, Vol. 13, Establishing the Marshall Plan 1947–1948, p. 636.

② "Transferability of Drawing Right and Plan for Liberalization of Trade", Economic Cooperation Administration to OEEC Council, August 23, 1949, *FRUS*, 1949, Vol. 4, p. 816.

③ Ibid., pp. 816–817.

　　可以看出，经济合作署考虑修改欧洲内部支付与补偿协定希望达到两个基本目标：一是加强欧洲复兴计划国家之间的竞争；二是引入更加灵活的机制。这样才能减少原先协定中对双边贸易的限制性因素，建立西欧经济贸易开放运行的机制，从而打破贸易和支付壁垒，促进欧洲贸易自由化。[①]

　　欧洲复兴计划参与国接受了经济合作署的建议，决定修改欧洲内部支付与补偿协定。1949 年 9 月 17 日，各国在巴黎签署修改欧洲内部支付与补偿协定协议。协议规定，双边结算占提款权总金额的 75％，多边结算占 25％。1949—1950 年度双边提款权的总额是 5.17 亿美元，多边提款权的总额是 2.849 亿美元，比规定的多边提款权比例还多了 10％。双边结算依然按照过去的规定进行，多边结算则不限于某一特定出口国，但必须在使用了双边提款权后才能使用。[②] 这次修改的最大特点是使该协定具有了部分多边性，即欧洲复兴计划参与国所获得的提款权中有一部分不再限于向某一特定出口国采购，而是可用于在任何一个参加国采购供应品。这样不仅能够解决很多国家收支不平衡给贸易造成的障碍，而且可以在欧洲复兴计划援助规定的范围内使更多国家的出口商在提供所需商品方面展开竞争。

第二节　酝酿成立欧洲支付同盟

　　欧洲内部支付与补偿协定的修改暂时缓解了欧洲国家收支逆差对贸易的限制，但并未从根本上改变欧洲内部的支付体系。西欧各国间的贸易仍然缺乏有效的结算机制，以邻为壑的经济保护主义和歧视性贸易政策不时抬头。经济合作署于是考虑建立欧洲支付同盟来协调并监督欧洲复兴计划参与国的货币和汇率政策，实行完全自动的多边支付机制以使欧洲货币实现自由兑换，从而为欧洲自由贸易发展铺垫道路。该署不仅成功地克服了

[①] "The Proposed European Payments Union", by Leslie Wheeler, the director of the Interim Office for Technical Assistant of the ECA, *Department of State Bulletin* 22, May 1, 1950, pp. 681 – 683.

[②] William Diebold, *Trade and Payments in Western Europe: A Study in Economic Cooperation, 1947 – 51*, New York, 1952, p. 137.

美国其他政府部门的反对意见，顺利提出了成立欧洲支付同盟（European Payments Union）的倡议，而且有效地抵制了英国在欧洲支付同盟问题上的消极态度，在仅仅半年左右的时间内就达成了建立该同盟的协议。从表面上看，欧洲支付同盟的成立只是经济合作署为了方便欧洲内部支付而采取的技术性措施，实际上却是它将多边支付和贸易自由化联系起来，通过建立西欧地区性贸易和支付组织进而推动欧洲一体化的重要步骤。

一　欧洲支付同盟的酝酿

在经济合作署修改欧洲内部支付与补偿协定之后，署中很多人认为，欧洲出口虽因为美元收入在增长，但距离消除欧洲美元的短缺还有很长一段路要走，既然西欧国家已经接受了欧洲复兴计划，就不应该继续以收支平衡为由奉行歧视性的双边安排。于是，从 1949 年秋季起，有一种设想在经济合作署内部得到了愈来愈多的支持，那就是成立由中央集权的、超国家的机构来管理欧洲内部贸易，克服欧洲的狭隘民族主义，进一步解决欧洲支付问题。

欧洲内部支付与补偿协定修改仅两周后，经济合作署官员哈罗德·克利夫兰（Harold Cleveland）和约翰·赫利（John Hulley）就向经济合作署总部递交报告，建议成立超国家的机构来管理欧洲内部贸易和支付。在这份题为《西欧在世界经济中面临的问题及解决方案》的报告中，克利夫兰和赫利指出经济合作署应当考虑在西欧组建经济和政治联邦，成立一个或几个密切联系的经济集团。他们建议分三步走：首先制订将"提款权"全部自动转让的新计划来取代目前的支付协定；然后成立三个欧洲中央机构，包括效仿美国州际商务委员会和联邦贸易委员会建立欧洲商务委员会，仿照美国联邦储备委员会组建欧洲货币委员会，并在 1951 年底建立由该委员会控制的欧洲货币同盟；最后发行随美元浮动的欧洲货币"埃居"，各国通过"埃居"取消对美元商品的一切歧视。[①]

克利夫兰、赫利等人主张建立专门机构来管理欧洲货币的建议，在 1949 年 10 月 6 日霍夫曼致哈里曼的信中得到了清楚的反映。霍夫曼在信

---

① Harold Cleveland and John Hulley, "*The Problems of Western Europe Competitive Position in the World Economy and Its Remedies*, October 1, 1949", *FRUS*, 1949, Vol. 4, pp. 461 – 465.

中指出，经济合作署最近应当围绕五个主题开展工作：采取措施增加欧洲复兴计划参与国的美元；引导其内部财政和货币政策朝着经济整体平衡的方向发展；提高欧洲某些行业的生产力；制定促进竞争的商业和贸易政策；采取措施在参与国间形成短期的经济同盟。霍夫曼指出，经济合作署将努力在欧洲参与国中建立具有超国家的机构来管理货币，执行金融和贸易政策，借多边支付制度来便利欧洲国家货币区域间的交易结算。[1]

霍夫曼本人对建立超国家性质的机构管理欧洲货币颇感兴趣，他原打算在即将召开的欧洲经济合作组织理事会上提出这些建议。1949 年 10 月 25 日，在去巴黎出席这次理事会前，霍夫曼同国务卿艾奇逊、副国务卿韦伯共进午餐时谈到了这个问题，但艾奇逊和韦伯担心步子迈得太大。艾奇逊认为，倘若在理事会上提议成立类似中央银行的货币机构，无异要英国等国家放弃主权以取得美援，必将难以实施。霍夫曼于是在 1949 年 10 月 31 日欧洲经济合作组织理事会的发言时，删去了这些具体建议。

在后来被誉为欧洲一体化奠基石的讲话中，霍夫曼首先明确了目前面临的两个主要任务。他指出，欧洲复兴计划现在快要完成一半，仔细考虑进一步的行动、巩固已有成果，继续取得新的进展的时机已经来到，欧洲国家必须把全部精力放到主要任务上去。第一个主要任务是，使欧洲用美元支付的账款得到平衡，以便欧洲能够购买原料和其他改善生活的物资。第二个主要任务是，在西欧建立一种规模巨大的经济，确保西欧全体人民生活条件稳步改善，这就意味着西欧经济要实现一体化。霍夫曼进而强调了这两个任务之间的关系。他指出，完成第一个任务，使欧洲对美元区的贸易出现顺差是十分紧迫的，但如果美国不抓紧时间实现第二个任务，通过经济一体化在西欧建立一种大规模的经济，那么执行第一个任务也没有什么意义。[2]

霍夫曼大谈实现经济一体化对欧洲带来的益处。他指出，经济一体化实质上就是要形成一个大市场，在这个大市场内，商品流通数量的限制、支付往来方面货币的障碍，还有各种关税就可以永远消除了。美国经济的

---

[1] Economic Cooperation Administrator to the United States Special Representative in Europe, October 6, 1949, *FRUS*, 1949, Vol. 4, p. 467.

[2] Text of Statement by Paul G. Hoffman, Economic Cooperation Administrator, before Organization for European Economic Cooperation, October 31, 1949, in Dennis Merril, ed., *Documentary History of the Truman Presidency*, Vol. 13, Establishing the Marshall Plan 1947 – 1948, pp. 655 – 661.

强大是同一个拥有一亿五千万消费者的市场这个事实分不开的。在西欧建立永久性自由贸易区，将使那些规模大、成本低的生产部门得以加速发展，使所有资源得以有效利用。霍夫曼特别强调，这一步不会改变欧洲工业的实际结构，也不可能在一夜之间极大地提高生产率。但经济环境的巨大改善必定会促进生产量的迅速提高。这样，欧洲就可能提升它在世界上的竞争地位，从而更加充分地满足欧洲人民的期望和需要。

霍夫曼在演讲中还强调了立即制定欧洲经济一体化计划的紧迫性。他指出，在马歇尔计划剩下的很短时间内，美国国会、美国人民，还有欧洲大多数人民都感到，如果消弭欧洲不断发生的经济危机，经济一体化是必要的。鉴于这些理由，霍夫曼要求欧洲到 1950 年初，做出一定的成绩，制订出一个计划，这两件工作将能使欧洲沿着经济一体化的道路前进。所谓做出一定成绩，霍夫曼说得很明确，即废除对贸易的数量限制和消除价格双轨制，因为燃料和基本原料的出口价格高于国内的销售价格的做法，造成了整个欧洲生产成本的提高。他指出，各国若不取消大部分数量限制和内销及外销价格的双轨制，拟议中的清算同盟便毫无意义。所谓制订一个计划，霍夫曼的意思是订出一个切合实际的计划来适应他所提出的基本任务（经济一体化）。至于怎样制订，霍夫曼故意语焉不详地说："也许你们通过改变现有机构就可以做到这一点，也许你们觉得需要建立一个新的中央机构。"① 霍夫曼显然是接受了艾奇逊等人的劝告，并不直接提出经济合作署的建议，而让西欧国家去揣摩。

霍夫曼的演讲被《纽约时报》全文刊登，该报评论文章指出，霍夫曼在演讲中使用"一体化"一词多达 15 次。② 该报透漏出这样的信息：如果欧洲不在 1950 年初制定出一个经济一体化的计划来，美国的援助将会中止。③ 可以看出，霍夫曼这个讲话把解决欧洲贸易支付问题与实现欧洲一体化紧密地联系起来了，是从未来实现欧洲一体化的高度来看当前解决欧

---

① Text of Statement by Paul G. Hoffman, Economic Cooperation Administrator, before Organization for European Economic Cooperation, October 31, 1949, in Dennis Merril, ed., *Documentary History of the Truman Presidency*, Vol. 13, Establishing the Marshall Plan 1947 – 1948, pp. 655 – 661.

② Harold Callender, "Hoffman Demands Action by Europe on Economic Unity,", *New York Times*, November 1, 1949, p. 1.

③ Felix Belair Jr., "Marshall Aid End Threatened by U. S.", *New York Times*, November 1, 1949, p. 22.

洲贸易支付问题的重要性，所以他大谈欧洲一体化和"一个市场"，这就是霍夫曼心目中的对症下药，即对先前的欧洲支付体系做结构性的改变。

在经济合作署署长霍夫曼、经济合作署驻欧洲特别代表哈里曼等人的督促下，经济合作署贸易与支付政策处组织专家就建立超国家的欧洲支付同盟进行了细致而深入的研究，拟定出作为未来建立这一组织指导纲领的报告。这份于 1949 年 12 月 9 日出台的报告指出，经济合作署目前面临的一个重要任务是帮助欧洲国家实现自由贸易，只有通过扩大贸易，欧洲国家才能充分利用其资源实现经济复兴。当美元短缺限制了参与国的贸易发展时，经济合作署推动了欧洲内部支付与补偿协定的签署与执行，但该计划仅仅是采用双边形式，报告建议组建欧洲内部结算同盟来解决欧洲的支付和贸易问题。在支付问题上，报告指出，在每个月结账之前，加入同盟的成员国之间的贸易均可用当地货币进行交易，无须用黄金、美元、双边协定或提款权来进行。这就是说，成员国之间的贸易将不再受到黄金、美元等硬通货短缺的限制，也不再受到双边协定的规定和提款权数量的限制。月底结账由国际清算银行代表同盟与各成员国进行。国际清算银行将每个国家所有的贸易收入与赤字两相抵消，得出以一个共同计算单位计算出的净盈余或净赤字。不过，一个国家的净盈余或净赤字不是该国对其他成员国的盈余或赤字，而是对同盟的盈余或赤字。同盟对这些盈余和赤字如何处理则按照每个成员国分配到的配额使用情况决定。从赤字来看，只要赤字不超过一个国家配额的一定的百分比（例如 20%），那么这个国家的赤字就无须用黄金或美元支付，而是由同盟提供的信贷解决，即记在同盟的账上。赤字超过规定的百分比后，赤字中的一部分须用黄金或美元支付，超过的部分越大，须用黄金或美元支付的部分也就越大。从盈余来看，如果盈余未超过一个国家配额的一定的百分比，这些盈余将用作信贷，盈余国得不到任何黄金或美元的支付。如果盈余超过了这个规定的百分比，盈余中有一部分就要由同盟以黄金或美元支付给盈余国，超出部分越大，用黄金或美元支付的部分就越小。这就是说，同盟通过向赤字国提供信贷和向盈余国提供黄金或美元的方式，鼓励同盟成员国之间多边贸易的展开，而且还以赤字越大信贷比例越小和盈余越大所获黄金或美元比例越小的规定，刺激成员国努力争取实现贸易上的收支平衡。这样，成员国之间的贸易便可长期稳定发展。在贸易问题上，报告要求在 1950 年底以前取消欧洲内部贸易所有的数量限制。①

由此看来，该报告提出的欧洲内部结算同盟较前两个补偿性支付措施有以下两个主要优势：首先，同盟在一定限度内的净赤字由经济合作署担保，并将部分转为贷款的部分以黄金美元支付。其次，任何存在的外汇管制或进口限额都是多边的，即平等地适用于所有参与该同盟的国家。这样能够使经济合作署采取一定的资金援助方式对欧洲各国间的金融流通进行规范，扩大欧洲内部贸易，取消外汇管制，使赤字国和债权国保持进出口平衡，最后实现货币的自由兑换，从根本上克服欧洲的民族狭隘主义，废除欧洲长期奉行分割市场的双边主义。②

就在经济合作署殚精竭虑谋划欧洲内部结算同盟方案之际，美国政府内部和一些国际组织对这个方案的反应却相当复杂，质疑反对者不乏其人。经济合作署不得不首先针对美国政府官员的反对之声，向他们解释建立这样的支付同盟不但是完全必要的，而且与美国的国际经济政策相一致。

美国政府内部对欧洲内部结算同盟计划表示质疑的有全国顾问委员会。该委员会认为这种地区性的货币安排与美国追求的全球多边自由兑汇关系体系相矛盾，违背了国际货币基金组织和关贸总协定的基本原则。1950 年 1 月 16 日，全国顾问委员会召集会议讨论并起草出《对欧洲清偿同盟提议》的报告。报告认为，建立欧洲内部结算同盟会在欧洲形成一个软货币集团，这一集团将联合起来歧视世界其他地区的贸易，从而违背美国对外经济政策的基本目标——非歧视的自由贸易。美国如果鼓励并参与这一计划，将会削弱自己在国际货币基金组织中的领导地位。在全国顾问委员会看来，经济合作署应当在欧洲建立一个完善的经济联盟，而不仅仅是一个清偿同盟。如果非得建立这样的支付同盟的话，也应当向参与国进行有条件的援助，设置特别基金用于推动多边贸易，而且美国为了避免欧洲内部结算同盟违背国际货币基金组织的原则必须参与该同盟的管理。③

---

① "Draft Working Paper on Intra-European Currency Transferability and Liberalization of Trade, December 9, 1949", in Van der Beugel, *From Marshall Aid to Atlantic Partnership*, pp. 197 – 198.

② "the Intra-European Payments Arrangements, Embodied in the European Payments Union", in Economic Cooperation Administration, *Ninth Report to Congress*, 1950, pp. 46 – 50.

③ National Advisory Council, Proposed European Clearing Union, January 16, 1950, *National Advisory Council Document*, No. 948.

可见，全国顾问委员会认为美国在货币领域应当采取的政策是致力于实现全世界货币的自由汇兑，国际货币基金组织的基本前提是各国应尽快减少支付障碍并恢复可兑性，而欧洲内部结算同盟作为一个软货币同盟，将形成一种人为的经济结构，以贸易限制排斥外来竞争。

除了全国顾问委员会外，美国财政部一些官员也极力反对建立这样的支付同盟。1950 年 1 月 16 日，财政部长助理弗兰克·索瑟德（Frank Southard）向财政部长递交备忘录，索瑟德不仅对建立欧洲内部结算同盟的计划提出批评，而且主张取消这一计划。他认为，建立地区性支付同盟不仅不会促进欧洲货币的自由兑换，同盟成员国的货币自由转让也将会推迟，况且这样的支付同盟与美国在国际货币基金组织所承担的义务不尽一致，必将大大削弱国际货币基金组织的作用。索瑟德主张继续采取调整汇率的措施，使欧洲货币进一步贬值，增加欧洲国家的出口竞争力，然后实现货币的自由兑换，达到欧洲收支平衡的目的。①

1950 年 1 月 19 日，全国顾问委员会召集国务院、商务部、联邦储备委员会等部门的官员共同讨论经济合作署组建欧洲内部结算同盟的倡议。财政部长助理索瑟德指出，由美国出钱支持欧洲支付同盟无异建立一个歧视美元商品的机构，如果支持参与这样的计划将会大大削弱美国在全球的领导地位。② 联邦储备委员会代表威廉·马丁（William Martin）也反对在欧洲建立这样一个永久性机构。相比之下，商务部代表托马斯·布莱斯德尔（Thomas Blaisdel）的态度稍稍缓和，他同意建立一个常设机制来管理欧洲内部贸易和支付，但前提是要同国际货币基金组织的原则相一致。③ 农业部助理副秘书长艾伯特·洛夫兰（Albert Loveland）也认为这样的支付同盟将会对美国的出口产生歧视，因而竭力反对。经济合作署驻欧洲特别代表哈里曼对此予以反驳，指出该支付同盟并不会对美国的出口产生歧视，支持地区性安排与构建一体化的欧洲市场这一目标协调一致。与财政部断然拒绝欧洲支付同盟计划的态度不同，美国国务院对经济合作署提议的态度则比较含糊。国务院代表威拉德·索普（Willard Thorp）在基本赞

① Letter From Frank Southard to Secretary Snyder, January 16, 1950, *FRUS*, 1950, Vol. 3, pp. 620－622.

② Minutes of Meetings of National Advisory Council on International Monetary and Financial Problems, Meeting 146, January 19, 1950, *National Advisory Council Document*, No. 950.

③ Ibid. .

同该计划的同时，指出不要把这样的支付同盟变为永久性机构，在欧洲复兴计划结束后应让国际货币基金组织发挥其应有的职能。①

尽管各方在建立欧洲内部结算同盟的问题上态度不一，但与会者都认识到需要一种大家能接受的方式来处理欧洲贸易和支付问题。经过反复权衡利弊得失，政府各部门在支付同盟问题上形成了妥协。经济合作署关于建立欧洲内部结算同盟的报告经会议修改后，成为美国政府向欧洲经济合作组织提交的建议的蓝本。报告认为，欧洲支付安排原则应该是：第一，欧洲的支付和贸易应真正实现多边化；第二，成员国在平衡欧洲内部贸易时，逆差国至少应部分以黄金或美元结清差额，顺差国至少应将部分盈余贷给逆差国；第三，由欧洲经济合作组织协调黄金和贷款比例，并从总体上鼓励成员国协调经济政策，保证顺差与逆差得到控制。不过，经济合作署在修改后的报告中也被迫承诺：支付同盟不得同美国和其他国家在国际货币基金组织中所承担的义务相抵触，也不得妨碍成员国尽早恢复货币自由兑换；美国不直接管理欧洲支付同盟，但要派出具有否决权的观察员；向该同盟成员国提供的基金不同于国际货币基金组织提供的贷款，不得比照使用；规定这类基金的最高限额，邀请国际货币基金组织参加关于成立欧洲支付同盟的讨论。② 这样，美国政府内部在欧洲支付同盟问题上暂时取得了一致意见。

二　抵制英国的消极态度

在美国政府内部达成妥协后，经济合作署便向欧洲经济合作组织理事会提出了建立欧洲支付同盟的倡议。可是，经济合作署把欧洲复兴计划参与国统一纳入自由贸易框架，通过贸易自由化实现多边支付的设想，在欧洲国家并未马上得到积极的响应。其实，欧洲国家在战后之所以诉诸双边贸易，主要是在美元短缺的情况下想对彼此的贸易加以限制，现在通过支付同盟取消这种限制就意味着要在竞争的压力下调整国内经济。个中的蜀道之难不免使一些国家望而却步。其中尤以英国对支付同盟的建议最为反

---

① Minutes of Meetings of National Advisory Council on International Monetary and Financial Problems, Meeting 146, January 19, 1950, *National Advisory Council Document*, No. 950.

② National Advisory Council, *Semi-annual Report to the President and the Congress*, October 1, 1949 – March 31, 1950, Washington, DC, 1950.

感。1949 年 1 月 20 日，英国政府向美国递交备忘录，阐明了英国对欧洲支付同盟的看法。首先，英国认为自己地位特殊，需要继续保持与大陆国家进行双边贸易，只能在有限的程度内向欧洲支付同盟交纳黄金或美元以清算它与其他国家的逆差，至于决定进口配额、保护货币储备等事宜无须同其他国家商量。其次，在欧洲支付同盟的组织和权限上，英国反对将欧洲支付同盟作为常设机构。英国建议，同盟业务由国际清算银行与各国中央银行合作进行，清算银行作为欧洲经济合作组织的代理人，定期报告同盟账目。欧洲支付同盟应当是经济合作组织的一个组成部分，欧洲经济合作组织每年推选 7 名理事，组成同盟管理委员会，负责日常监督，决定同盟的贷款利率，定期审阅同盟成员国国家收支情况，并向各国政府提出建议。美国可以参加管理委员会，但无表决权。最后，英国还认为，决定货币的进口配额是英国主权范围内的事情，是为了保护货币储备，无须同其他国家商议。从英国方案可以看出，所谓在有限程度内向支付同盟交纳黄金或美元的提议，实质上是希望在西欧大陆国家在同盟内进行多边偿付时，让英国仍保持双边结算，即通过支付同盟以黄金或美元支付一部分它的双边债务，或以它的双边盈余贷给支付同盟成员国。这样就能保持英国在双边结算方面所固有的优势和所能获得的好处。

英国敢于这样直截了当对美国的方案提出挑战是有一定的实力作后盾的。在讨论欧洲支付同盟时，英国政府曾对英镑在欧洲内部贸易的地位做过估计。英镑是多边或国际货币，在英镑区内早已实行自由流通。不仅如此，欧洲经济合作组织的国家大都同英镑支付体系有密切的联系，有的还享受了英镑自由流通带来的好处。在英国看来，欧洲支付同盟若不包括英国是不可想象的。据统计，1948 年世界贸易的 36% 以英镑结算，1949 年包括有形和无形贸易在内的国际支付的 50% 也是以英镑进行。因此，英国认为，在经济优势相对衰落和国际地位日益式微的战后年代，自己仍可利用昔日政治优势的余晖，不仅在英联邦内部创立一种互惠的经济自助体系，而且以此为依托，利用双边和支付条约在欧洲逐步扩展以英国为核心的经济体系，力争扭转英国在欧洲的经济地位走下坡路的趋势。

英国的态度成为欧洲支付同盟建立过程中的一大障碍，使美国感到有必要就英国今后在欧洲一体化中的作用展开研究。1950 年 1 月 24 日，美国国务院政策设计委员会主任凯南召集尼采、驻法国大使波伦研究英国在欧洲的作用和美国的政策。波伦认为，英国是拥有广泛海外利益的欧洲大国，欧洲一体化不能缺少英国，应该帮助英国减轻它在海外的负担，使其在西欧发挥领导作用。凯南仍坚持他先前的均势思想，即让英国领导西欧，由美国平衡大西洋两岸的力量，美国可以把军事联盟和政治联盟区别开来，英国同西欧大陆国家建立政治联盟并充当领导。在目前各国强化经济管制的情况下，谈政治一体化是没有意义的，欧洲经济合作组织并不要求各国合并主权，只要求英国稍稍改变商业政策，国务院觉得这是英国可以接受的。使英国同西欧联系起来有两种方式：一是欧洲经济合作组织，二是欧洲联邦。英国如果参加后者就会割断其同自治领的关系，所以前者是英国可以接受的方式。① 尼采认为，在欧洲经济合作组织的框架下建立支付同盟、降低贸易壁垒、加强欧洲委员会都需要英国的合作。最后国务院就美国对欧洲的政策提出三点建议：第一，在对待英国海外利益上，美国和英国应结成伙伴关系。第二，美国帮助英国减轻海外负担，作为回报，英国应在欧洲一体化问题上奉行积极政策。第三，美国要把英国问题分为欧洲与海外两个方面加以考虑制定政策，美国恪守大西洋条约的规定，在解决德国问题上与英国和法国通力合作，建议在 4 月举行的美英法外长会议上就德国问题交换意见，争取在共同关心的问题上达成一致。②

英国在建立欧洲支付同盟问题上的消极态度引起了经济合作署中很多人的强烈不满。经济合作署在《对英国在欧洲支付同盟所做提议的解释》的备忘录中，认为最基本的问题并不在于要维护英国合法主权，使之实施独立的经济政策，而是英国是否准备同其主要的贸易伙伴协调一致，充分参与到欧洲乃至世界经济中来，使生产和生活标准都有所提高。经济合作署在备忘录中指出，欧洲支付同盟旨在使参与国同意对其国家主权进行必要的限制，在经济上要求西欧作为一个整体，最终在西欧国家建立相互协调的、具有主权让渡性质的机构，使所有参与国依照合理方式实施独立的政策。备忘录最后总结强调说，欧洲支付同盟是在欧洲建立单一市场、开展经济联合的重要步骤，必将具有重要意义。③

经济合作署驻英国使团的密尔顿·卡茨（Milton Katz）于 1950 年 2 月

① Minutes of the Seventh Meeting of the Policy Planning Staff, January 24, 1950, *FRUS*, 1950, Vol. 3, p. 620.

② Ibid. , p. 622.

③ "Explanation of the Points at Issue with the British on the Proposed European Payments Union", in *FRUS*, 1950, Vol. 3, pp. 646 – 651.

12 日向哈里曼发出电文，指出欧洲支付同盟的建立由于英镑地位和英镑支付体系这两个问题得不到解决而陷入僵局。英国在关键性问题上不愿做出让步，一旦谈判失败，目前存在的分歧很可能会蔓延到其他领域，所以当务之急是要防止谈判发生分裂。[①] 于是，经济合作署中很多人开始建议向英国施加压力，采取切实有效的措施来保证谈判的进行。1950 年 2 月 14 日，经济合作署助理副署长理查德·比斯尔在向经济合作署的汇报中，从贸易数量限制、双边支付协议等问题上详细分析了英国的态度。在贸易数量限制上，比斯尔认为，第二次世界大战后欧洲内部贸易是在双边贸易协议框架下、对进口进行数量限制下进行的。这种双边协议将欧洲经济发展局限于一个严格的贸易模式之下，不能有效地进行资源利用，严重阻碍了经济复兴。因此，取消数量限制是迈向建立范围广阔的、具有竞争力的单一市场的关键性步骤，但是英国不情愿放弃双边贸易和支付协议给英国的优势地位，坚持要求保留其双边支付协议。在双边支付协议问题上，英国要求维护并扩大目前的双边支付协议，这与欧洲经济合作组织成立以多边框架为基础的欧洲支付同盟的建议背道而驰。比斯尔认为，英国之所以不承诺放弃双边支付体系，主要是考虑到保留双边性质的协议为保护英国利益提供了有效的途径，使英国能够以优势价格诱导其他弱小国家购买、输出英国商品。鉴于欧洲合作和一体化的基本需要，如果要在经济上实现复兴并使之得以持续，英国抛弃双边主义框架对于整个欧洲来说至关重要。[②]

因此，比斯尔建议利用援助基金向英国施加压力，使之就范。对等基金制度是为了能使经济合作署更有效地执行欧洲复兴计划，确保对欧洲国家的管理而采取的一项措施。其作用是将马歇尔计划的援助资金转换成为由当地货币构成的资金，这项基金是专为欧洲复兴计划提供的物资在当地销售所得而在每个国家银行开设的账户。欧洲复兴计划的大部分援助物资并不像欧洲人所想象的那样完全免费或可以变为现金，它们在欧洲国家销售所得的当地货币资金不是回到美国人手中，而是被存入对等基金，用于支付欧洲国家重建和现代化建设的项目。这些项目由经济合作署代表处和各个参与复兴计划的国家共同决定。比斯尔建议，以后对等基金的分配不能仅仅看参与国的需求，更要看其实施的经济政策是否符合欧洲经济复兴

---

① Milton Katz telegram to Harriman, February 12, 1950, *FRUS*, 1950, Vol. 3, p. 634.

② Richard M. Bissell to Paul Hoffman, February 14, 1950, *FRUS*, 1950, Vol. 3, pp. 670 – 672.

的需要。因此，经济合作署应当从下一年的援助基金中提留 20% 至 25%
作为奖励基金，用于鼓励能配合经济合作署实施一体化政策的欧洲受援
国。① 这就对英国抵制欧洲一体化的行动形成了一种制约。霍夫曼对比斯
尔建议利用对等基金向英国施加压力的提议表示赞同，觉得这种方法有助
于排除欧洲支付同盟谈判中的障碍，加速谈判进程。1950 年 2 月 21 日，
霍夫曼请求国会在 1950—1951 年度对欧洲的援助中拨出一笔 6 亿美元的
特别基金，不参加支付同盟的国家均不能使用。霍夫曼向国会承诺，这笔
基金可以保证在 90 天内顺利成立欧洲支付同盟。②

　　除了采用援助基金来迫使英国妥协外，经济合作署还暗示美国政府在
关键问题上可以做出某些让步，主要是修改关于欧洲支付同盟建议中的部
分内容。在哈里曼和卡茨的建议下，1950 年 5 月 11 日，艾奇逊在伦敦亲
自向贝文递交了备忘录，表示美国希望欧洲支付同盟的谈判迅速取得满意
的结果，并且已经对先前关于欧洲支付同盟的草案做出了修改。根据这一
修改草案，倘若英国加入欧洲支付同盟将获得如下三点保证：第一，如果
依照欧洲支付同盟的规定运作导致英国黄金和美元储备大量减少的话，英
国可以重新实施多边数量限制，但应接受欧洲经济合作组织的审核。第
二，如果欧洲支付同盟在运作过程中使英国必须支付的美元超出一致同意
的最高限额，经济合作署将考虑从拨给欧洲支付同盟的专项援助中向英国
分配一部分特别美援。英国除了规定的定额外，还可优先获得一定数量的
支取额或借款额。第三，欧洲支付同盟将保留双边贷款协定的部分内容。
当两缔约国将一方同意给另一方或双方同意给对方的一定数额内的贷款协
定通知支付同盟时，这项贷款应在使用此项贷款以前一个结账期间按双边
协定的规定结算缔约国之间所存在的双边欠额。③

　　在经济合作署的上述压力和诱惑之下，英国内阁中的强硬派也开始面
对现实，决定放弃抵制欧洲支付同盟，不再坚持英镑支付体系不变的立
场。1950 年 5 月 15 日，英国向欧洲经济合作组织递交了关于参加欧洲支
付同盟的报告，正式表示愿意成为欧洲支付同盟的成员。

---

① Richard M. Bissell to Paul Hoffman, February 14, 1950, *FRUS*, 1950, Vol. 3, p. 673.

② U. S. Congress, House, Committee on Foreign Affairs, *Hearings*, *Extension of European Recovery*,
81th Congress, 2d session, 1950, p. 73.

③ The Secretary of State to the British of State for Foreign Affairs, May 11, 1950, *FRUS*, 1950,
Vol. 3, pp. 655 – 657.

英国的表态和加入扫清了建立欧洲支付同盟的障碍。1950 年 7 月 7 日，欧洲经济合作组织理事会表决通过成立欧洲支付同盟。1950 年 9 月 19 日，英国、法国、比利时、荷兰、卢森堡、意大利、冰岛、丹麦、挪威、葡萄牙、土耳其、奥地利、瑞典、瑞士十四国政府代表在巴黎签订了《关于建立欧洲支付同盟的协定》。[1] 美国不是该协定的缔约国，但有权出席管理委员会会议。

该协定中的一些规定与经济合作署的报告略有不同。其中比较明显的就是有关盈余的条款。协定规定，盈余未超过配额 20% 时一律用作信贷，盈余国得不到任何黄金或美元支付，但超过 20% 后，盈余的 50% 由同盟以黄金或美元支付给盈余国，不过并没有超过比例越大以黄金或美元支付的比例就越小的规定。在盈余超过全额配额之前，盈余国的盈余平均只有 40% 获得黄金或美元支付。在盈余超过全额配额之后，盈余国的盈余能得到多少黄金或美元支付仍然要由同盟决定，同盟用黄金或美元支付的盈余往往还是只占 50%，剩余的盈余仍然要用作信贷。[2]

至于赤字国的问题，协定的规定与经济合作署报告基本一致，具体说来就是：当赤字未超过配额的 20% 时，赤字由同盟提供的信贷解决，而赤字国无须支付黄金或美元；当赤字分别超过配额的 20%、40%、60% 和 80% 时，赤字国要用黄金或美元支付的赤字比例也相应地上升到 20%、40%、60% 和 80%。当配额被 100% 完全超过后，所有的赤字均须用黄金或美元支付。由于同盟支付给盈余国的黄金或美元比从赤字国收到的黄金或美元通常要多，因此需要有一笔营运资金。马歇尔计划向欧洲支付同盟提供了 3.5 亿美元用作营运资金。

在英国的影响下，欧洲支付同盟协定保留了双边贷款的部分内容。协定第 12 条体现了前面所说的美国对英国作出的让步，即规定当两缔约国将一方同意给另一方或双方同意给对方的一定数额内的贷款的协定通知欧洲支付同盟时，这项贷款应在使用此项贷款以前一个结账期间按双边协定

---

① Harold Callender, "U. S., Seven Nations Agree on European Payments Union", p. 4. "Payments U-nion as Integration Aid Voted by Europe," *New York Times*, July 8, 1950, p. 5. "Pact on Payments Is Signed in Paris," *New York Times*, September 20, 1950, p. 15.

② Economic Cooperation Administration, *Ninth Report to Congress*, supplement, 1950, pp. 32 – 39.

的规定结算缔约国之间存在的双边欠额。①

在欧洲支付同盟的组织和权限上，协定规定，同盟是欧洲经济合作组织的一个组成部分，受该组织理事会监督，理事会每年推选理事组成同盟管理委员会负责日常监督，决定同盟的贷款利率，定期审阅成员国收支情况，并向各国政府提出建议。管理委员会应有名额不超过 7 人的委员，由理事会根据缔约国的提名予以任命。管理委员会委员应各自指定代理委员一人，该代理委员不得变更。如委员不能出席时，代理委员应出席管理委员会会议并行使委员的职权。美国政府可任命代表一人出席管理委员会会议，有权参加讨论但无权投票表决。管理委员会的决定由简单多数做出，但管理委员会向各国政府提出的建议，须经欧洲经济合作组织理事会的一致同意方能有效。②

可以看出，欧洲支付同盟是在贸易支付逐步自由、贸易进口限额逐步缩小的基础上形成的。它的建立是为了缓解当时阻止贸易发展和经济复苏的美元短缺问题，目的是通过减少对美元的需求和提高使用稀缺资源的效率。欧洲支付同盟有利于弥补整个同盟内部各成员国的财政赤字，从而大大促进彼此贸易的发展。1949 年 11 月，欧洲内部贸易不受数量限制的仅有 30%，并且还是有差别地适用于某些国家不适用于另一些国家。到 1952 年底，欧洲 60% 的贸易已不受数量限制。1950 年 7 月 1 日至 1951 年 6 月 30 日，即欧洲支付同盟成立的最初 12 个月，参与国双边赤字约 32 亿美元，同盟结算了 84%，各国用黄金支付解决了 6%。1950 年欧洲内部贸易量已超过 1938 年水平的 24%，超过战前的 36%。从 1948 年至 1951 年底，欧洲内部贸易量扩大了 70%。欧洲国家出口也大大增加。1949 年西欧向美国出口商品总额为 9.16 亿美元，到 1950 年增加到 12.80 亿美元。③显然，欧洲支付同盟帮助西欧国家逐渐改善了战后以来的国际收支困境，使欧洲内部和出口贸易量大大增加，与欧洲复兴计划实施前欧洲贸易的极端困难局面已不可同日而语。

欧洲支付同盟是在成功克服了英国的反对后建立起来的。经济合作署之所以竭力主张建立欧洲支付同盟，除了考虑到建立在多边制度安排之上

---

① Economic Cooperation Administration, *Ninth Report to Congress*, *supplement*, 1950, p. 32.

② Ibid. , p. 36.

③ Imanuel Wexler, *The Marshall Plan Revisited*: *The European Recovery Program in Economic Perspective*, 1983, p. 252.

的经济效率要比双边制度安排更为有效，更为重要的是，经济合作署将欧洲支付同盟的建立视为通过增加欧洲内部贸易，而使欧洲最终加入到一个全球性自由经济体系的重要步骤。值得注意的是，美国在欧洲支付同盟的建立过程中，摒弃了它经常强调的互惠要求，欧洲支付同盟是建立在对未来信任的基础上。经济合作署认识到，如果在欧洲支付同盟谈判中坚持与欧洲国家在短期内实行平等交换，该协议不可能达成。所以经济合作署既给予欧洲经济援助，又在一定程度上容忍欧洲对美国产品的歧视，旨在国际上建立一个美国主导下的资本主义经济秩序。

第三节　支持欧洲煤钢联营谈判

除了修改 1948 年欧洲支付与补偿协定、建立欧洲支付同盟外，经济合作署为了推动西欧自由贸易还积极支持欧洲煤钢联营谈判。当它在欧洲支付同盟谈判中因英国施加的压力不得不作出某些让步之时，却在欧洲煤钢联营谈判中取得了重大进展，可谓失之东隅，收之桑榆。在建立超国家机构来管理欧洲煤钢联营的问题上，经济合作署成功抵制了英国试图将煤钢共同体的管理机构降格为政府间合作组织的提议，并就限制西德煤钢纵向联合等问题提出具体建议，成功说服了德国工业家逐步解散德国煤炭销售公司，使西德同意对煤钢工业实行非卡特尔化和非集中化。在经济合作署的努力下，欧洲六国签署了欧洲煤钢联营条约。该条约不但规定把管理煤钢生产、贸易的主权让渡给一个具有超国家权威的机构，使之能够进行统一的管理，而且强调在一定部门打破部分国家经济卡特尔主义，为通过市场竞争推动生产提供了可能。

一　支持建立超国家机构

尽管美国政府认为必须重建德国，但对德国的发展方向仍深感忧虑。德国是西方世界不可忽视的一支力量，美国因此希望德国成为自己在欧洲的重要支持者，增加对抗苏联的砝码，但美国又担心重建中的德国再度走向军国主义。1949 年，美国共和党的外交政策专家杜勒斯明确指出，在重建德国的过程中，必须保证德国的领导权不落入军国主义复仇分子手中，应当尽最大可能来消除德国的极端民族主义情绪。此外，美国还担心德国倒向苏联，因为苏联很可能用统一德国、划定波兰边界和提供经济援助的诱惑来吸引德国，使西德接受苏联提出的条件而脱离西方阵营。美国大多数官员认为，要从根本上解决德国问题，消除德国的军事扩张野心，防止它倒向苏联，一方面要使德国获得平等的地位，另一方面必须对德国进行遏制，通过欧洲一体化建立欧洲联邦或其他具有一体化性质的机制，取代一部分民族国家的主权，使德国和西欧在政治和经济上全面联合。

但将德国以欧洲一体化方式融入欧洲的设想在实施中却绝非易事，其中最大的困难是法德矛盾。法德两国在多年的战争中结下了难解的世仇，战后法国尽最大的可能来削弱德国。如法国提出莱茵地区应从德国分离，德国最重要的鲁尔区由国际共管，萨尔区成为单独的州，并在经济上与法国结合，因此法德矛盾成为欧洲一体化发展道路上的障碍。

在美国看来，推动欧洲一体化前进的关键是法国的行动，于是美国领导人多次要求法国采取具体措施缓和法德矛盾，推进欧洲一体化。美国在许多场合强调法国要担起领导责任，同意给西德在政治事务中更多的独立自主权，使西德加入国际组织，而美国应当支持和鼓励法国采取主动，谋求法德和解。

美国提出加快复兴西德和加速欧洲一体化的建议，固然是出于冷战的需要，但也是法国的需要。1949 年 11 月，法国国民议会就明确表示，法国要建立欧洲机构，通过一体化的方式来解决德国问题，但是采取何种具体方式将德国纳入欧洲、谋求法德和解，是摆在法国面前的难题。正当法国的决策者一筹莫展之时，法国政府计划专员让·莫内于 1950 年 5 月 3 日在呈给法国外长舒曼的备忘录中提出了自己的建议。莫内指出，德国曾是两次世界大战的罪魁祸首，给欧洲各国带来了深重灾难，战后的欧洲国家对德国仍怀有戒心，担心德国重新武装起来，对周边国家造成威胁，所以战争虽然结束了，但战争的危险并没有真正结束。莫内接着指出了法国经济面临的困难。他强调法国钢铁工业无法与德国竞争，尽管法国很不愿意看到这种情况发生，但在美国的支持下，德国钢铁工业及其整个经济的发展速度将超过法国。这将会带来一系列连锁反应：德国倾销物资，法国实行工业保护，贸易自由出现逆转，二战前的卡特尔重新出现，德国在经济上向东方靠拢。在分析了所面临的困难后，莫内指出解决这些问题的较好方法是法、德实行煤钢联营。煤钢工业既是国民经济的基础部门，又是军事力量的重要基础，如果将它们置于一个超国家结构的控制之下，便能有效地对参与国的战争能力与动向进行监视，大大减少发生战争的可能性。这是有利于德、法双方的事情。对于当时已正式建立的联邦德国来说，既可以消除周边国家的担心，增进成员国的共识和协作，又可以借此机会摆脱战败国的尴尬地位，使德国成为一个共同组织内的平等伙伴。对于法国来说，法德煤钢联营可以使法国和德国在一些具体的经济领域建立一种休戚相关的关系，法国可以从中对德国的生产进行监督，减少德的战争威胁，不仅可以就此控制住德国，而且理所当然地会成为这个共同体的盟主。

莫内的这一建议得到了法国政府内大部分官员的赞同。1950 年 5 月 9 日，法国外交部长罗贝尔·舒曼以莫内的备忘录为蓝本发表声明，提出了著名的舒曼计划。舒曼强调建立超国家机构的意义，他在声明中说："今天法国决定在欧洲建设方面，在与德国建立伙伴关系方面采取一个决定性的行动，希望欧洲的形势将会因此而发生根本性的变化。法国政府建议把法德两国全部的煤钢生产由一个共同的高级机构管理，将其纳入一个其他欧洲国家都可以参加的组织之中，共同管理煤钢生产。这一联合体的建立必将为成员国经济上的统一奠定现实基础，并且为建立一个更为广泛、深入的共同体创造条件。"① 除了强调建立超国家机构外，舒曼还强调取消煤钢流通中的一切关税和限制，建立价格协调机制，创立促进生产合理化的基金。舒曼认为这样就能保障实现生产现代化，以同样的条件向法国市场、联邦德国市场及其他参加国市场供应煤炭和钢铁，发展对外部国家的共同出口，均衡地改善劳动力的生活条件。

舒曼计划发表后，英国政府立即组织专门委员会从政治、经济和国家安全等方面对舒曼计划展开研究。英国认为，从政治上看，英国的煤钢工业与其他欧洲国家的这些部门合并成一个独立的欧洲机构对英国的主权不利；从经济上看，如果煤钢实现联营，鲁尔、萨尔等地区的天然优势将会削减英国钢铁工业的竞争地位，地区工资水平的差异可能影响英国的煤炭

---

① Text of Robert Schuman's address, May 9, 1950, *Department of State Bulletin* 22, June 12, 1950, pp. 936 – 937. Harold Callender, "France Proposes a Coal-Steel Pool with Germans in It," *New York Times*, May 10, 1950, p. 3.

工业；从国家安全看，英国在超国家机构中将与其他成员国的投票权利相等，采用仲裁的方式来解决争端则会威胁英国的国家安全。出于以上考虑，英国对舒曼计划的态度很明确，即可以参加建立在政府间合作基础上的煤钢共同体，但不会参加让渡主权的计划，尤其反对集中煤钢资源和让渡英国重要经济部门的独立主权。英国还建议管理煤钢共同体的机构可以有三种形式：政府间的部长理事会，对部长理事会负责的独立的执行委员会，成员国政府代表、雇主和工人组成的顾问委员会。而政府间的部长理事会可以经常召开会议，握有重大政策问题的决策权。尽管英国同意建立一个部长理事会，但这样一个拥有广泛权力的机构必须由各国政府代表组成，对各国政府负责，而且实行一致同意表决制，结果就在实质上使煤钢联营成为一个由各国代表组成、对各国政府负责的政府间的合作组织，而不是什么超国家的高级机构。这根本达不到舒曼计划所要求实现的目标。①

　　显而易见，英国的建议与舒曼计划的原则背道而驰。英国和法国的分歧实质上是政府间合作的欧洲一体化路线和超国家主义的一体化方式之争。虽然英国政府也能充分认识到建立超国家主义性质的机构对法、德和解及维护欧洲安全有着十分重要的意义，但英国基于自身所处的环境，并未考虑以超国家方式解决法德矛盾的必要性和紧迫性，却相信自己所主张的政府间合作路线更符合其对欧政策的需要。所以当两种一体化方式发生碰撞时，英国不愿改变自己长期以来的既定政策。尽管从 1950 年 5 月 9 日舒曼计划公布起的一个月内，英、法政府就欧洲煤钢联营机构的性质进行了频繁交涉，但双方无法就此问题达成妥协。这自然引起了经济合作署人员的强烈不满，他们建议向英国施加压力，采取切实有效的措施来保证煤钢联营谈判的进行。经济合作署驻法国使团在 1950 年 5 月 29 日呈送艾奇逊的电文中对目前的谈判表示担心，指出阻碍谈判进展的一个重要原因是英、法等欧洲国家在舒曼计划的许多具体问题上存在着分歧。法国提出让渡国家主权的煤钢联营建议，英国政府却强调这种计划经济形式不能适应欧洲新的工业合作，反对将主权交由一个超国家性质的机构管理。电文建议美国政府重申对舒曼计划的支持，采取切实有效的措施公开支持法国在欧洲一体化中的领导地位，抵制英国的消极作用，鼓励其他欧洲国家参与

---

① Diebold William, Jr., *The Schuman Plan: A Study in Economic Co-operation, 1950 – 1959*, New York: Praeger, 1959, pp. 151 – 154.

到煤钢联营计划的谈判中来。①

经济合作署的电文引起了美国国务院的高度重视。为了说服英国在谈判中接受超国家机构，美国国务院在1950年6月5日的记者招待会上发表公开声明，表示美国政府高兴地获悉法国、德国、比利时、意大利、卢森堡等国同意集中利用欧洲煤钢资源，并着手制定实施舒曼计划的方案。声明明确表示，美国政府不仅非常赞成法国提出的舒曼计划，而且会始终关注这一计划的发展，即使英国不参加欧洲煤钢共同体的谈判，也希望英国的这一举动不会妨碍其他国家参与到这个计划中来。为了体现美国对舒曼计划的支持，声明指出，美国会尽可能阻止英国做出不利于舒曼计划的举动。②

美国国务院公开表态防止英国阻挠煤钢联营谈判的进行给英国造成了很大的压力。美国驻英国大使道格拉斯在同英国财政部官员普洛登会晤时问道，超国家机构条款是否是阻碍英国达成协议的主要障碍。普洛登回答说：英国主要担心的是，如果英国加入具有超国家性的机构，英国人民会认为英国将失去主权。不过，他马上又十分谨慎地表示，英国政府充分认识到舒曼计划在政治上的重要意义，如果经济上的损失可以承受，且有保护英国利益的相关规定，英国不会在煤钢计划谈判中提出反建议。英国首相艾德礼也作出表示，指出"为避免引起不必要的混乱，在6国煤钢共同体的谈判中，英国不会提出自己的建议"③。这样，虽然英国内阁中反对舒曼计划、主张对法国采取强硬政策的呼声仍然存在，但在经济合作署和美国国务院的压力下，碍于美国对法国人的支持，英国在煤钢联营后来的谈判中不得不采取了观望态度。

二　推动制定反卡特尔条款

经济合作署除了支持建立超国家机构来管理欧洲煤钢联营，抑制了英国试图将煤钢共同体的管理机构降为政府间合作组织的主张外，还力图说

① ECA France Mission to the Secretary of State, June 4, 1950, in *FRUS*, 1950, Vol. 3, pp. 716 – 717.
② The Secretary of State to Certain Diplomatic Office, June 5, in *FRUS*, 1950, Vol. 3, p. 720.
③ The Ambassador in the United Kingdom to the Secretary of State, June 8, 1950, *FRUS*, 1950, Vol. 3, pp. 724 – 726.

服德国接受反卡特尔条款。无论是在工业革命还是在 19 世纪末 20 世纪初，德国对卡特尔可谓"情有独钟"。这种以卡特尔为主要特征的垄断形式在德国的产生与发展有着特殊的原因。由于德国是后起的资本主义国家，当它跻身于世界强国之林、积聚了为世界市场提供大量产品的能量时，却发现面临严峻的市场问题。英、法等国各自占有幅员辽阔的属地，而德国的殖民地几乎为零。这就使其产品在世界市场上常常受到排挤；而国内市场又由于社会的急遽转型、贫富悬殊和社会购买力低下而呈萎缩状态。因此，销售市场问题对德国来说显得尤为重要，通过订立协定、划分销售市场、确定商品产量、规定商品售价来控制市场的卡特尔垄断组织在德国也就十分得势。德国重要产煤区鲁尔是德国乃至整个欧洲最为重要的重工业区，也是垄断现象最为严重的地区。早在第二次工业革命时期，随着煤炭、钢铁生产能力的高速增长，在鲁尔地区就出现了集中和垄断的趋势，后经过魏玛共和国时期的发展和纳粹时期的强制卡特尔化和再私有化，这一趋势达到了顶峰。到 1938 年，联合钢铁公司、克虏伯公司、克吕克内公司、古特霍夫农炼铁厂、曼尼斯曼公司以及赫斯公司这 6 大德国钢铁公司不但控制了鲁尔 98% 以上的生铁和 95% 以上的钢材生产，还在技术、经济和组织上同煤炭工业密切联合，使鲁尔 55% 的煤矿生产厂家成为它们的附属公司，为它们提供廉价的能源和原料。[1] 卡特尔使德国钢铁在世界市场上具有了较强的竞争力，而西欧各国却难以获得亟须的燃料，造成了世界市场上的不公平竞争。法国钢铁工业和煤产业均无法与德国竞争。

第二次世界大战后，法国为了尽最大的可能来削弱德国鲁尔地区的卡特尔，主张将德国最重要的鲁尔区由国际共管。1948 年 2 月 26 日，英、法、美、荷、比、卢等国召开六国伦敦会议，法国在这次会议上就鲁尔问题指出，可以暂时搁置鲁尔工业产权的国际化，法国希望能将鲁尔企业的经营权和分配权交给一个由与会六国组成的国际组织——鲁尔国际管制机构负责。在一番激烈的斗争之后，六国伦敦会议终于在 1948 年 12 月 18 日发布了《鲁尔国际管制条约》。条约规定，鲁尔国际管制机构的职能主要是根据德国和欧洲国家的需要分配鲁尔煤钢，促进欧洲复兴，但在行使这项权力时，它必须同有关占领当局协调。法国将参加英美煤钢小组，负责

---

[1]　John Gillingham, *Coal, Steel, and the Rebirth of Europe*, p. 236.

监督指导鲁尔的煤钢工业，包括生产、投资、开发和其他有关经营权的问题。然而，该条约无法保证鲁尔企业经营监督权和产品分配权的国际化。实际上，如果鲁尔国际管制机构的决议得不到欧洲经济合作组织的支持，那它的决定就将是一纸空文。因此，尽管防止德国重新独占鲁尔企业的经营权与分配权是法国在鲁尔问题上的最低要求，但鲁尔国际管制机构却无法满足它。

欧洲煤钢联营的设想为法国解决鲁尔地区存在的卡特尔问题提供了契机。从 1950 年夏季开始，法、德双方就鲁尔地区的煤炭和钢铁工业的非卡特尔化展开谈判。为了要求废除西德鲁尔煤矿的销售垄断权以取得在煤钢联营中的优势地位以外，法国还坚持在欧洲煤钢联营条约中加入反卡特尔条款，限制西德钢铁企业与鲁尔煤炭企业的纵向联合，减少西德钢铁业对鲁尔煤炭的控制份额，撤销德国煤炭销售公司，从而削弱西德煤钢工业的竞争能力。

法国的这些要求遭到了西德的强烈反对。西德认为如果不对自由经济加以一定的控制将导致混乱局面的产生，而卡特尔能够调动公司集团或公司联盟的力量，促使它们相互协作，在环境容许的情况下确定价格，共同分享市场。西德甚至要求在签约前撤销或减轻美国在战后以来对其工业实行的非卡特尔化和非集中化。如果让未来煤钢联营的最高管理局决定西欧钢铁工业的生产、投资、价格和工资，那必然就会损害德国工业的竞争优势。这样，为了使最高管理局不干涉鲁尔传统的运作方式，德国便在会谈中竭尽力量削弱这一机构所拥有的权力。①

于是，卡特尔成为横亘在欧洲煤钢联营谈判道路上的一个重大障碍，法、德双方各持己见，谈判陷入僵局。这引起了经济合作署的高度关注。该署驻法国使团在 1950 年 4 月 15 日递交的备忘录中，阐述了对欧洲煤钢联营谈判中出现的卡特尔问题的看法。报告指出，德国的卡特尔是一个长期存在的经济、政治和社会问题，不可能一下子就完全消失，但是目前欧洲一些国家在欧洲煤钢联营谈判中未能采取必要的反卡特尔措施，不仅阻碍了当前的谈判，而且会不利于未来欧洲一体化的发展。因此，经济合作署应尽可能鼓励这些政府消除卡特尔式的限制性措施，推动煤钢联营谈判

---

① Averell Harrian, on the "fire-fighting operation", in Summary Record of a Meeting of Ambassadors at Rome, March 22 – 24, 1950, in *FRUS*, 1950, Vol. 3, p. 800.

的顺利进行，并为未来管理煤钢联营的机构提供技术性援助，使之能运用其权力发展具有竞争性的煤炭和钢铁市场。经济合作署对欧洲的基本经济政策应当是鼓励生产，促进货币流通，减少贸易壁垒，发展自由贸易，最终实现欧洲一体化。[①]

1950 年 12 月 8 日，经济合作署会同美国国务院向法国、西德等国使节发出联合电文，从美国政策的总原则和美国援助等方面表达了美国在制定反卡特尔条款问题上的立场。电文指出，拟建的欧洲煤钢共同体将是目前欧洲经济和政治一体化道路上最具潜力的组织，美国支持在欧洲建立一个具有竞争性的单一市场，帮助欧洲开创自由贸易的局面，增加生产，降低成本，提高市场竞争力。欧洲煤钢共同体所要制定的反垄断条款在欧洲历史上尚无先例，将为在欧洲建立更具竞争性的市场指明方向。经济合作署迫切希望谈判获得成功。美国有必要让德国知道，继续支持舒曼计划符合德国利益，而某些钢铁企业的卡特尔则与德国利益不相符合。如果德国一意孤行，美国将不支持德国进一步发展钢铁工业。经济合作署会采取措施协助制定有效的反卡特尔条款，对有违自由市场和经济自由化的政策予以警告，鼓励欧洲煤钢共同体自由市场的建立，将自由竞争市场扩大到煤钢共同体以外的国家地区，这就是说，欧洲煤钢联营在对联营以外国家的贸易关系上，不能搞贸易保护主义。[②]

为了实现上述意图，经济合作署同联邦德国政府、法国政府、鲁尔工业家和劳工领袖举行了一系列会谈，就逐步解散德国煤炭销售公司、限制西德煤钢纵向联合等问题提出具体建议。德国工业家担心，如果不对煤炭进行合理分配将会引起经济和社会动荡，而德国鲁尔钢铁工业失去主导地位将会使德国遭受严重损失。为了说服鲁尔的工业家，经济合作署官员多次向他们表示愿意搭起德国与法国之间交流的桥梁，使双方能够在相互让步的情况下尽快达成协议。[③] 在一次德国工业家举行的会议上，经济合作署建议逐步结束煤炭销售机构，仅在有限数量的企业中保留煤钢联系，由

① "Current Status of the Schuman Plan Negotiations Memorandum by Economic Cooperation Administration", April 15, 1950, in *FRUS*, 1950, Vol. 3, p. 820.

② "Joint State-ECA instructions in handing Schuman proposals coal and steel", December 12, 1950, in *FRUS*, 1950, Vol. 3, pp. 823 - 824.

③ The United States High Commissioner for Germany（McCloy）to the Secretary of State, February 19, 1951, in *FRUS*, 1951, Vol. 4, part 1, pp. 91 - 98.

煤钢联营机构履行鲁尔国际管制机构的职能，在条约生效时对德国钢的生产及产钢能力的限制予以取消，鲁尔国际管制机构便可以解散，对西德钢铁生产的限制也将取消或大大放宽。[1]

在经济合作署的斡旋下，法国和德国开始考虑到对方的立场并相互作了一些让步，并于1951年3月14日颁布了法令，对鲁尔地区煤炭和钢铁工业的非集中化作了具体的安排：第一，目前鲁尔国际管制机构所履行的职能必须取消，由煤钢联营最高管理局按照有关过渡时期的协定，承担履行职能的权力。第二，在条约生效时，对德国钢的生产与产钢能力的限制应予取消。第三，任何钢铁公司拥有的鲁尔煤炭不得超过它所需用量的75%，这就是说西德钢铁业只能拥有鲁尔煤产总量的16%。第四，撤销德国煤炭销售公司。[2] 这项法令基本上解决了煤钢联营谈判中卡特尔这个争执不下的难题。

经过几乎一年时间的磋商，欧洲煤钢联营谈判终于告一段落。法国、西德、意大利、比利时、荷兰和卢森堡6国根据舒曼计划的主要原则，起草了欧洲煤钢联营条约草案。[3] 该草案规定了欧洲煤钢联营的目的，即在六国间建立取消关税、商品数量限制和其他歧视性措施的煤钢共同市场，发展经济，扩大就业，提高生活水平。条约草案对联营机构的组成和性质也有明确的规定。联营的管理机构由最高管理局、共同议会、部长特别理事会和一个法院组成。其中最为重要的部门是最高管理局。最高管理局有权决定联营的生产规模、资源分配、价格制定、税收的课征、投资和补助的提供以及授权企业的合并和集中等。联营条约草案明确规定最高管理局是一个超国家的机构，参与国应当将管理各自国家煤钢部门的权力让渡给最高管理局，后者不对各国政府负责。条约规定，最高管理局由九位委员组成，最高管理局的委员应为联营的一般利益，完全独立地执行他们的职务。在完成他们的义务时，他们不请求亦不接受任何政府或任何组织的指示。他们应避免作出与他们的职务的超国家性质相抵触的任何行为。各成员国尊重此机构的超国家性质，对最高管理局委员执行其任务不施加任何

① The United States High Commissioner for Germany（McCloy）to the Secretary of State，February 19, 1951，in *FRUS*，1951，Vol. 4，part 1，pp. 102 – 103.

② Alan S. Milward，*The Reconstruction of Western Europe*，*1945 – 1951*，p. 408.

③ Diebold，William，*Jr. The Schuman Plan*：*A Study in Economic Cooperation*，*1950 – 1959*. New York：Praeger，1959，pp. 72 – 74.

影响。

煤钢联营条约草案还专门制订了鼓励自由贸易的条款。草案规定：与煤钢共同市场相抵触的做法与实践必须予以取消和禁止，其中包括对进出口税或同等作用的捐税以及产品流通量的种种限制；在生产者之间，购买者之间或使用者之间建立歧视的措施或实践，特别是关于价格或交货的条款和运输费率方面的规定，以及阻碍购买者自由选择供应者的措施或实践；对市场的分配或经营加以限制的实践。

联营条约草案包括了反对卡特尔和集中化的条款。草案第 65 条针对卡特尔作出规定：如果企业间的任何协议、企业团体经过协议的任何实践是企图在共同市场内直接或间接地阻止、限制或破坏进行竞争的正常制度，特别是规定或确定价格，限制或控制生产、技术发展或投资，分配市场、产品、顾客或原料者，均予以禁止。但对于特定的产品，草案授权最高管理局批准专门化的协议或联合买卖的协议，其前提是：最高管理局认为此项专门化或联合购买或销售的协议在有关产品的生产或分配方面可以作出重大改进，协议除本身规定的限制以外不具有产生更多限制的可能性，且不会赋予有关企业在共同市场内控制或限制生产或销售的权力，也不至于使有关企业脱离与共同市场内其他企业的有效竞争。草案第 66 条则是针对集中化而来。根据该条的规定，任何业务活动，如造成企业之间的集中，无论此项业务活动有关同样产品或几种不同产品，无论此项业务的实施是采用合并、取得股票或资产、借款、契约或任何其他控制的手段，应由最高管理局预先批准。

1951 年 4 月 18 日，法国、联邦德国等六国的外长在巴黎正式签订《欧洲煤钢联营共同体条约》。这标志着实现欧洲联合的梦想在六国组成的"小欧洲"范围内终于取得了重要进展。[①] 欧洲煤钢共同体作为欧洲一体化思想的实践，在经济上具有十分重大的意义。它虽然在地理区域上只包括了六个国家，在活动范围上也仅限于煤钢领域，但由于六国把管理煤钢生产、贸易的主权让渡给一个具有超国家权威的机构，使之能够进行统一的管理和调节，从而在欧洲一体化上迈出了重要的一步。艾奇逊 1951 年 4 月 2 日在经济合作署成立三周年庆祝大会的演讲中指出："欧洲复兴计划的一个重要目标是推动自由贸易，提高参与国人民的生活水平，舒曼计划

---

① Harold Callender, "Pool Pact Signed for Six Countries", *New York Times*, April 19, 1951.

与这一目标相吻合。"① 欧洲煤钢联营是战后西欧出现的第一个在某一特定领域拥有超国家干预权力的组织。它带动了欧洲后来一体化的发展，为人们选择欧洲一体化的道路提供了宝贵经验。欧洲各国政府部门、企业在欧洲煤钢共同体的运营中相互合作，形成了共同体精神，使合作体制日臻完善。这样，继欧洲煤钢共同体建立后，欧洲防务集团、欧洲政治共同体、欧洲农业共同体等计划纷至沓来，欧洲一体化在上世纪 50 年代初期出现了高潮。所有这一切都是和经济合作署支持欧洲煤钢联营的努力分不开的。

---

① Dean Acheson, Remarks Made at Ceremonies Comemorating the Third Anniversary of the Economic Coopration Administration, April 2, 1951, *Department of State Bulletin* 24, April 9, 1951.

第四章 经济合作署的技术援助项目：输出美国企业文化

　　向西欧国家提供物资和资金援助，促进自由贸易的发展，使这些国家在资源合理配置和市场竞争的基础上实现经济复兴，固然是经济合作署在执行欧洲复兴计划中要实现的首要目标，但经济合作署的努力并不仅仅限于以促进自由贸易和恢复生产为核心的经济援助上，它还十分重视以美国企业文化影响欧洲企业经营方式的所谓技术援助项目。经济合作署希望通过这些技术援助项目将美国的生产技术、企业管理经验移植到西欧。在经济合作署官员看来，欧洲复兴计划在执行过程中应当鼓励欧洲国家的企业采取美国的生产方式，提高劳工工资，实施集体谈判，在企业劳资间合理分配资源，刺激消费，维护社会和谐与稳定。他们认为，西欧国家只有借鉴美国企业在生产、经营等方面的技术、经验和观念，才能在经济建设上有真正长足的进步。正是基于这种理念，经济合作署推出了技术援助项目这一长远计划。①

　　技术援助项目主要有三方面的内容：一是组织由欧洲企业管理人员、

---

① 欧美学术界有关欧洲复兴计划美国技术援助项目的论著有：Michael J. Hogan, *The Marshall Plan: America, Britain and the Reconstruction of Western Europe, 1947 - 1952* (New York, 1987); Charles S. Maier, "The Politics of Productivity: Foundation of American International Economic Policy after World War II", *International Organisation*31 (Autumn 1977); Immanuel Wexler, *The Marshall Plan Revisited: the European Recovery in Economic Perspective* (Westport, Conn., 1983); Anthony Carew, *Labor Under the Marshall Plan: The Politics of Productivity and the Marketing of Management Science* (Manchester, 1987); Richard F. Kuisel, *Seducing the French: The Dilemma of Americanization* (Berkeley, 1993); Werner Link, "Building Coalitions: Non-governmental German and American Linkages", in *The Marshall Plan and Germany*, ed. Charles S. Maier (New York, 1991); Jacqueline McGlade, *The Illusion of Consensus: American Business, Cold War and the Recovery of Western Europe, 1948 - 1958* (Ph. D. diss., The George Washington University, 1994)。

技术人员和劳工组成的专业考察队到美国实地观察，学习美国企业的生产和管理技术；二是在西欧国家建立全国生产中心、展开如工业培训计划等一系列有针对性的管理教育活动，使西欧企业管理阶层在接受美国现代企业管理教育的过程中进行思想方式上的改造，摆脱那些束缚生产力发展的旧习俗和旧观念；三是推出"试验工厂"计划，鼓励劳工、管理者和企业主之间相互谈判，合理分配由生产力提高而带来的利润，为劳资合作营造良好的氛围，其目标是向西欧推广一种缓解社会矛盾、维护政治稳定的途径。

　　显然，经济合作署在西欧推行技术援助项目实际上是想输出美国的企业文化，通过向西欧国家的企业提供生产技术、管理经验和经营理念，展示美国生产方式的"优越性"，为巩固美国在世界资本主义经济中的领导地位做进一步的努力。可是，美国的生产方式和管理经验并不具有普世性，欧洲国家虽然也是资本主义经济体制，但在企业的经营、管理和发展上既有和美国企业的共通之处，也有基于历史、文化、传统而形成的差异。经济合作署人员并不真正懂得如何根据欧洲国家自身的特点吸收和利用美国的经验，结果在推行技术援助项目上难以达到所期望的目标。

第一节　选派企业生产技术考察队赴美考察

　　为了推广美国的生产技术和管理经验，经济合作署资助那些由欧洲企业管理者、专业人员和劳工代表组成的生产考察队到美国企业进行为期数周的实地考察。这些专业考察队不断深入接触美国企业文化，它们在对美国相关部门先进的生产和管理方式有了一定了解后，通过发布考察队报告、举办论坛等方式向本国传播美国的生产技术和管理模式。经济合作署希望，随着越来越多这样的生产考察队访问美国，美国的企业文化就会由点及面地在欧洲各国逐渐推广开来，而赴美生产考察队实际上也就自觉或不自觉地成为传播美国企业生产技术的使者。

一　英美生产率委员会的成立

　　欧洲复兴计划实施初始，英国日益恶化的经济状况和严峻的工业形势引起了经济合作署的特别关注。第二次世界大战使英国经济遭受了空前的损失。在战争中，英国国民财富的四分之一，计 73 亿英镑毁于战火。战时军费支出为 250 亿英镑，国债由 1939 年的 72.5 亿英镑增加到 1945 年的 214.7 亿英镑，战债达 27.23 亿英镑。为支付战争物资的进口，英国还变卖了 42 亿英镑的海外资产。到对德战争结束时，英国经济实际已濒于崩溃。即使是那些在战火中幸存下来的一些英国工业，也基本处于停滞状态。[1] 英国的很多工业部门，是在工业革命时代建立起来的。作为英国工业的基础，这些工业部门主要包括纺织工业、采煤工业、冶金工业等。它们大都是以蒸气作为动力的，多建立在靠近采煤区的地方，机器设备陈旧，生产技术落后，生产能力低下。钢铁工业当时的分布非常不合理，生产联合也未充分展开，生产效率很低。第一次世界大战后，虽然英国政府采取了一系列改革措施，把钢铁工业和煤炭工业有机地联合起来，但其生产设备陈旧，技术落后的状况并未得到真正改变。在这种情况下，英国钢铁工业产量长期徘徊不前，劳动生产率低下。英国的纺织工业在 19 世纪末叶是比较发达的，但是由于英国纺织工业的原材料缺乏，生产技术落后，棉纺织产量在 1937 年即从 1899 年的 74.8 万吨下降到 56 万吨。战后初期英国很多棉纺企业均陷入困境。1948 年 8 月，经济合作署驻英国专员托马斯·芬勒特（Thoms Finkletter）对英国工厂生产情况进行了为期两个多月的考察，发现英国工业缺乏技术上的革新，结果使国内经济和对外贸易的发展都受到了阻碍。芬勒特认为，英国纺织工业、煤炭工业和炼钢业等部门发展得较早，机器设备和生产技术相当陈旧。因此，英国要想从这几个工业部门增加利润是十分困难的，除非增加固定资本投资，增加机器设备，革新生产技术。为了发挥企业的潜在力量恢复英国经济，芬勒特建议将美国的经验运用于英国工业生产中，通过采用新技术、改造旧企业的生产设备来提高劳动生产率。

于是，经济合作署决定首先在英国实施技术援助项目。1948 年 7 月，霍夫曼代表经济合作署就推行技术援助项目、改进英国工业等问题与英国财政大臣斯塔福德·克里普斯（Stafford Cripps）进行了多次交谈。在会谈

---

[1] Nicholas Crafts, "'You've never had it so good?': British economic policy and performance, 1945 –60", in Barry Eichengreen, ed., *Europe's Postwar Reconsturction*, Cambridge: Cambridge University Press, 1995, pp. 246 – 270.

中，双方就目前困扰英国经济的原因做了分析。经济合作署决定制定出一个方案来提高英国工业的生产力，并组建一个由美国、英国的管理阶层和劳工代表组成的英美生产率委员会（The Anglo-American Council on Productivity，AACP）来协调该项目。1948 年 10 月，经济合作署和英国代表在伦敦召开会议，商讨成立英美生产率委员会等事宜。这次会议对英美生产率委员会的活动原则、目标任务和组织机构进行了讨论并作出了决定。与会者强调英美生产率委员会所制订的规范要符合经济合作署的政策，委员会要积极配合经济合作署，与美国企业开展广泛的合作，相互交流信息。[①]

在英美生产率委员会的机构和各部门的权责上，会议决定，委员会的英国方面主要包括总经理、信息官员、工业联络官员等职位。总经理负责监督整个项目的政策和财政预算，联络政府相关部门及组织。信息官员在出版秘书的配合下负责印制、分发考察队报告。工业联络官员主要同美国劳工组织、计划参观的公司保持密切的联系。美国方面包括项目经理、项目秘书和劳工顾问。项目经理要从经济合作署中选拔具有丰富企业管理经验、在美国企业界享有较高声望的人士担任，主要负责安排考察队的参观路线。劳工顾问需要同美国劳工组织有广泛的联系，负责推荐计划参观的工厂、向考察队员提供咨询、安排劳工官员和组织会见考察队等等。

此次会议还投票选举出委员会成员，决定英美生产率委员会由十二位英国人和八位美国人员组成。英国方面的代表大多来自英国工业联盟和贸易联盟，如英国雇主联合会主席卡思伯特·克莱格（Cuthbert Clegg）、英国全国总工会主席阿瑟·迪金（Arthur Deakin）、英国工业联盟主席弗雷德里克·贝恩（Frederick Bain）、英国就业联盟主席格雷维尔·马吉尼斯（Greville Maginness）、贸易联盟大会主席林肯·埃文斯（Lincoln Evans）及其秘书长诺曼·基平（Norman Kipping）和维森特·图森（Vincent Tewson）。美国方面的代表有伯林顿纺织品公司董事会主席斯潘塞·洛夫（Spencer Love）、玻璃瓶吹制工人协会总裁李·明顿（Lee Minton）等人，其中通用电气公司总裁菲利普·里德与联合汽车工人工会主席沃尔特·鲁瑟（Victor Reuther）担任英美生产率委员会美国方面的联合主席。[②]

---

① Anglo-American Council on Productivity，*Report on the first Session*，1948，p. 7.

② Ibid.，p. 9.

为了能够各司其职、各负其责，这次会议还建立了五个工作小组。第一个小组负责组织赴美生产考察队参观美国工厂和交流生产技术，其他四个小组分别研究制订生产计划，比较英国和美国的工厂和产品，探寻工业专业化和搜集经济信息。其中最重要的是负责生产技术交流的小组。它要派遣英国生产队赴美国参观访问，然后向英国工业界提交生产考察报告。该小组的宗旨是结合英国工业现状，将美国先进的技术和管理经验应用于英国的工业生产。①

英美生产率委员会成立后，即着手派遣生产考察队的准备工作。经济合作署会同英美生产率委员会对生产考察队的甄选程序、人员结构、基本义务、资金使用等方面做了明确的规定。考察队的甄选程序是，英国企业向英美生产率委员会递交申请，委员会组织联合选举委员会负责选派考察队，并任命考察队队长。英美生产率委员会建议，尽可能根据英国生产发展现状，优先派遣那些在经济复兴中起关键作用的行业的代表赴美。② 在考察队的人员结构上，经济合作署特别提出合理分配管理者、技术人员和生产人员之间的比例，使他们大致相等。经济合作署严格控制政府部门官员在生产考察队中的数量，尽量多邀请企业界人士、管理人员和劳工代表。大体而言，每支考察队总共 15 人，考察队员应当有较为丰富的实践经验，对其所在部门有一定的影响力和感召力，每年派遣四批考察队。英国方面确定了考察队名单后向美国方面递交有关考察队的详细情况，包括考察队的人员结构、队员简历、所在的地域分布、希望考察的项目等等。

英美生产率委员会美国方面要对考察队在美国的活动有明确的安排，组织专家用至少四周的时间审核并与美国劳工组织协调安排考察队在美国的活动，包括向英国方面推荐拟考察的美国工厂名单，对这些考察的地区、工厂的规模、生产方法等做出详细的介绍，并在考察队赴美前两周将在美国的详细活动安排告悉英国方面。在资金的使用上，经济合作署负责考察队员在美期间的交通和食宿，并给考察队员每日 12 美元的补助。③ 这就是考察队赴美访问所要做的基本安排。

---

① Anglo-American Council on Productivity：*Report on the first Session*，1948，p. 5.

② Ibid.，p. 6.

③ Ibid.，p. 4.

二　英国赴美生产考察队报告

经济合作署规定，生产考察队除了参观外，需要在归国后提交报告，以便客观、详尽地介绍考察情况。这些考察队报告涵盖了美国的生产技术、劳工管理等美国企业生产和管理方方面面的情况，从英国人的视角总结了美国企业成功的奥秘，成为我们管窥当时生产考察队活动与见闻的重要文献依据。

美国企业以单一化、标准化和专业化为特征的大规模生产方式给这些考察队留下了深刻的印象。单一化、标准化和专业化为特征的大规模生产方式来源于"泰勒制"和"福特制"。泰勒制的核心内容是标准化作业管理，其实行的结果在美国引起了生产管理上的一场革命，很多企业通过大幅度提高劳动生产率降低了生产成本。福特制的标准化程度较泰勒制更进一步，主张通过大规模生产来提高标准化产品的劳动生产率，大力推广产品标准化、零件规格化、工厂专业化、作业固定化和机器及工具专门化等。美国的这种大规模生产方式不仅是用机器成批生产，而且是连续生产，极大地推动了美国工业的迅速发展。

为了实地调查单一化、标准化和专业化在美国企业生产中的作用，1949 年 3 月，英美生产率委员会组成由 Guy Motors 有限公司总裁克劳福德（Crawford）、英国托马斯公司技术顾问马丁、英国工业联盟技术专家伯特伦·怀特（Bertram White）等人组成的考察队赴美参观访问。该考察队先后参观了美国主要的汽车制造企业、钢铁企业、美国生产管理局和美国商会，重点探讨美国采取单一化的工业生产方式在提高生产率、降低生产成本等方面的作用。考察队发现，以机械化、自动化和标准化为特征的生产是提高劳动生产率的一个重要因素。美国企业将生产过程分解为各个单独的工序，使每道工序的工人和机器的功能都得以专业化，企业的宗旨是使工人承担力所能及的工作量，让每个工人发挥最大的能力，并按照其生产的产品支付报酬，达到工资虽提高、人工成本却降低的目的。[1] 在参观美国汽车制造企业时，考察队认为，机器对生产的推动作用并不完全取决于机器的大小、机器的复杂性或机器的运转速度，而是对机器运转的控制方

---

① Anglo-American Council on Productivity, *Simplification in Industry Report*, 1950, p. 9.

式。美国企业用机床加工汽车发动机的铸件，很多生产线上有精心制作的装置，诸如有动力装置的装配架、专门进行一种运动并有固定方位的切削工具、焊接或铆接刀架，等等。这些企业都是按照操作程序部署机器，使每台机器都能把生产过程中的工件移交给下一道工序，还装备有斜槽、传送机等设备，以便把工件从一台机器挪动到另一台机器。① 在谈到钢铁制造业时，考察队认为，美国钢铁制造业采用标准化的生产方式，整合钢铁生产的各道工序，将钢铁的生产、仓储、运输、销售各个环节之间外在松散的关系变成有机的内在联合，使各个部门间分散的独立活动成为统一的生产过程，大大降低了生产成本。② 该考察队建议尽快在更多的英国工业推行这种生产方式，并采取措施使生产者和消费者认识到单一化带来的益处，鼓励各工业部门之间相互交流并推广美国企业生产的经验。③

该考察队的报告引起了英国国内很多企业和英国工业、贸易联盟的关注，它们对美国生产中的单一化、标准化产生了浓厚的兴趣。从 1949 年 9 月起，英国食品加工业考察队、英国钢铁考察队、内燃机制造业考察队在经济合作署的资助下先后启程赴美，对美国这种利用机器将劳动力解放出来的生产方式表现出极大的兴趣。英国钢铁考察队参观了美国的几大钢铁企业后不禁感叹，美国钢铁厂的生产率要比英国钢铁企业高一倍，主要原因在于这些企业使生产工序简单化和标准化，对市场进行了分析和成本核算，广泛使用机器进行生产，有效合理地使用劳动力，积极采用技术研究成果，推动了生产过程的标准化。④

英国食品加工业考察队参观了美国一个大型食品加工企业后，描述了面包的制作过程：（该企业）在制作面包时，合理计算生面团的数量，连续不断地搅和，缩短调制发酵的时间，然后将生面团挤压成形，切成长条后用传送设备搁到烤盘上进行烘烤，然后从烤盘上自动下送，冷却后自动切片，自动包装，自动贴上标签。工程师和工厂工人取代了面包师，操作速度之块，令人惊讶。⑤ 在美国，就连屠宰业也采用了先进机器。肉类加

---

① Anglo-American Council on Productivity, *Simplification in Industry Report*, 1950, p. 13.
② Ibid. , p. 32.
③ Ibid. , p. 35.
④ Anglo-American Council on Productivity, *Final Report of the U. K Steel Founders* , 1949, p. 4.
⑤ Anglo-American Council on Productivity, *Report of the U. K. Food Canning Team*, 1949, pp. 18 - 20.

工考察队写道，美国屠宰厂用轨道传送加工系统取代了旧的传送装置。已经昏迷过去的牲口被吊到高处的转送轨道上，屠宰后在轨道上传送，经过全部加工工序，最后转送到冷藏装置中去。按照每项任务的需要，屠宰工人站在可上下左右移动的机械操作台上，使用电动刀和电动锯。剥皮机迅速地把皮剥下来，大大减轻了过去完好无损地剥掉一张高质兽皮所必不可少的熟练工人的手工劳动。屠宰线上各项任务都由机器规定了步速，在时间上密切配合，各种任务之间等待的时间也比过去少了。还有给家禽称分量并包装起来的机器，机械拔毛机，每个小时加工鸡达九千只。在这种屠宰线上加工每头牲口所需加工劳动时间比未采取这样的机器前节省25%至60%。制作香肠时，肉类绞碎、拌料、成型、熏制、烧熟、冷却和包装统统都用机器来做。①

　　机器还被应用到美国家具制造企业的生产。英国家具制造考察队在参观了美国几个大型家具企业后发现，这些企业配备了气动夹钳和装配机，过去制作家具需要用槽刨开槽，现在只要用模板控制的机器就能完成了。机器用自动仿形工具机把工件刨削成型，一台机器直接从制楔机那里取部件，把送料斗送来的五金零件加在部件上，订上铆钉，机器然后把一组完工的搁板放到传送机上。只需要一个操作工人给送料斗和订钉器进料，机器每分钟就能自动吐出七到十组木板。另一台机器只需一个工人操作，机器就能取板条，把它们摆好，用胶水严丝合缝，用骑马钉把这一套东西装好，这时胶水也干了。家具的框架、抽屉和橱座的装配过程就加快了，每60秒钟就能装好一张食橱。上涂料这道工序也已机械化，该企业采用自动喷雾和流动涂料技术。家具的垫子或套子也用预先裁好、已成型的弹性材料来做。粗木工和细木工的技艺和作用正在消失，需要的工人人数减少，非熟练工人只要给机器进料就行了，有时连进料都是自动的，用机器把劳工解放出来。②

　　很多考察队成员发现，美国生产力高的奥秘除了采用了先进的生产技术外，其管理者和生产者也发挥了相当重要的作用。美国企业劳工的地位和工人参与企业管理受到了这些考察队的关注。英国纺织考察队观摩了数

---

① Anglo-American Council on Productivity, *Report of the U. K. Meat Packaging and Processing Team*, 1949, pp. 25 – 27.

② Anglo-American Council on Productivity, *Report of the Furniture*, 1949, p. 14.

十家美国企业后，对劳工参与企业管理赞叹不已，他们提到很多美国公司认识到人才资源的宝贵，把员工的发展视为企业发展的目标之一。为了提高劳工的生产率，美国的企业知道必须在工作环境和社会环境之间创造一种平衡，在关心劳工工作环境的同时，还应关心劳工的社会需求和个人需求。很多美国企业建立了卓有成效的委员会来及时处理一些枝节性问题，使其不致发展成有争议的重大问题，不但缓和了工人的不满情绪，减少了工人的流动，提高了企业的生产效率，而且还可以通过这样的委员会来检查产品质量、研制新产品、研究顾客需要，并就工人的工作进度、解雇、复职或调动进行讨论。[①] 在谈到美国劳工在工厂中的地位时，食品储存考察队在其报告中描述了美国一个食品加工企业中的劳工是如何实现个人管理：该企业根据生产、维修、质量管理等不同业务的要求以及工人轮换班次的需要，把全厂职工分成 15 人一组的 10 个小组，每个小组选出两名组长，一名负责专抓生产线上的问题，另一名负责生产记录、培训工人、召集讨论会等，各小组以总进度为参照，自行安排组内人员的工作，小组还有权决定组内招工和对组员的奖惩。这些劳工参加企业管理活动虽然形式不同，但都强调劳工在生产中的作用，能够激发工人的劳动热情和创造性，提高劳动生产率和劳动产品质量。[②]

美国劳工享受的工资等福利待遇给这些来自欧洲的考察队留下了很深的印象。在谈到工资时，英国建筑考察队了解到，美国的工资制度因企业而异，不同企业采取不同的方法，但一般美国企业的工资由三个部分组成：基本工资、刺激性工资和福利工资。基本工资是相对固定的，刺激性工资和福利金是可变的，根据工人劳工成果状况决定，而且这两部分的变化幅度很大，甚至可以超过基本工资的水平。[③] 这些考察队还感受到了美国劳工享受到的基本福利，如英国黄铜冶炼考察队参观了美国芝加哥附近的几大钢铁企业后写道："美国很多企业采取了各种措施来保护普通劳工的利益，工厂有大量的安全措施以免工人的眼睛和胳膊受到伤害，穿戴防护服、手套和安全靴子的劳工很普遍。""为了方便工人就餐，大多数工厂配备了干净的商店和食堂，自动售货机随处可见，为工人购买'可乐'、

①　Anglo-American Council on Productivity, *Report of the U. K. Rayon Weavers*, 1949, p. 6.

②　Anglo-American Council on Productivity, *Report of the U. K. Food Canning Team*, 1949, p. 24.

③　Anglo-American Council on Productivity, *Report of the U. K. Building Trade Council Team*, 1949, p. 3.

口香糖提供了便利。"① 有的考察队在同美国工人聊天的过程中认识到，美国企业中现代化的管理方法使劳动生产效率大大提高，美国人的收入和休息时间也在不断地增加，工人也分享到了经济的繁荣。可以说，生产力的高低在某种程度上是由管理、劳工等因素决定的。美国企业在这些方面作了很大的努力，例如，它们通过科学方法对工作进行分析，对劳工进行选择、训练和安排，使之有机会了解自己的工作、一般的工作计划以及工作方法，保证每个人都能最充分发挥其能力，从而在劳工中培养出自信心和自尊心。它们还通过增加工人的收入来消除许多不愉快和烦恼，使劳工有更幸福的家庭和社会生活。②

从 1949 年 3 月 15 日赴美考察队项目发起之日算起，经济合作署共资助了 47 支英国工业考察队和 19 支专家考察队。其中最主要的有钢铁铸造考察队、建筑考察队、纺织考察队、内燃机考察队、发电及输电考察队、化肥业考察队、印刷业考察队、肉类加工与储存考察队、采煤考察队、食品加工考察队、家具考察队、食品包装考察队、金属机器工具考察队、零售业考察队、重化工考察队、工业单一化考察队、管理会计考察队、教育管理考察队、水果及蔬菜短期储存考察队、生产监督考察队、燃料储备考察队及生产设计考察队等等。③ 约 911 位英国人加入考察队访问美国，参观了 200 多美国工厂和商业部门。④

这些生产考察队员回国后，通过举办论坛的方式来宣传其考察成果。其中管理会计考察队创办了一个技术论坛并取得了很大的成功。这个技术论坛分为数个主题，每个成员选择一个主题阐述五分钟，其他成员对此做出相应的补充，这种方式为每个成员都提供了发言的机会，能够从不同角度全面地介绍其考察成果。⑤ 工业生产单一化考察队在英国各地同贸易协会、公司代表就生产单一化、标准化问题展开讨论。仅在 1950 年 1 月 6 日至 2 月 1 日间，工业生产单一化考察队就在伦敦、伯明翰、曼彻斯特等地与工业界代表召开 5 次会议，参加者包括英国工业联盟、全国制造业联

① Anglo-American Council on Productivity, *Report of U. K. Brass Founders Team*, 1950, p. 4.
② Anglo-American Council on Productivity, *Report of the Metalworking Machine Tools Team*, 1950, p. 5.
③ Anglo-American Council on Productivity, *Final Report*, 1952, pp. 9 – 10.
④ Ibid., p. 5.
⑤ Ibid., p. 6.

盟、工业技术协会的成员以及当地公司的代表。在 1949 年 11 月召开的第 54 届管理学学术研讨会上，考察队队长克劳福德（Crawford）围绕"标准化和专业化对英国制造业的意义"这一论题作了发言。① 另外，棉纺织考察队在 1950—1951 年间召开了 30—40 次讨论会，大约 3250 位贸易联盟代表、工业主参加了会议。英国赴美考察队回国后所产生的影响确实引人注目。

　　不过，赴美考察队对美国的赞誉并不是到处都得到认可，引发了一场关于美国大规模生产方式是否适应战后英国经济发展讨论。有些英国企业就对美国的大规模生产方式表示反对。在这些反对派看来，这类大规模生产的机器体系需要巨额的固定投资，其投资必须通过大量生产才能收回成本，然而这不是每个产业部门都可以做到的。② 美国金属加工工业考察队就坦言，该部门产品的四分之三是分批生产而非大规模生产，每批只有五十件或不到五十件产品。每批产量如此之少，就必须在万能或普通机床上制造，因为万能或普通机床与大规模专门化的机床不同，在加工这些少量产品之后还可从事其他产品的加工，所以成本合算。如果采用大规模生产的专门化机器体系，根本无法适应需要加工多种不同产品的需要。因此，金属加工这一部门一直是熟练机工的活动范围，适用于大规模生产或连续不断流水作业的高度自动化机器体系，在这个部门不会带来什么好处。③ 一些人还担心大规模生产的技术投资和组织化的革新会导致工人失业。一些生产考察队在参观了美国的汽车工业后也承认，就美国汽车工业而论，几十年来工人人数不断减少，但是制造出的汽车愈来愈多，而且质量愈来愈差。生产率每提高一步，都有可能缩减生产所需要的工人的人数，使他们转而从事低工资的工作，或者根本没有工作。科学愈先进，计算愈合理，就愈加迅速地和灾难性地造成很多不合理的现象。④ 很多英国精英也对美国大规模的生产方式予以抨击。在他们看来，这种所谓"合理化"和"标准化"的管理模式，虽然在某种程度上会提高生产率，带来经济利润，

---

① Anglo-American Council on Productivity, *Simplification in Industry Report*, 1950, p. 3.

② *Report of the Committee on Standardisation in the Engineering Industry*, London, 1949, p. 5.

③ Anglo-American Council on Productivity, *Report of the Metalworking Machine Tools Team*, 1950, pp. 16 – 19.

④ Campbell Balfour, "Productivity and the Worker", *British Journal of Sociology*, Vol. 4, No. 3, 1953, p. 262.

但属于"美国主义"的重要组成部分，这种"机器文明"会导致生活变得单一化，一旦采用将对高雅的欧洲文明构成威胁。①

即使有这些反对之声，生产考察队的活动仍然促进了美国生产技术、管理经验在英国的传播。有的英国钢铁企业承认，在钢铁考察队的推动和倡导下，企业将生产每吨钢铁的时间从 178 小时减少到 164 小时，一些部门将工人的劳动时间削减了 25%。经济合作署在报告中写道，英美生产率委员会建议欧洲企业利用标准化的流水线代替传统的手工劳作，使用专业化的机器和简约化管理。欧洲劳工代表在技术援助项目下访问美国，亲眼目睹了美国大规模生产的具体运作，通过同美国工人交谈和考察美国劳工联盟每日的活动，感悟到了美国劳工生活质量之所以高的奥秘。这样，欧洲的劳工开始抵制共产主义的宣传，决心通过发展生产来提高生活水平。② 用学者吉姆·汤姆林森的话来说："赴美生产考察队实际上向英国传播了美国经济增长的理念，是以'美国化'的方式在英国进行的文化扩张。"③

考虑到英国赴美生产考察队在推广美国企业文化上起到的作用，经济合作署在西欧其他国家组织了类似的生产考察队到美国实地参观。到马歇尔计划结束时，在经济合作署的资助下，500 多支法国生产考察队到美国企业、农场、商场参观学习，4700 名法国商人、工程师和专业技术人员参与进来。④ 一些法国企业开始效仿美国生产和管理方式，在一定程度上提高了生产率。法国政治家安德列·菲利普 1951 年 4 月 12 日向法国议会外事委员会提交报告，阐述了美国大规模生产方式对法国和欧洲的重要意义。菲利普指出，为了改善我们的国家收支差额，就必须进行巨额投资，发展能够向国外市场出口的新型工业。如果投资的费用能够分摊到大批的生产单位的话，这些举措将无疑是有利可图的。只有形成规模密集型制造

① Peter Stirk, "Americanism and Anti-Americanism in British and German Responses to the Marshall Plan", in Peter Stirk and David Willis, eds., *Shaping Postwar Europe: European Unity and Disunity, 1945 – 1957*, London, Pinter, 1991, pp. 30 – 31.

② Economic Cooperation Administration, *Seventh Report to Congress*, pp. 51 – 52.

③ Jim Tomlinson, "the 'Americanisation' of Productivity, 1948 – 51", in Tirctsoo and Tomlinson, *Industrial Efficiency and State Intervention, 1939 – 1951*, Routledge, 1993.

④ International Cooperation Administration, *European Productivity and Technical Assistance Programs: A Summing Up*, Paris: ICA, Technical Cooperation Division, 1959, p. 139.

业，采用大众生产方式，欧洲才能生存。① 经济合作署署长霍夫曼谈到生产考察团对欧洲产生的影响时颇为得意地指出，这些欧洲人意识到美国商场里琳琅满目、价格低廉的商品是由于先进的生产力带来的，应当值得效仿。②

第二节　向欧洲灌输美国企业生产管理的革新理念

经济合作署中的很多人都是美国企业界的精英，多年的企业管理经验使他们认识到，西欧经济出现的问题不完全是因为生产技术的落后引起的，西欧企业管理制度的不合理和低效率同样阻碍了资源的优化配置和产出的增加。生产管理技术的扩散离不开社会文化的嬗变，西欧企业管理者的传统观念阻碍了美国技术和管理的引进。为了调动起西欧企业管理者的积极性，化解他们对美国技术文化的恐惧，为接受美国先进的管理方式创造条件，经济合作署在欧洲各国建立了全国生产中心，并以其为依托通过推行"工业培训项目"这一有针对性的企业管理计划。经济合作署试图使西欧这些企业管理者在接受美国现代企业管理教育的过程中，摆脱那些束缚生产力发展的旧习俗和旧观念。此举标志着技术援助项目在实践过程中的进一步深化。

一　全国生产中心的建立

西欧很多企业管理者的传统观念阻碍了美国技术和管理的引进，引起经济合作署中很多商业界人士的不满，他们感觉有必要对这些企业管理者开展教育活动。经济合作署顾问大卫·兰德斯（David Landes）在对法国进行了为期四周的考察后抱怨道："尽管经济合作署在法国投入了大量的

---

① Zeitlin and Herrigel, eds. , *Americanization and Its Limits：Reworking US Technology and Management in Post-War Europe and Japan*, p. 219.

② Paul Hoffman, *Peace Can Be Won*, p. 103.

机器设备和成千上万吨可供生产使用的原材料，但未能如预期所设想的那样增加产量。"兰德斯在分析其原因时强调，美国必须提供超出物资和技术资源以外的东西，机器设备显然只是手段，人们的态度和热情才是计划的根本，美国要给那些仍处于消极和停滞文化中的人们带来巨大变化，帮助他们确立一种观察世界的新方法。①

经济合作署驻法国使团的巴雷·宾厄姆（Barry Bingham）也主张采取措施排除那些阻碍西欧生产发展和技术推广的不利因素。宾厄姆指出，垄断在法国国内还比较盛行，可是法国改革者却试图采取国有化的方式而不是通过制定反托拉斯立法来限制垄断。法国企业管理者思想过于保守，反对在法国推行自由企业和自由竞争。他们缺乏竞争意识，宁愿采取限制生产、垄断的方式来获取利润。在这些人看来，落后的生产技术仍然能够使自己获利，垄断能够调动公司集团或联盟的力量，在环境容许的情况下确定价格，共同分享市场。而较小的生产商则认为这种缺乏竞争的局面可以保护自己不被排挤出局或被更强大的企业所吞并。② 出于对自身地位的担忧，劳工也常常对垄断表现出某种偏爱，认为限制竞争可以给自己提供相对稳定的工作岗位。经济合作署负责生产的人员也意识到这方面的问题所在。他们指出欧洲复兴计划受援国处于低增长率的困扰下，不能推行长期的发展计划，经济合作署应当采取措施，发挥美国管理阶层的力量，对欧洲企业管理者进行教育，使他们认识到大规模生产和大规模消费能够更好地推动社会进步。如经济合作署署长助理威廉·弗斯特在给美国管理协会的信中就提出，欧洲生产力的提高除了在生产中引进技术外，还需要欧洲企业的管理者采取行动。经济合作署要对这些人员进行美国管理方面的培训，使他们了解美国企业管理在提高生产方面的重要作用。因此，技术援助项目应当成为经济合作署提升欧洲管理者水平的一个重要战略。③

1950 年 2 月，经济合作署威廉·乔伊斯递交报告，阐述了美国式企业

---

① David Landes，"French Business and the Businessman: A Social and Cultural Analysis," in Edward M. Earle, ed., *Modern France*, pp. 334 – 353.

② Kai Pedersen, "Re-Educating European Management: The Marshall Plan's Campaign Against Restrictive Business Practices in France, 1949 – 1953", *Business and Economic History*, Vol. 25, Fall 1996.

③ William Foster to Society of American Management, December 15, 1949, in Matthias Kipping, ed., *The Americanisation of European Business, 1948 – 1960: the Marshall Plan and the Transfer of US Management Models*, pp. 263 – 264.

管理对欧洲经济发展的必要性。乔伊斯强调，欧洲企业管理者是推动欧洲工业改革的一个重要群体，他们拥有调节价格、分配物资和制定销售价格的权利，提高企业生产力主要依靠管理者的行动。经济合作署应当在西欧企业界开展管理教育活动，改变欧洲企业主的传统观念，使他们认识到采取先进技术和管理是提高生产、降低消耗、增加收入的有效途径。乔伊斯等人建议，在欧洲复兴计划参与国组建生产中心，经济合作署为这些生产中心提供专款，帮助它们建成协调技术管理援助项目的专门机构，生产中心的主管人员应当由美国的企业如柯达、福特汽车公司管理者担任。[1] 经济合作署助理副署长理查德·比斯尔（Richard M. Bissell）在实施方法上对此做了更为明确的阐述。比斯尔强调，技术援助项目的目的是发展欧洲民用经济，提高生活水平。经济合作署已经在欧洲生产援助和提高生产力上做出了大量努力，目前经济合作署的迫切任务是在今后几年最大程度地帮助欧洲国家增加生产。经济合作署不能仅仅同西欧国家政府合作开展生产援助活动，还要同西欧企业、贸易组织建立良好的联系。比斯尔指出，经济合作署的技术援助项目不仅仅要在生产领域发挥作用，而且要将美国发达的生产力扩展到商业、劳工的实践活动中，让欧洲劳工、消费者共同分享先进生产力带来的成果。经济合作署成员应当懂得，生产援助项目的主要目标是提高生产力，增加工资，降低物价，适应不断扩大的经济需求。在分析项目的运作和基本政策时，比斯尔提出把注意力集中在四个方面：在一些工厂集中进行技术演示；扩大技术服务的规模和范围；努力改变西欧政府、劳工组织中那些阻碍生产发展的规章制度；向西欧公众、管理阶层和工业集团开展教育活动。[2] 显然，对西欧企业管理人员进行再教育在比斯尔看来是技术援助项目的不可或缺的重要内容。

　　乔伊斯、比斯尔等人的建议得到了经济合作署署长霍夫曼的支持。霍夫曼也意识到，仅仅向西欧提供单个生产技术或某个项目上的短期援助，很难在援助结束后对欧洲国家产生长期效应。如果经济合作署将美国技术和企业管理方式引入到西欧，在西欧国家建立负责该项目的常设机构，使其对普及美国企业管理做出有计划、有步骤的安排，那就能够为美国企业

① Economic Cooperation Administration, *Three years of the Marshall plan*, Washington, DC, 1951, pp. 35 – 41.

② Ibid., pp. 43 – 45.

管理知识的普及和传播提供一个长期的平台。从 1950 年 2 月起，霍夫曼就和经济合作署副署长霍华德·布鲁斯（Howard Bruce）等人讨论如何在欧洲复兴计划参与国展开管理教育。经过多次讨论，布鲁斯在 1950 年 5 月 9 日提交了一份报告。这份报告不但强调了实施企业管理教育活动的必要性，而且为未来行动制订了循序渐进的步骤。报告认为，欧洲复兴计划应包括生产设备和生产方法的现代化，目前西欧缺乏技术和管理人才，美国的援助不应只集中在大规模的工程上，而且应当深入到包括农村和农场在内的各个层面，援助的内容也不能仅仅局限于资金和设备，更应注重人力资源方面的援助，技术指导和教育项目应该成为对欧洲援助的重点，要以提高生产率为重心，使现代化和重建工作齐头并进。西欧很多国家在战前就忽视了投资和现代化，而生产的落后反过来又严重影响了消费水平的提高，因此仅仅将西欧经济提高到战前水平还远远不够，更要重视劳动生产率的提高，这个方法既适用于工农业，也适用于各种社会服务业。①

　　布鲁斯的这份报告认为，在西欧国家企业管理层中开展美国式的管理教育是技术援助项目的一个重要组成部分。经济合作署在这方面的行动应当依照以下三个步骤进行。第一个步骤是督促欧洲复兴计划参与国在各自国家建立全国生产中心，使之成为经济合作署推行技术援助、交流生产信息和进行美国式管理教育的重要常设机构。第二个步骤是在建立全国生产中心后着手向西欧企业管理者灌输美国企业管理知识、移植新观念。经济合作署将欧洲企业管理者组织起来，学习参与讨论美国的企业管理知识。这些培训强调美国管理经验是建立在生产合理化的基础上，具有广泛的适用性，目的是向这些海外管理者传播美国那些推动生产力发展的经验。报告建议，选拔一批欧洲企业管理人员，集中 6 至 9 个月的时间来学习美国工业组织、市场预算、生产计划和管理控制等领域的知识。如果说第二个步骤是向已在职的企业管理者进行教育，那么第三个步骤则是对未来企业管理人才开展企业管理教育。报告提出，为了满足欧洲 10 年、15 年乃至20 年对管理技术人员的需求，欧洲的全国生产中心要培养出一批适应未来在高校、商业教育、职业教育等领域任职的教育人员群体，鼓励欧洲商业

---

① Economic Cooperation Administration, *Increasing Productivity in Industrialized Areas*, Appendix B, 1950, p. 11.

教师和职业培训人员积极参加研讨班，提高他们对美国企业管理的兴趣。经济合作署将通过欧洲的全国生产中心，调整并扩大海外私人管理培训，尤其是在那些大学层次的机构。随着欧洲各国生产中心的建立和经济合作署技术援助项目的全面开展，西欧将在未来的 10 年内涌现出相当数量的技术管理人员和开设美国管理课程的学校。[1] 可以说，布鲁斯的这份报告为经济合作署提供了企业管理教育上的方向性指导，标志着经济合作署企业管理教育活动正式启动。

按照部署，经济合作署首先要在欧洲复兴计划参与国建立全国生产中心作为企业管理教育活动的常设机构。在经济合作署的努力下，意大利、比利时、挪威等国家在 1950 年前后相继建立了全国生产中心。[2] 为了使这些生产中心按照经济合作署的设想发展，保证权责分明，经济合作署通过督导和制度联系加强了对这些生产中心的控制，其具体措施包括制定条例，确立审查制度，对各国生产中心进行组织规范，加强其实施控制的权力和能力等等。生产中心的工作流程是：首先由经济合作署以非官方的方式提出建议，然后由西欧国家的这些生产中心结合自己国家的国情对这些建议进行集中讨论，将这些建议传达给各自国家的企业和政府，这些国家的企业向生产中心正式递交项目请求后，生产中心通过正式渠道将项目申请反馈给经济合作署驻各国相应使团，项目需要交由经济合作署批准，各国生产中心的项目、运作规模、资金安排由经济合作署作出决定，当位于华盛顿的经济合作署总部批准后，有关项目才可以实施。[3]

二　工业培训项目的推行

经济合作署在欧洲复兴计划参与国建立全国生产中心后，随即开始了向欧洲企业管理者灌输美国企业管理知识计划的实施阶段，即实施布鲁斯在 1950 年 5 月 9 日报告中强调的第二个步骤。其中以培训企业管理人员的"工业培训项目"最为引人关注。工业培训项目是由经济合作署资助、在

---

[1] Economic Cooperation Administration, *Increasing Productivity in Industrialized Areas*, Appendix B, 1950, pp. 11 – 14.

[2] Economic Cooperation Administration, *Tenth Report to Congress*, 1950, p. 25.

[3] Ibid. , p. 28.

美国管理协会（American Management Association）的倡议下开展的。该项目在得到经济合作署批准拨款后于 1950 年 9 月正式启动。美国管理协会 1923 年成立于纽约，是当时全球最大的管理教育机构。美国管理协会负责安排欧洲企业管理人员在美国高校、企业和政府机构进行 9 个月的专业培训，这些人员在培训结束后要提交正式的考察总结报告。工业培训项目主要分为管理专业学习和工厂实习两部分。这些企业管理人员首先要接受为期 3 个月的管理专业培训，学习美国的企业管理制度、生产、市场营销、人际关系、金融、公司组织等基本课程。在经济合作署的资助下，到 1950 年底，纽约大学、哥伦比亚大学、斯坦福大学等高校向这些欧洲考察团提供了美国式的管理教育培训。①

除了学习必要的企业管理课程外，参加企业管理讨论班也是工业培训项目的重要内容。为了便于开展讨论，企业管理讨论班规模一般在 20 人以内，每次持续约 3 个小时。专业培训并不局限于这些基础理论，全国管理委员会多次举办各种研讨会，邀请美国工业界领导、工厂代表向这些来自欧洲的学员灌输美国企业经营新观念、新技术和新的管理方法，提升他们的经营管理理念。经济合作署组织或资助了一系列介绍美国企业管理知识的论坛，并展开广泛的讨论。主题包括"企业结构和组织问题"、"企业人际关系"、"计划和控制"、"市场研究和销售"等。经济合作署还向海外派遣 372 位技术专家，赞助主办管理研讨班，由美国专家讲授企业管理课程。②

这些欧洲管理考察队在进行系统的专业学习后，由专人陪同，深入到美国数家公司、企业实习，其中主要是采取现场观摩的方式实地学习美国企业管理经验。欧洲管理考察队队长格雷厄姆·赫顿（Graham Hutton）在回国后发表了一本小册子，评述了这些欧洲企业管理者对美国企业管理的切身感受。赫顿写道：美国很多大企业拥有现代全面管理的方法和程序，高层管理日益集体化，在做集体决策的过程中也比较系统化和合理化。高层管理集体由董事会的执行委员会组成，包括董事会主席和公司总裁，以及职能部门的负责人。执行委员会通常采用部门间合作的方法来协调和计划各部门及整个公司的工作，使管理工作进一步系统化。企业的功能部门

---

① National Management Conuncil, *Annual Report*, 1950, p. 9.

② Economic Cooperation Administration, *Thirteenth Report to Congress*, 1951, pp. 50 – 53.

在中央办公室领导下各负其责，并相互配合，保证整个公司工作的顺利进行。例如，采购是由一个集中的采购部门来执行，从全国乃至全世界的许多地区大量购进，包括原材料和办公室及工厂所需的供应品。交通部门负责安排把原材料和半成品运入工厂，把成品从工厂运到分销点，而且常常要送达消费者手中。这些材料和产品往往用公司自有运输工具来运送。生产部门负责产品的加工和制造。销售部门则负责产品的销售，几乎取代了批发商和零售商的作用，由销售网点上的领薪销售人员一层一层向地区和总部的高级销售管理人员汇报。中央办公室的生产、销售、交通及采购部门彼此密切合作，安排生产、订货和发货，并根据需求调整价格。其财务部门设立成本会计程序，使中央办公室能根据公司经营情况制定总体价格政策，评价许多运营单位的业绩。[①] 有的管理考察队成员在实地考察美国钢铁企业后不禁感慨，实行规模经济、推行生产一体化确实可以大大降低生产成本。这些大公司建立了由功能不同的部门组成的中心，监督和协调整个公司的经营和生产活动，每个车间在完成一个订单后，要在上面填明所消耗的材料和人工费用，各部门经理将这些材料进行整理，把月报表、甚至日报表送给总经理，报表载明生产每吨钢材所需的煤炭、生铁、模具、耐火材料和人工等费用。企业总经理利用这些报表组织专门部门来检查原料和质量，评估工艺技术和产品的改进情况，可以说一切都成竹在胸。[②]

这些来自西欧的企业管理者不仅对美国企业的管理体制甚为欣赏，而且还认识到美国企业的激励机制也是它们能保持勃勃生机的重要原因。有的欧洲企业管理者学习考察后指出，美国企业之所以人才辈出与其确立职责分明的激励机制与奖励杰出人才的奖惩方式是分不开的。他们发现，美国企业主要采取三种激励方法：一是参与，即让工人自己管理自己。管理人员一般以教练或顾问的面目出现。实施这种制度后，能够更好地提高工作效率，降低成本费用，很多美国企业的工人还组建了小组，讨论改进产品质量问题，分析原因，提出改进建议，并制定可行措施；二是生产上的激励。为了更好地发挥工人的才干，有的企业把整个工作交给一个人或一

---

① Graham Hutton, *We Too Can Prosper*, 1953, pp. 52 – 54.

② "Report on French Productivity", elaborated by the ECA Mission, March 1950, in Economic Cooperation Administration, *Tenth Report to Congress*, pp. 45 – 48.

个小组去干，其工作方法和步调可自由改进，只提出最终要求，为了减少工作单调乏味对工人的不良影响，有的企业采用工作轮换制，具体做法各企业有所不同，有的工作可每1—2天轮换一次，有的1—2个月轮换一项工作；三是美国企业总是激励劳工适应新环境的要求，如很多企业训练工人对各方面的工作都有所了解，使工人有机会运用更多知识与技能，来适应工作的需要。这些企业的劳工之所以愿意为企业作出贡献，是因为他期望自己的需要得到满足，美国企业中所实行的这种激励机制就是把劳工实现企业的目标同满足他们自身的需要结合起来。

　　为了使美国式的管理教育能在欧洲扎下根来，经济合作署在注重对欧洲的企业管理阶层进行教育的同时，还对美式企业管理教育在西欧的普及和未来人才的培养倾注了相当多的精力和资金，经济合作署的企业管理教育活动也随之步入第三个阶段。经济合作署要求各国生产中心的代表为赴美学习企业管理课程提供奖学金。获得奖学金的学员可以花三周左右的时间在美国高校从事企业管理的学习，在接受短期培训后获得美国管理课程的资格证书，回国后从事企业管理教育工作，以类似的方式教授美国企业管理课程。与过去因循守旧的教学形式形成鲜明对比的是，经济合作署在西欧推动美国式企业管理教育过程中采用了学术论坛、讨论班、巡回展览等灵活多样的教育方式，使美国企业管理教育在西欧的影响逐步扩大。

　　在经济合作署的支持下，工业培训项目进展迅速，规模不断扩大。1950年春，即该项目开展的最初一年，美国管理协会每月接待一支来自欧洲的考察队，通常包括15—20位欧洲管理人员、商业顾问和技术人员。①到1950年下半年，西欧政府部门、工业界和劳工界参加该项目培训的人数迅速增加，经济合作署每月平均要安排4支这样的管理专业考察队赴美。这些欧洲人在6—8周的时间内参观了美国许多高级职业学校、工厂、高校和政府机构。由于项目的不断扩大，美国管理协会将负责接待来访的西欧考察队的工作人员从2名增加到12名，并建立专门的办事处，将办公地点迁到繁华的纽约第五大道。② 截至1950年底，超过1000位欧洲管

①　National Management Cenuncil, *Annual Report*, 1950, pp. 4 – 5.

②　"1950 Technical Assistance Quarterly Report and Yearly Projection Plan", May 24, 1950, in Economic Cooperation Administration, *Tenth Report to Congress*, p. 45.

理人员和劳工领导人赴美参加了管理培训。

第三节　协调企业劳资关系的
"试验工厂"计划

协调欧洲企业的劳资关系也是经济合作署技术援助项目的重要内容。经济合作署中的劳工代表认为，先进技术的引进并没有提高西欧国家劳工的收入，技术援助项目不仅要扩大投资，不断提高生产力，而且要在企业劳工、消费者和企业主之间公平地分享由生产力提高而带来的利润，使他们切实感受到欧洲复兴计划给其带来的利益与实惠。在这些劳工代表的倡导下，经济合作署开始对欧洲劳工问题给予更多的关注，推出"试验工厂"计划，鼓励劳工、管理者和企业主之间相互谈判，合理分配由生产力提高而带来的利润。

一　劳工问题引发关注

欧洲复兴计划实施一年多以来，西欧普通劳工的生活待遇并没有得到很大改善，这引起了经济合作署内外一些人的关注。在经济合作署总部，来自美国劳工联合会的伯特·朱厄尔（Bert Jewell）和产业工会联合会的克林顿·格登（Clinton Golden）担任经济合作署劳工顾问专家，产联的鲍里斯·希斯金（Boris Shishkin）主管经济合作署驻巴黎的劳工和人力部，产联的哈里·马丁（Harry Martin）负责劳工信息宣传，铁路劳工执行协会的阿伦·莱昂（Arlon Lyon）、美国劳工联合会财政秘书长乔治·米尼（George Meany）、产业工人联合会詹姆斯·凯里（James Carey）都是经济合作署顾问委员会成员，负责监督经济合作署的工作。这些来自美国劳工组织代表成为敦促经济合作署重视西欧国家劳工问题、调整劳资关系的重要倡导者。他们抱怨，欧洲复兴计划实施一年多来，欧洲的企业雇主从中受益，而普通劳工阶层则一无所获，欧洲复兴计划应当提高欧洲劳工工资，扩大投资，通过经济繁荣和公正来维护社会稳定。[①] 1950 年 3 月，隶属美国劳工联盟的联合汽车工会副主席约翰·利温斯通（John Livingston）、产业工会联盟的杰伊·卡纳（Jay Karne）、世界贸易联盟助理秘书长埃尔默·科普（Elmer Cope）等人对法国、意大利、德国和奥地利进行了为期数周的访问。约翰·利温斯通给霍夫曼的信中不禁感慨，欧洲普通劳工并没有从马歇尔计划中获得很大收益，他们对马歇尔计划越来越不感兴趣。这主要是因为：1950 年法国生产水平比战前增加了 39.4%，同期消费指数从 4 攀升到 101，增加 25 倍，但与之形成鲜明对比的是法国劳工的收入却没有得到显著增加，法国劳工每小时工资从 1938 年的 10.45 法郎增加到 1950 年的 103.7 法郎，仅仅增加了 9.9 倍。[②]

除了这些劳工组织代表外，经济合作署的一些劳工专家也发表了看法。经济合作署劳工顾问肯尼思·道蒂（Kenneth Douty）认为，经济合作署应抓住让西欧劳工面貌发生真正变化的大好时机，制订更为明确的计划，帮助西欧国家改进社会福利制度，增加劳工收入。[③] 经济合作署劳工信息处的官员哈里·特特尔（Harry Turtle）和埃默尔·格雷夫斯（Emuel Graves）也有同感。他们指出，经济合作署正努力发展西欧经济，但这些国家的消费者却不能得到公平的收益份额。以法国为例，法国社会阶层的工资和收入的差距比其他国家都大，尽管法国经济在美国的援助下有了相当大的发展，但普通劳工的收入水平却原封不动甚至下降。普通劳工和高级经理间的收入差距还在继续扩大，这自然加剧了存在于这些阶层间的对抗和斗争。格雷夫斯因而建议，经济合作署应当帮助西欧劳工提高生活质

---

① 有关经济合作署中劳工组织劳工代表在这方面的言论见：Federico Romero, *The United States and the European Trade Union Movement*, *1944 - 1951*, 1992；Rhiannon Vickers, *Manipulating Hegemony*: *State Power*, *Labor and the Marshall Plan in Britain*, 2000；Anthony Carew, *Labor Under the Marshall Plan*: *The Politics of Productivity and the Marketing of Managerial Science*, 1987；Peter Weiler, "The United States, International Labor, and the Cold War: The Breakup of the World Federation of Trade Union," *Diplomatic History*, 1981, Vol. 5；*America Labor and the International Labor Movement*: *1940 - 1953*, 1954；Willliam Gomberg, "Labor's Participation in the European Productivity Program: A Study of Frustration", *Political Science Quarterly*, 1959, Vol. 74。

② John Livingston to Paul Hoffman, December 22, 1949, in Federico Romero, *The United States and the European Trade Union Movement*, *1944 - 1951*, p. 147.

③ Anthony Carew, *Labor Under the Marshall Plan*: *The Politics of Productivity and the Marketing of Managerial Science*, p. 228.

量，增加收入，改善其工作环境。① 在经济合作署驻海外使团工作的经济学家索尔·奥泽尔（Sol Ozer）同样认为，西欧的劳工问题影响到生产力的提高，一来是雇主和劳工之间缺乏共同提高生产力的动力，二来是劳工担心提高生产力会导致失业。因此，经济合作署应当采取措施提高劳工的待遇，维护社会和谐，使生产力得到提高。②

美国劳工组织代表重视劳工问题的一个重要考虑是遏制共产主义对西欧劳工的影响，瓦解苏联支持的欧洲工会组织和工人运动。为了在政治上消除共产主义对西欧劳工的影响，美国产联于 1949 年 11 月 28 日召集欧洲复兴计划参与国的非共产主义劳工组织在伦敦召开会议，商讨建立一个世界工会组织，加强对西欧劳工的支持和领导。经过十余天的讨论，这些来自美国和西欧非共产主义国家的劳工组织组成国际自由工会联合会（International Confederation of Free Trade Unions）。其宗旨是遏制共产主义的扩张。该组织主张将世界各国的"自由"和"民主"工会中的工人组织起来，建立一个由"自由"和"民主"的工会组成的、强大而有效的国际组织，为在全世界争取政治自由、经济民主和社会公正以及在此基础上的持久和平而努力。③ 国际自由工会联合会成立后，美国劳工组织多次提出要遏制共产主义对西欧劳工的"侵蚀"。产业工会联合会主席菲利普·默里（Philip Murray）建议，美国劳工应当在抵制共产主义宣传、推动欧洲复兴计划上发挥作用。他认为，俄国共产主义为了破坏欧洲复兴，采取了各种手段控制欧洲劳工，工会是一个政治战场，因为它们是这些国家控制工人的思想、意愿的政治代理机构，美国产业工会联合会正在西欧国家劳工中开展工作，力图赢得这些国家工人的思想和意愿，消除共产主义对劳工的影响。美国劳工联合会主席威廉·格林也指出，美国劳工联合会应当向西欧国家派出自己的代表，说服欧洲国家的劳工摆脱新的专制主义威胁，用美

---

① Memorandum of Harry Turtle and Emuel Graves, ECA Labor Information office, to Hoffman, 30 January 1950, Anthony Carew, *Labor Under the Marshall Plan：The Politics of Productivity and the Marketing of Managerial Science*, p. 234.

② Anthony Carew, *Labor Under the Marshall Plan：The Politics of Productivity and the Marketing of Managerial Science*, p. 281.

③ Federico Romero, *The United States and the European Trade Union Movement*, *1944－1951*, p. 115.

国劳工的经验来说明建立民主机构是促进劳工进步的最好方式。①

经济合作署内外这些劳工组织代表、专家的建议引起了经济合作署劳工部的重视。1950 年 4 月 28 日，经济合作署劳工部在巴黎召开会议，就欧洲劳工面临的形势，美国劳工组织在欧洲复兴计划中的作用等问题进行了讨论。与会的经济合作署劳工代表指出，欧洲复兴计划实施一年多来，西欧劳工的地位并没有得到明显改善。为了提高劳工待遇，这些劳工代表建议，经济合作署向欧洲复兴计划参与国派驻劳工顾问，同美国劳工组织开展直接的人员交流，加强国际劳工运动之间的联系，鼓励西欧国家劳工同政府、资方合作，缓和劳资矛盾，为优化企业管理，提高生产率提供良好的政治环境。② 经济合作署劳工顾问克林顿·戈尔登在会上就经济合作署今后在劳工问题上的具体工作提出以下建议：经济合作署要同国际自由工会联合会密切合作，在实施欧洲复兴计划期间赢得它们的支持。经济合作署派出代表与欧洲劳工在处理劳资关系问题上相互切磋，确保工业稳步发展，推进工业民主；经济合作署通过欧洲经济合作组织等鼓励有效合理利用人力资源，在人员培训、移民就业、安置等方面提供服务。开展劳工信息项目，使参与国中的劳工进一步了解并支持欧洲复兴计划。除此之外，戈尔登还建议从经济合作署的技术援助基金中拨款一百万美元作为美国劳工组织派驻欧洲的成员的开支。有与会者就如何在企业劳工、消费者和企业公平地分享由生产力提高而带来的利润发表了意见，经济合作署助理署长威廉·乔伊斯指出，欧洲的资本主义并没有给予劳工合理的生活标准，需要加强劳资之间的合作，取消关税壁垒，打破对商业活动的种种限制，使欧洲领导人领悟到，在劳工、股东和消费者中合理分享由先进生产力带来的利润，以使他们切实感受到欧洲复兴计划给其带来的利益与实惠。③

可以看出，经济合作署在解决欧洲劳工问题上受到了美国劳工组织代

① Proceedings of Economic Cooperation Administration European Labor Staff Conference, April 12, 1950, in Economic Cooperation Administration, *Manual of Operations*: *Labor Policies of Economic Cooperation Administration*, 1951, p. 152.

② Proceedings of Economic Cooperation Administration European Labor Staff Conference, April 28, 1950, in Economic Cooperation Administration, *Manual of Operations*: *Labor Policies of Economic Cooperation Administration*, 1951, p. 159.

③ Ibid., p. 162.

表的影响，开始对欧洲劳工问题给予更多的关注。经济合作署逐渐认识到在企业劳工、消费者和企业主之间公平地分享由生产力提高而带来的利润，不但能够使西欧国家劳工切实感受到欧洲复兴计划给他们带来的利益与实惠，而且可以遏制共产主义对西欧劳工的影响。经济合作署提高劳工待遇、改善西欧劳资关系的设想在"试验工厂"计划中得到了集中体现。

二　"试验工厂"计划的推行

为了让欧洲企业和劳工切身感受美国的现代技术和劳资关系不仅可以增加生产，而且可以改善劳工生活，经济合作署在法国等国家推行"试验工厂"（Pilot Plants）计划。"试验工厂"的设想最初是由经济合作署劳工部负责人员维克托·鲁瑟、哈罗德·吉本斯（Harold Gibbons）等人提出的。鲁瑟和吉本斯于 1950 年秋带领劳联和产联代表团访问法国，在同法国企业代表会谈期间，鲁瑟建议选择一批试点工厂，由经济合作署提供资金来培训员工和改进设备，采取美国式大规模生产的技术和管理模式来增加企业劳工的收入，使法国劳工从现代技术的引进和劳资关系的改善中受惠。①

尽管鲁瑟等人的设想很不成熟，但该提议还是得到了经济合作署中很多人的赞同。经济合作署劳工顾问、产业工会联合会代表罗伯特·奥利弗（Robert Oliver）对"试验工厂"的建议有很大的兴趣。他在 1950 年底接替克林顿·戈尔登出任了经济合作署劳工首席顾问，在他的带领下，鲁瑟、威廉·冈伯格（William Gomberg）、哈罗德·吉本斯、肯·多蒂（Ken Doty）等劳工部人员经过近一个月的时间撰写、讨论，于 1950 年 12 月 2 日拟定出建立"试验工厂"的草案。这份报告从服务运作、基本制度、扩展性项目、特别项目等方面对试验工厂做出详细规划。报告认为，应当首先选择生产重要民用产品的工厂，这些工厂不仅在促进国内投资和消费上具有重要作用，而且在无须大量额外投资的情况下就能够显著提高生产力。在选择这些工厂前，经济合作署要派专人进行实地考察，对这些工厂

---

① Victor Reuther, "A Recommended Program for France", September 27, 1950. ECA Productivity and Technical Drive, 1950, in Anthony Carew, *Labor Under the Marshall Plan*: *The Politics of Productivity and the Marketing of Managerial Science*, p. 262.

的基本情况做出初步的评价，最后确定名单。在试验工厂计划付诸实施前，经济合作署、受援国政府、劳工和管理阶层之间要签订由经济合作署提供生产援助的协议，协议要包括生产援助项目的规模、目标、组织和财政来源等基本问题。协议各方要认识到提高生产力的重要性，承诺合理分配这些由生产发展带来的收益。报告强调，考虑修改那些不利于生产力发展的税收等其他行政性规定，并采取积极的态度帮助这些工厂获得必要的原材料、机器设备等，同意开展支持生产援助的公共信息项目。生产援助的资金将从对等基金中拨出。① 报告建议，经济合作署从专门基金中拨出用于"试验工厂"计划的生产援助款项，应使企业获得新的机器和原材料，提高生产力，扩大军事和民用物资产量，培训技术人员，改进生产设备，向私人企业贷款，等等。②

在"试验工厂"内部的人员安排上，报告建议在这些"试验工厂"成立一个委员会，并将那些对提高生产有着浓厚兴趣的人员吸纳到该委员会中。委员会成员由该企业的工业、劳工、消费者代表组成，还应包括一两名经济合作署的代表，委员会要推选出一名行政领导负责监督其成员实施该项目。除此之外，委员会要有充足的预算资金用于该项目的贷款、运作，还应当有工程师、劳工、销售、信息等专家，委员会与经济合作署合作制定具体政策。报告指出，需要美国劳工专家和技术人员相互配合，以确保该项目顺利完成。

报告对"试验工厂"的配套服务也做出了安排，要求各国充分动用国内团体的资源，尽最大力量支持、参与该项目。经济合作署将在各主要工业中心设立办事处，并派遣专家研究工厂布局、机器需求、工作方法、劳工关系等，这些服务大多是免费的，或者象征性地征收费用。经济合作署要确保这些工厂的管理者和劳工充分合作，使管理者、所有者、劳工和消费者以平等的方式获得收益。报告强调，经济合作署要努力帮助这些参与国的政府、贸易协会、劳工组织改进那些不利于生产力发展的规章制度，如经济合作署支持欧洲国家研究建立税收调节机制的立法活动，鼓励生产性投资，增加工资，降低物价。试验仅是一种示范，其后的推广则是其逻

---

① Economic Cooperation Administration, *Manual of Operations*: *Labor Policies of Economic Cooperation Administration*, 1951, p. 10.

② Ibid., pp. 12 – 14.

辑的必然延续，由一个工厂推广到其他工厂，由一个地区推广到整个地区。① 可以看出，"试验工厂"的设想正如经济合作署顾问、经济学家索尔·奥泽尔所指出的那样，是"采用欧洲复兴计划资金、生产专家的技术援助来改善劳资关系，提高工资水平，降低生产成本"②。

在鲁瑟等人递交报告后几天，经济合作署劳工部就宣布正式启动"试验工厂"计划。"试验工厂"计划在法国和意大利首先展开，经济合作署劳工部组织专人到这两个国家对一些企业进行评估，选择了 10 个工厂作为"试验工厂"向其提供资金和技术援助。到 1951 年底，经济合作署同法国、意大利近 50 家工厂签订了协议，包括法国的制鞋业、意大利的制药厂等。③ 在这些"试验工厂"中，经济合作署的劳工专家帮助制定了各项规章制度，督促工厂中的劳工和管理阶层之间签订协议。他们还鼓励雇主与雇员代表在适当的时候坐在一起，对最低工资、工作时间、劳动条件及协议所要涉及的一些问题进行谈判。④ 在一些试验工厂中，经济合作署还建立起由工人管理人员组成的、通过集体谈判或磋商程序建立起来的委员会，主要解决集体合同涉及不到的而且劳资双方共同关心的问题。这些委员会的劳资双方人数相等，一半由管理部门指派，一半是工会的代表。工会方面有工会主席、车间代表、财务委员和两名干事参加，管理部门有一位高级管理人员、部门负责人、劳资关系代表参加。委员会每月定期举行会议，会议由工会和管理部门的高级代表轮流主持，以便共同分担责任。为了使会议不流于形式或泛泛空谈，会前都拟定并分发议事日程表，表中列有要讨论的问题，建立这样委员会的目标是在帮助改善工人的工作条件和提高他们工作热情的同时，提高企业的经营效果、生产率和产品质量。⑤ 为了能够在生产中实行专业化和合理化，经济合作署还委派了许多美国

---

① Economic Cooperation Administration, *Manual of Operations*: *Labor Policies of Economic Cooperation Administration*, 1951, pp. 12 – 14.

② Sol Ozer to Robert Oliver, "The Meaning of the Pilot Plant Approach", December 19, 1950, in Anthony Carew, *Labor Under the Marshall Plan*: *The Politics of Productivity and the Marketing of Managerial Science*, p. 286.

③ Economic Cooperation Administration, *Twelfth Report to Congress*, 1951, p. 43.

④ William Gomberg, "Labor's Participation in the European Productivity Program: A Study of Frustration", *Political Science Quarterly*, 1959, Vol. 74, pp. 240 – 255.

⑤ Report from labor adviser Shapiro to ECA, February 12, 1951, in Economic Cooperation Administration, *Manual of Operations*: *Labor Policies of Economic Cooperation Administration*, pp. 68 – 72.

专家到这些工厂进行监督指导，并定期向经济合作署劳工部汇报试验工厂中的业务计划和执行专家建议的情况和问题。据经济合作署统计，仅 1951 年，先后到西欧这些企业进行生产指导的技术专家共计 132 名，劳工专家 75 名。[①]

经济合作署内的劳工组织代表颇有自信地认为，他们改造和指导外部社会的能力是毋庸置疑的，实施上述方法能够促使西欧国家的劳资关系得到明显改善。经济合作署在给驻欧洲使团的电文中颇为自信地声称，由于提高生产力能够增加利润，这些利益就要得到有效合理的分配，应给予劳工高额的工资，保证企业主获得合理的收益，并且使消费者能够以较低的价格购买到这些产品。试验工厂计划就是要用事实向这些劳工说明他们可以通过民主、谈判的方式增加收入，而共产主义并不是唯一可选择的道路。[②] 经济合作署中有些人甚至踌躇满志地认为，种种迹象显示试验工厂已经制度化，在很大程度上改革了西欧现存的劳资关系体制，缓解了劳资之间的矛盾，促成了双方的某种和谐，在促进企业的生产方面达成了默契。他们提议将"试验工厂"这种模式扩展到其他更多的企业，使整个西欧企业界、劳工接受这种提高生产力、维护社会和谐的方式。[③]

但是，这种自信遮蔽了经济合作署中部分人的眼睛，使他们看不到失败的迹象和严重的问题。尽管经济合作署从多方面对"试验工厂"做出规定和限制，但其实施绩效并不理想。通过磋商程序建立起来的委员会的作用并没能得到充分的发挥，甚至多流于形式。以法国棉纺"试验工厂"为例，该厂虽然成立了由劳工和资方组成的委员会，并召开了会议，但其实际能起到的作用却难以得到保障。每次到会者只有委员会人数的六成。意大利的一个钢铁"试验工厂"，到会的劳工代表也并不踊跃，会场气氛冷漠、秩序紊乱。[④] 曾经喧闹一时的"试验工厂"计划总体看来是失败的。

纵观经济合作署在西欧推行的技术援助项目，它已突破单纯技术传播的狭隘定义，而包括对西欧企业生产技术、企业管理观念、劳资关系的现

---

① Economic Cooperation Administration, *Twelfth Report to Congress*, 1951, p. 46.

② Economic Cooperation Administration, *Manual of Operations*: *Labor Policies of Economic Cooperation Administration*, p. 106.

③ Memorandum by Nelson Cruikshank, new director of the labor division in Paris, "The Labor Situation in the ERP Countries", in Economic Cooperation Administration, *Manual of Operations*: *Labor Policies of Economic Cooperation Administration*, p. 120.

④ Economic Cooperation Administration, *Twelfth Report to Congress*, 1951, p. 28.

代性改造在内的丰富内容。其主要目的是以技术输出的方式，通过向西欧国家提供技术、管理经验和劳资关系协调方式，展示美国现代化的经验和技术，向西欧国家播种曾经在美国开花结果的"民主"之种。经济合作署在技术援助项目中采取的措施，可以说是要用美国经验来解决西欧企业生产中面临的问题，在向西欧引进美国先进技术的同时，推广一种缓解社会矛盾、维护政治稳定的技术手段。经济合作署中很多人相信，这种通过改造西欧企业的一些思想认识和具体做法，显示了一种比较系统的具有一定现代化意义的经济重建模式，似乎西欧国家只要按照经济合作署设想的道路发展下去就能取得美国已经取得的成就。但技术援助项目并不能轻而易举地达成经济合作署所期望的这种结果。经济合作署中的这些人在推行美国企业生产和管理模式时，并不完全懂得如何将美国那种企业生产管理的理论应用到具有欧洲特点的实践之中。如技术援助项目的建议一提出就遭到了西欧国家不同阶层的不合作甚至抵制。欧洲工人对大规模生产多有疑虑，他们担心技术投资和组织化的革新会导致失业。这种担心不是没有道理的。在欧洲复兴计划实施期间，意大利、西德的确存在着因生产力提高而造成大量失业的现象。另外，欧洲的生产商已经习惯于那种狭小的市场，缺乏竞争意识，不愿轻易接受以技术和管理创新为基础的美国生产管理方式。

第五章　经济合作署的信息项目：
传播美国大众文化

　　第二次世界大战后欧洲经济衰败和政治动荡的严峻形势，使西欧一些国家的公众对资本主义制度及其社会发展前景充满怀疑和失望情绪。因此，经济合作署认识到，以重振欧洲资本主义为主旨的欧洲复兴计划要取得成功，就必须改变欧洲人民对资本主义的怀疑和失望，使他们重建并加强对民主、自由和资本主义制度的认同。向欧洲国家宣传和推广与美国资本主义经济的繁荣紧密相联的美国大众文化和价值观念，就成了经济合作署解决这一问题的重要途径。这样，经济合作署在欧洲受援国推行自由贸易和技术援助项目的同时，开始实施其向西欧国家民众宣传欧洲复兴计划、推广美国文化价值观念的信息项目，其内容包括主办或资助发行各类出版物、资助制作电影、举办各种类型的展览会等等。经济合作署资助发行的出版物意在使欧洲读者在享受优美文字之余，自觉或不自觉地接受其背后所暗含的美国文化和价值观念；经济合作署资助制作的电影，使欧洲观众不但对欧洲复兴计划增进了了解，而且对美国资本主义的"成功"有了具体印象；经济合作署举办的各种展览则将宣传欧洲复兴计划、普及美国生产技术与输出美国的价值观念紧密结合起来，使欧洲人在有形展示和现场观览中形成对美国有强烈好感的政治倾向和政治态度。

第一节　信息项目的制定与准备工作

　　从 1949 年起，经济合作署就开始考虑制定信息项目。其主要目标是为了抵制苏联对欧洲复兴计划的负面宣传，使欧洲人民对欧洲复兴计划有直接具体的了解，巩固并加强西欧资本主义国家对民主、自由和资本主义制度的认同。为此，经济合作署提出了欧洲复兴计划信息项目，对其目标、任务、实施地区和国家以及组织领导机构进行了全面规划。随后，经济合作署又为这一项目的启动和运作作了周密准备，在经济合作署内组建了专门负责信息项目的机构，招募了从事信息工作的专业人员，并投入了大量资金，为信息项目的顺利开展提供了组织和资金上的保障。

一　信息项目的制定

抵制苏联对欧洲复兴计划的负面宣传，是经济合作署考虑开展信息项目的一个重要原因。马歇尔哈佛大学演讲后，苏联方面立即对欧洲复兴计划的意图和目的进行了认真的分析和研究。1947 年 6 月 24 日，苏联科学院院士、世界经济和政治研究所所长瓦尔加给莫洛托夫递交报告。瓦尔加在报告中指出，马歇尔计划首先是缓解美国经济危机的工具。美国为了自身的利益，将以贷款的形式向国外没有偿还能力的债务国提供价值数十亿美元的美国产品，希望从中获取最大的政治利益。同一天，苏联驻美国大使诺维科夫在致莫洛托夫的电报中，也分析了马歇尔计划反苏的政治目的。诺维科夫确信，马歇尔计划与杜鲁门主义没有本质的区别，都是为了阻挠欧洲国家的民主化，增强反苏力量，为加强美国资本在欧洲和亚洲的地位创造条件。马歇尔计划要建立西欧集团作为实施美国政策的工具，使欧洲国家在经济和政治上都依附于美国资本。诺维科夫指出，马歇尔计划表面看来是美国给予欧洲国家主动权，让它们自己制定一个欧洲复兴方案，可马歇尔计划实际上是建立欧洲反苏联盟合作计划的第一步。该计划将替代以前的无组织行动，使欧洲国家在经济、政治上依附于美国资本，并建立一个反苏阵营。马歇尔计划是阻挠欧洲国家民主化、增强反苏力量，加强美国在欧洲和亚洲地位的重大举措。

瓦尔加和诺维科夫对马歇尔计划所作的批判性和否定性分析基本上被苏联领导人所赞同和接受。莫洛托夫等人认为，马歇尔计划在酝酿时，就并非真正要援助包括苏联和东欧在内的所有欧洲国家，而只是想通过有条件和有选择的对欧洲进行经济援助，首先稳定欧洲资本主义国家动荡的经济、政治和社会形势，防止苏联对西欧资本主义国家进行渗透，以确保资本主义在欧洲的生存。马歇尔计划实际上是为组建一个强大的西方集团奠定经济基础，以限制甚至侵蚀东欧的势力范围。所以，在苏联看来，欧洲复兴计划的一个重要目标是侵蚀东欧，动摇雅尔塔体制给苏联划定的东欧势力范围，破坏苏联的东欧安全带。这当然是苏联无法容忍的。[1]

为了阻止东欧国家参加欧洲复兴计划，苏联开始向东欧各国共产党施加压力，破坏欧洲经济合作会议。欧洲复兴计划提出之时，不少东欧国家确实对美国的经济援助有所指望。但是，1947 年 7 月 7 日深夜，苏联驻南斯拉夫、匈牙利、罗马尼亚、波兰、捷克斯洛伐克、保加利亚、阿尔巴尼亚和芬兰的大使同时得到指示，要他们转告上述国家党的领导人，美国和西方国家实际上是以制订欧洲复兴计划为幌子，建立包括西德在内的西方集团，对抗苏联和东欧的进步力量。联共（布）建议这些国家拒绝参加欧洲经济合作会议，具体理由各国可自己斟酌决定。由于苏联对欧洲复兴计划的坚决抵制，大多数东欧国家只好放弃参与马歇尔计划的打算。

苏联为了重建共产国际时代世界各国共产党必须绝对服从联共（布）的那种隶属关系，在 1947 年 9 月 22 日与欧洲 9 国共产党及工人党共同成立共产党情报局。共产党情报局的宣言指出，战争结束后，两种根本相反的政治路线形成了，一方面是苏联等国家的政策，目的在于摧毁帝国主义和巩固民主，另一方面是美国等国家的政策，目的在于加强帝国主义。目前，帝国主义阵营及其主导力量美国，展开了具有特殊侵略性的全球扩张活动。这种活动正在各个方面同时展开。马歇尔计划是美国在世界各地执行的全球扩张政策的总计划的一个重要组成部分。它在欧洲要起的作用是在自由和和平的伪装下，建立对苏联和东欧怀有敌意的联盟，作为美国进一步夺取世界霸权的武器。

西欧国家的共产党也参与了对欧洲复兴计划的攻击，并且产生了很大影响，使欧洲受援国的不少人对欧洲复兴计划的动机疑虑重重。例如，法国共产党人撰文强调，马歇尔计划是一个险恶的阴谋，实际上是美国打着援助的旗号推行强盗主义，因为它们的脑海中只知道赚钱谋利，美国是企图利用马歇尔计划来奴役法国人，使法国变为美国的殖民地。马歇尔计划的实施将把欧洲各国置于美国的经济和政治控制之下，并组建包括西德在

---

① Scott Parish, "The Turn Toward Confrontation: The Soviet Reaction to the Marshall Plan, 1947." Cold War International History Project, Working Paper no. 9, March 1994.

内的西欧国家集团来对付东欧国家。① 欧洲的一些精英人士也对美国持鄙视的态度，在他们看来，美国推行欧洲复兴计划，在很大程度上是出于自身利益的考虑，美国的产品、文化在马歇尔计划援助的伪装下大举入侵，势必会对西欧的独立和民族认同构成严重威胁。"美国佬滚回去"的口号成为当时广泛见诸报刊的时髦用语。1949 年 1 月，法国公共舆论机构（IFOP）就欧洲复兴计划、美国和苏联的形象在法国做了一项大型调查，当问及美国推行马歇尔计划的动机时，47% 接受调查的人认为美国是为了避免在国内出现经济危机，而通过马歇尔计划在国外寻求市场，15% 的人认为美国旨在干涉欧洲的内政，只有 18% 的人认为美国真心帮助欧洲。可见，大多数法国人认为马歇尔计划是美国为了自身政治经济利益的考虑而推行的一项策略。当被问到接受马歇尔计划附加的条件是否会影响到法国的独立性时，32% 的受访者认为法国必将丧失政治上的独立。②

苏联对欧洲复兴计划的攻击、西欧共产党的批评和欧洲精英人士的忧虑，引起了美国政府的高度重视。1947 年 9 月至 10 月，国会众议员卡尔·蒙特与参议员亚历山大·史密斯组成参众两院联合对外事务委员会对欧洲进行了访问。两个月后，史密斯—蒙特委员会递交报告汇报了此次欧洲之行的调查结果。③ 该委员会在报告中指出，欧洲目前已经成为意识形态的战场，苏联及其追随者目前正在试图用宣传等战争以外的手段反对西方民主，削弱美国在世界上的地位，抵制美国的体制，并对美国构成了潜在威胁。美国作为致力于维护欧洲自由民主和经济稳定的国家，应当在经济建设和政治自由的基础上开展强有力的信息宣传活动，以便向士气低落、苦苦摸索的欧洲人民解释美国的思想、动机和目标。报告呼吁美国担负起宣传西方民主的重任，排除苏联对欧洲的负面宣传，帮助欧洲人民掌握自己的命运。但是，美国的初衷只有得到欧洲普通人民的认可才有可能帮助他们走向经济繁荣。报告说，欧洲人民需要首先了解我们，才能信任我们，美国应当让欧洲人民认识事情的真相，鼓励欧洲人民理解和接受美国与自由世界的传统与观点。鉴于很多欧洲人对美国人存在误解，以为他

---

① *Knowledge of the Marshall Plan in France*, Report of the Joint Committee on Foreign Economic Cooperation, Washington, D. C, 1949, pp. 8 – 9.

② Economic Cooperation Administration, *Seventh Report to Congress*, 1949, p. 24.

③ Frank Ninkovich, *The Diplomacy of Ideas：US Foreign Policy and Cultural Relations, 1938 – 1950.* New York：Cambridge University Press, 1981, pp. 124 – 128.

们是野蛮、粗俗的，报告建议向欧洲人民展示真正的美国，帮助他们消除对美国的误解，使之对美国和自由世界的传统和观点建立正确的认识，从而削弱共产党力量在欧洲地区的影响。

经济合作署也认识到问题的严重性。经济合作署驻法国特别使团曾经同法国的政府机构，媒体人员以及美国在欧洲的人士进行了广泛而深入的交谈。美国《读者文摘》驻欧洲代表保罗·汤普森（Paul Thomspon）直言不讳地告诉经济合作署人员，欧洲共产主义的宣传正在紧锣密鼓地进行，从大都市到乡村可以到处听到反美主义的言论。经济合作署驻欧洲特别代表办事处在 1949 年 3 月连续两次向华盛顿总部发出备忘录，对目前面临的情况进行分析。1949 年 3 月 12 日的备忘录指出，在苏联看来，欧洲复兴计划是要在实际行动中建立起一个欧洲反苏集团，美国试图通过欧洲复兴计划把东欧国家纳入西方势力的影响之下，并以援助德国西占区的方式重新武装起一个苏联的宿敌。在这些舆论的影响下，很多欧洲普通民众对欧洲复兴计划了解甚少，甚至持抵制态度。①

这一份备忘录仅仅送去一周，经济合作署驻欧洲特别代表办事处又发去一份备忘录。该备忘录指出，任何一个国家的人民认同他国的思想和意识形态应该是自然融合的产物。这就是说，美国既不能欺骗，更不能迫使任何国家的人民接受美国的价值观念和生活方式，而要尽最大可能去鼓励西欧人民作出正确的选择，并在与西欧国家交往的过程中持有善意的尊重。如果美国准备抵制与美国不同的另外一种生活方式，就应当向世人展示自己的生活方式是目前最为优越的。报告建议美国制作一批反映美国工人典型生活的电影，描述美国工人如何开车去工厂，如何能够在先进生产技术下获得较高的收入。这些电影还应当采取动态的方式解释美国工人为满足家庭生活所需要的工作时间。美国政府应当在法国出版大量的法文读物。②

面对欧洲复兴计划上反映出来的两种意识形态在欧洲的较量，经济合作署署长霍夫曼和他的副手多次召开会议，讨论如何抵制苏联对欧洲复兴计划的负面宣传，改变西欧国家对美国文化的传统偏见。经过多次研究，

---

① Memorandum, "The Situation in the ERP Countries", March 12, 1949, in *FRUS*, 1949, Vol. 4, pp. 375 – 377.

② "Some Comments on Future ECA Programming", March 17, 1949, in *FRUS*, 1949, Vol. 4, pp. 378 – 379.

经济合作署决定在欧洲复兴计划参与国开展信息项目，并拟定了数份关于开展信息项目的文件，对信息项目的目标、任务和方式做出了认真的规划和准备。经济合作署在 1949 年 4 月 23 日的文件中提出了信息项目的主要目标和任务，它们包括：搜集整理美国和国际媒体对欧洲复兴计划的报道，及时传达给欧洲人民；使欧洲人民了解美国推行欧洲复兴计划的动机，向欧洲民众介绍该计划的目标和实施方法，从而使他们对欧洲复兴计划有一个全面的了解；抵制共产主义者对欧洲复兴计划的负面宣传，向欧洲人阐明马歇尔计划同美国的外交政策是一致的；使欧洲人相信，遵循马歇尔计划的步骤就能有望实现经济稳定。[1]

经济合作署 1949 年 5 月 12 日准备了一份报告，对信息项目的实施步骤、方式进行了详细的安排。报告开宗明义地指出，欧洲复兴计划的成功不仅要依赖于美国的政策和参与国政府的行动，更为重要的是要取决于参与国人民对欧洲复兴计划的支持。延缓欧洲复兴的障碍不只是财政和经济上的，更重要的是心理上的。根据此项报告的安排，信息项目的活动主要采取以下七种形式进行：一、新闻：每日定时播报欧洲国家的复兴进展；二、每周专题公报：编辑发布一周内欧洲复兴计划在参与国的实施情况，经济合作署信息部负责将公报送往经济合作署总部、欧洲经济合作组织以及主要的出版社、记者、编辑；三、电影：经济合作署信息部同私有电影公司合作，使用当地语言制作介绍欧洲复兴计划的电影，强调欧洲在经济复兴中的任务和美国援助的必要性；四、广播和电视：经济合作署信息部将同欧洲和美国主要的广播电台达成协议，介绍西欧经济复兴的发展情况；五、劳工信息：经济合作署信息部由专业人员负责同欧洲劳工刊物的编辑联络，向他们提供欧洲复兴计划的材料，主要介绍欧洲复兴计划中那些与欧洲劳工利益切身相关的新闻和信息，尤其强调需要通过民主形式下的政府获得这些权益，每周向欧洲复兴计划参与国的劳工出版机构赠送介绍西欧和美国劳工的新闻报道；六、媒体信息服务：对西欧媒体关于欧洲复兴计划的新闻和评论做出分析，尤其重点分析欧洲那些共产党控制的媒体反对欧洲复兴计划的宣传报道，供经济合作署总部、经济合作署驻欧洲

---

[1]　Bryan Houston, Director of Information, Economic Cooperation Administration, *Review of Operations of Information Service*, in Dennis Merril, ed., *Documentary History of the Truman Presidency*, Vol. 13, Establishing the Marshall Plan 1947 – 1948, Washington, pp. 627 – 633.

特别代表办事处和经济合作署各国代表团参考；七、小册子：小册子主要阐述欧洲复兴计划对欧洲劳工的意义，反驳共产主义对欧洲复兴计划的攻击，使商界了解如何在欧洲复兴计划下从事商业活动等等。总之，信息项目活动要通过上述形式，向西欧公众持续输送经过选择的资料和观点，以及对这些资料和观点的分析与评价，通过这种信息灌输的方式对西欧民众的思想产生潜移默化的影响，使他们自觉或不自觉地接受美国的价值观和生活方式，形成与美国立场一致的政治倾向和政治态度。[1]

经济合作署的这些备忘录和报告不仅确定了信息项目的目标主体和基本原则，而且对方式手段和具体内容作了周密部署。可以说，它们使欧洲经济合作署的信息项目初具雏形。但是这个项目的付诸实施还要在资金和组织上做好准备。于是，经济合作署为此作出了进一步努力。

二　开展信息项目的资金和组织措施

《1948 年经济合作法》本来就含有关于受援国要协助美国开展宣传欧洲复兴计划的条款。根据该法条款的规定，美国政府和受援国政府对欧洲复兴计划的宗旨、进展、措施承担给予全面宣传的责任。由于广泛宣传欧洲复兴计划的进展有助于促进为完成计划宗旨所必要的共同努力和互助精神，美国政府和欧洲受援国政府应鼓励此类新闻传播，为大众媒体获得此类新闻提供方便，并且采取实际步骤，将关于欧洲复兴计划进展的全面消息供给其他国家。[2] 这些规定构成了经济合作署信息项目的法律依据。

为了使经济合作署的信息项目能顺利展开，国会拨款委员会在《1949年对外援助拨款法》中增加了关于使用欧洲复兴计划对等基金进行信息宣传的条款。根据 327 号公法第 63 款规定，经济合作署署长有权分配对等基金，通过报刊、广播及其他方式向欧洲复兴计划参与国人民宣传美国的政策，使他们进一步了解欧洲复兴计划的目标和特点。《1950 年经济合作法（修正案）》中则增加了关于信息项目的资金投入。根据经济合作署驻欧洲信息部主管艾尔弗雷德·弗兰德利（Alfred Friendly）的备忘录，1949

---

① "Summary of Cooperative Activity in ECA Information Program", in Economic Cooperation Administration, *Three Years of the Marshall Plan*, pp. 23 – 28.

② The Economic Cooperation Act of 1948, in U. S. , Congress, House, Committee on International Relations, Selected Executive Hearings, *Foreign Economic Programs*, 80th Congress, 2d session, 1948.

财政年度经济合作署用于信息项目的资金超过 442000 美元，另外 770000 美元是由当地货币支付的。① 经济合作署驻欧洲海外办事处在 1949 年 7 月 26 日的一份备忘录中强调："尽管国会拨款委员会同意经济合作署可以将对等基金用于信息宣传项目，考虑到信息宣传项目的重要性，我们认为除此之外，经济合作署还应充分利用当地货币资金。"此后经济合作署用于信息项目的资金和当地货币资金在信息项目开支中的比重确实有显著增长。据经济合作署人员统计，到 1949 年 10 月，经济合作署用于信息项目的资金增至 700 万美元，到 1949 年 12 月，共 1250 万美元的当地货币被用于信息宣传项目。到 1950 年底，当地货币用于信息项目的资金达 1200 万美元，到 1951 年更高达 2400 万美元。② 1950—1951 年经济合作署信息项目在各国的分类开支详情可见下表。

表 5—1　　　　　　1950—1951 年度经济合作署信息项目开支　　　　单位：美元

	电影	报纸	期刊	展览	演讲	广播	总计
奥地利	223000	309000	272000	365000	50000	210000	1429000
法国	880000	168000	1864000	1253000	96000	265000	4526000
德国	485000	265000	620000	1600000	548000	548000	4066000
比利时	5000	—	22500	80000	—	8500	116000
丹麦	173000	26000	815000	180000	6000	87000	1287000
意大利	448000	180000	180000	875000	—	388000	2071000

资料来源：Economic Cooperation Administration, *Overseas Information Program*, p. 46.

尽管经济合作署在西欧国家实施信息宣传项目提供了资金上的支持，但还需要组织上的保证，因为美国政府对外宣传组织机构涣散，各机构在对外宣传上的职责并不明确。于是，经济合作署开始考虑在其内部组建专门部门负责信息项目。众所周知，在经济合作署考虑开展信息项目之前，美国国务院等部门就已着手在世界各国展开信息宣传活动，并在总统的指示下把这类活动的主要职责交给隶属于国务院的对外信息和交流计划的国

---

① Memorandum by Alfred Friendly, to Mission information officers of October 12, 1949, in Economic Cooperation Administration, *Seventh Report to Congress*, p. 46.

② Economic Cooperation Administration, *Thirteenth Report to Congress*, 1951, p. 24.

际文化事务办事处。1947 年下半年，国务院和陆军部、海军部、空军部组成了协调委员会，共同制定对外宣传战略。该委员会认为对外宣传工作具体由主管公众事务的助理国务卿负责，其他相关部门和机构的代表则组成非正式小组参与协商。为了执行对外信息政策，委员会建议国务院组成一个由全职人员组成的工作班子，通过以下方式协助助理国务卿处理有关事务：最有效地利用和协调所有联邦政府的对外信息设备；研究、起草旨在使国外舆论有利于美国利益和削弱反美宣传影响的特殊计划方案，提交助理国务卿批准；中央情报局应向助理国务卿提供相关的、整理过的国外情报；相关的部门应向助理国务卿提供它履行职责所需的机密信息。①

由于各机构在对外宣传上的职责并不明确，经济合作署不可避免地会同在世界各国实施国务院对外信息和交流计划的国际文化事务办事处发生冲突。为此，美国国务卿和经济合作署署长霍夫曼于 1949 年签订协议，对隶属国务院的国际文化事务办事处和经济合作署的职责权限做了简单的安排，规定陆军部负责在德国和奥地利的信息宣传，经济合作署负责组织编写欧洲复兴计划新闻，美国新闻宣传署负责分发这些新闻。但对外宣传管辖权的争论依然困扰着欧洲复兴计划信息项目的发展。

经济合作署认为自己的行动处处受到国务院的牵制，于是向国会提出要求，希望能抽调人员在经济合作署内部组建专门的信息部，负责在欧洲复兴计划受援国开展信息宣传项目。经济合作署在向国会递交的报告中强调，该署已经和参与国政府合作，采取了一系列行动宣传欧洲复兴计划的目标及其所取得的成就，但是目前在推行信息项目上遇到了很多困难，一是信息项目开展的宣传活动涉及的地域和文化范围十分广泛，欧洲各国在政治背景、语言文化教育等方面存在很大差异；二是那些文化水平较低的产业工人和居住在偏远地区的农民很难接触到信息项目提供的信息；三是欧洲复兴计划本身就比较复杂，涉及生产、贸易、金融、国际经济诸多方面，具有较强的专业性，对那些正在遭受政治动荡、经济萧条煎熬的欧洲普通民众而言未必能产生很大吸引；四是由于曾经长期受到纳粹国家的欺骗性宣传，大多数欧洲人对官方宣传存在反感；最后一个困难是共产党情报局采取各种方式破坏欧洲复兴计划，挑起欧洲大众对这个计划的不满和

---

① Walter Hixson, *Parting the Curtain: Propaganda, Culture, and the Cold War, 1945 - 1961*, 1997, pp. 78 - 79.

失望情绪。因此，报告建议在经济合作署内部组建对西欧宣传的专门机构。其必要性在于：第一，为了将欧洲复兴计划的信息及时可靠地传达给欧洲人民，需要由专业化的信息人员和机构负责；第二，共产党情报局正在欧洲发动上千个宣传机构，投入大量财力用于报纸杂志、广播，欧洲复兴计划是美国目前在欧洲实施的最为重要的外交政策，为了满足欧洲对公共信息的需求，需要建立专门的机构负责欧洲复兴计划的信息项目；第三，宣传欧洲复兴计划需要准备发布新闻、布置电台，如果美国国务院部门承担这样的工作将会打乱它的正常活动。[①] 在国会同意其要求之后，经济合作署很快就建立了自己的专门负责信息项目的组织系统，使该项目的执行有了组织上的保障。其组织结构详见下图。

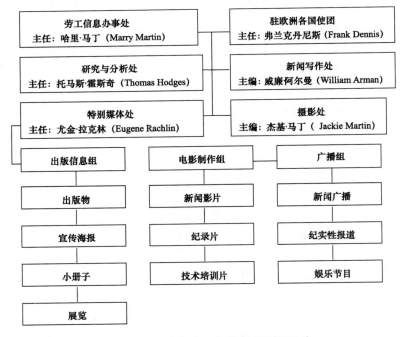

图 5—1　经济合作署信息项目组织系统

资料来源：Economic Cooperation Administration，*Overseas Information Program*，p. 49.

---

① Economic Cooperation Administration，*A Report on Recovery Progress and United States Aid*，1949，pp. 182 – 185.

第二节　信息项目的出版发行工作

　　为了宣传欧洲复兴计划，经济合作署或者自己主办发行，或者向西欧私有出版公司提供赞助，在很短的时间内就出版发行了大量杂志、小册子和书籍。经济合作署主办的杂志主要包括透视美国社会的综合性杂志《友好关系》、面向西欧劳工的《工联主义者公报》《目标》，以及诸多介绍欧洲复兴计划、回应欧洲共产主义者对美国社会抨击的小册子。为了避免这种公开宣传引起西欧国家的反感，经济合作署除了自己主办外，还向西欧国家私有出版公司提供资助合作出版《精英》杂志和《读者文摘》法文版等反映美国社会生活的大众杂志。这些大众杂志以鲜活的风格、真实的人物、独特的叙事方式和生动的行文技巧，让欧洲读者在享受优美文字之余，自觉或不自觉地接受了其背后所包含的美国文化和价值观念。这些杂志使部分西欧读者产生了对美国生活方式的向往，为宣传美国的政治文化和价值观创造了广阔的空间。

一　自行主办发行各类杂志和小册子

　　经济合作署自己主办发行的各种杂志中，发行最广、影响最大的当首推在法国出版的《友好关系》（Rapports）杂志。该杂志由经济合作署对等基金资助发行，通过支持美国的组织免费向法国官员、商人、知识分子等发放。这本每期 64 页的杂志主要包括普及欧洲复兴计划知识、介绍美国风土人情和生活方式等内容。杂志每期都刊登很多介绍欧洲复兴计划最新进展的文章，包括法国鼓励采用先进生产技术提高生产力；介绍通过人工播种、合理使用化肥等提高农产量的方法；以及讲述有关推动欧洲一体化、帮助欧洲商品进入美国市场，获得更多的美元。①

　　大量介绍美国风土人情和生活方式的文章在《友好关系》杂志中占了相当大的比重。为了消除法国社会对美国的误解，《友好关系》每期都以

---

① Economic Cooperation Administration, *Seventh Report to Congress*, 1949, p. 79.

其自由、现代化的风格刊登至少一篇介绍美国社会的文章。其中《美国的大学》一文向法国读者介绍普通美国人如何容易获得高等教育。在大多数法国人看来，美国毫无文化而言，缺乏文化设施。为了消除欧洲人的这种偏见，《美国博物馆印象》一文说明即使在偏僻的美国乡村也有拥有大量展品的博物馆。美国的种族关系是法国共产主义者指责的一个重要内容。《友好关系》杂志就此专门刊登《美国的黑人问题》的文章，试图说明美国无论何种种族都能受到平等的对待。有的文章则介绍美国人和法国人之间的友好互动，吸引法国人来美国旅游。如《友好关系》1950 年 7 月的文章《游客与你：咨询与建议》，就告诉法国读者，美国游客来到法国领略了博大精深的法国文化，受到了好客的法国人的接待。《美国年轻人呼吸到巴黎的新鲜空气》一文介绍了美国人在游历巴黎后的美好感受。为了避免引起法国对美国人单方面宣传的反感，《友好关系》杂志还刊登了不少由法国人撰写的文章，几乎每期至少有一篇是由法国人介绍对马歇尔计划或法国经济重建的切身感受。还有些是法国人撰写的关于法国政治经济各方面发展以及法美文化交流等情况的文章，包括《舒曼计划及其对欧洲的影响》《法国的科学研究》等。

经济合作署驻法国特别代表办事处曾对《友好关系》杂志 1950—1951 年间刊登的文章做了一个统计。其中认为法国生活状况需要改善的文章有 64 篇，支持欧洲复兴计划的 69 篇，主张法美合作的 24 篇，介绍法美文化纽带关系的 21 篇。[①] 据经济合作署驻法国办事处报道，要求订阅《友好关系》杂志的数量持续上升。在 1950 年年初创刊后 5 个月内，经济合作署驻法国办事处收到 309000 份订单。仅仅 5 月至 6 月的订单就增加了 13 万。[②] 据经济合作署驻法国办事处报告，截至 1950 年底，该办事处每天平均收到 2000 份要求订阅该期刊的信件。[③] 可见，该杂志成了在法国宣传美国政策的有力工具。

为了考察《友好关系》杂志在促进美法文化交流上的效果，1950 年

---

① Economic Cooperation Administration, *Special Mission to France*, *Monthly Report for May 1951*, p. 16.

② Economic Cooperation Administration, *Special Mission to France*, *Monthly Report for June 1950*, p. 12.

③ Economic Cooperation Administration, *Special Mission to France*, *Monthly Report for February 1951*, p. 18.

底，经济合作署驻法国办事处就该杂志的读者反馈意见做了一份调查。调查结果显示，尽管政府公务员、自由职业者、知识分子等中上层阶层是《友好关系》杂志的主要阅读群体，但在工人中的订阅量也呈上升趋势。在法国人对欧洲复兴计划的态度上，只有1%的读者认为马歇尔计划对法国不利，五分之一的人认为美国耗资巨大实施马歇尔计划是为了法国的利益。三分之二的法国人表示支持美国在欧洲的政策，十分之七的人认为该杂志是了解美国的一个有效途径，仅五分之一的人认为该杂志过于亲美。让经济合作署驻法国办事处的人欣喜的是，他们发现大部分读者同其他人分享阅读该杂志，十分之六的人将杂志借出或推荐给其他人，五分之四的人经常就该杂志中的文章相互讨论。① 这就使杂志的影响远远超出了它的发行量。

　　随着该杂志发行量越来越大，免费发放《友好关系》杂志成了经济合作署驻法国办事处沉重的经济负担。1950年《友好关系》杂志创刊当年的发行量就已经超过25万册，到1951年底，用于出版发行该杂志的开支已经达到经济合作署驻法国办事处信息项目预算的一半。1952年每期的成本是13.75美分，一年要花费对等基金180万美元。主编哈罗德·卡普兰（Harold Kaplan）建议减少发行量，但经济合作署大多数人仍主张加大《友好关系》杂志的发行量。经济合作署驻法国办事处主任亨利·拉布伊斯（Henry Labouisse）向经济合作署官员表示，《友好关系》杂志拥有数百万的读者，如果减少发行量将会是一个巨大的遗憾。他提出了两个可供选择的解决方案：一是由美国国务院接管该杂志的出版发行，继续免费发放；二是将其转变为半商业化的杂志，而交由法国公司出版发行。不过，这将会涉及版权等问题，尤其是他担心法国政府和出版社是否愿意发行美国出版物。无论美国国务院还是法国私有公司都不愿意发行该杂志，美国国务院认为《友好关系》杂志偏向大众化，政治色彩不浓厚，而法国私人公司担心成本过高难以盈利。到1952年中期，拉布伊斯不得不做出停止发行《友好关系》杂志的决定，《友好关系》杂志的停刊使经济合作署丧失了一个在法国宣传的重要工具。

　　除了《友好关系》杂志外，经济合作署还针对西欧劳工发行《工联主

---

① Economic Cooperation Administration, *Special Mission to France*, *Monthly Report for February 1951*, p. 20.

义者公报》（*Bulletin Syndical*）。来自《纽约先驱论坛报》巴黎版的前记者
罗伯特·费塞蒂（Robert Faherty）负责编辑该期刊，并将《工联主义者公
报》从先前的双月刊改为周刊后，劳工信息部就将该公报系列出版物作为
它散发的主要宣传资料，使之成为经济合作署在法国进行劳工宣传的最具
影响力的刊物。《工联主义者公报》每期都采用相当大的篇幅和通俗化的
文字介绍马歇尔计划的运作机制、目的及前景，试图增加劳工对马歇尔计
划的认知。其中刊登了很多描述法国生产考察队赴美参观访问以及介绍生
产技术信息的文章，并配有很多描述美国普通工人拥有小汽车和电冰箱的
插图。① 当时欧洲劳工中很多人对美国的看法仍然是 19 世纪那种自由放任
的资本主义，并把美国的资本主义和欧洲国家以剥削劳工、高失业率和缺
少社会保障为特征的卡特尔资本主义或封建资本主义混为一谈。为了打消
这种陈见，《工联主义者公报》经常撰文指出，美国 19 世纪高度个人主义
的资本主义已经演化为政府使各种力量获得均衡发展的混合经济。美国的
资本主义是以混合经济为特点的新型资本主义。这种资本主义由自由竞争
的企业、自由的劳工等基本要素组成，自由竞争的企业组织是美国经济发
展动力的主要来源，在政府、企业和劳工的协调努力下确保了美国获得经
济快速发展和普遍繁荣。②《工联主义者公报》还通过大量宣传美国政策和
意识形态的政治性文章，向欧洲劳工输送经过选择的资料和观点，以及对
这些资料和观点的分析与评价。《工联主义者公报》正是通过这种信息灌
输方式的潜移默化的作用，使读者自觉或不自觉地接受拥戴美国式资本主
义的政治倾向和政治态度。这本期刊在法国劳工中产生了很大的影响，最
高的年发行量超过 75000 册，在巴黎每 330 人中就有一人经常阅读该
刊物。③

　　为了配合技术援助项目，经济合作署针对劳工主办发行的杂志还有
《目标》（*Target*）《跨越大西洋》（*Trans-Atlantic*）《劳工》（*Labour*）《生

---

① Two French Mission Labor Information Projects, report from Harry Martin to Robert R. Mullen, May 2, 1951, in Economic Cooperation Administration, *Manual of Operations: Labor Policies of Economic Cooperation Administration*, p. 292.

② Two French Mission Labor Information Projects, report from Harry Martin to Robert R. Mullen, May 2, 1951, in Economic Cooperation Administration, *Manual of Operations: Labor Policies of Economic Cooperation Administration*, 1951, p. 294.

③ Economic Cooperation Administration, *Twelfth Report to Congress*, 1951, p. 44.

产管理》（*Management for Production*）《工业新闻》（*Industrial News*）等。
《目标》（*Target*）月刊主要介绍欧洲复兴计划中那些与提高生产力相关的新闻和信息，包括如何提高生产率、鼓励工厂采取更为高效的生产方法，以及其他有关西欧和美国劳工的新闻报道。在英美生产率委员会和经济合作署派出的考察队访美期间，该杂志成了及时介绍这些考察队访问见闻的重要媒介。经济合作署信息部每周向欧洲复兴计划参与国的劳工出版机构赠送该杂志。每个工厂可获赠该杂志 50 本，约 14000 个工厂收到过此杂志。① 经济合作署总部每月还向 1000 位美国和欧洲的劳工贸易联盟官员免费发放《跨越大西洋》（*Trans-Atlantic*）杂志。其目的是为了使劳工领袖了解欧洲复兴计划对劳工带来的特殊利益，回应欧洲共产主义者对欧洲复兴计划的挑战，便于欧洲复兴计划参与国中劳工获得更好的交流信息。②

　　除了这些定期发行的杂志外，为了达到全面、大范围宣传的目的，经济合作署还使用欧洲国家的当地语言出版发行大量小册子，分主题栩栩如生地介绍欧洲复兴计划具体项目的进展情况。这些小册子以简明文字对欧洲复兴计划进行全面的介绍，包括欧洲复兴计划的起源、主要条款、美国的出发点和期待。例如，《马歇尔计划入门》（*The ABC's of the Marshall Plan*）简要介绍了马歇尔计划的实施背景与发展情况，包括马歇尔在哈佛大学的演讲、欧洲复兴计划对等基金的使用、经济合作法的通过等等。《你需要了解的马歇尔计划》（*What you need to know about the Marshall Plan*）的扉页刊登了一个咧嘴大笑的山姆大叔卡通，还有一个美国牛仔为欧洲复兴计划纳税的图片，小册子试图向法国大众说明，欧洲复兴计划能够帮助法国克服目前面临的严重困难，稳定物价、提高收入。③ 这些小册子还针对西欧劳工介绍美国普通劳工的生活，刊登经济合作署关于劳工在欧洲复兴计划中作用的文件，以及劳联和工联等劳工组织年度大会报告，分门别类介绍美国的生活方式、风土人情等等。④ 例如，面向欧洲劳工发行的小册子《美国工人乔·史密斯》（*Joe Smith*，*American worker*）主要向

① Economic Cooperation Administration，*Third Report by the United Kingdom on Operations*，pp. 7 – 8.

② Economic Cooperation Administration，*A Report on Recovery Progress and United States Aid*，1949，p. 182.

③ Economic Cooperation Administration，*Ninth Report to Congress*，1950，p. 33.

④ Ibid.，pp. 30 – 32.

法国劳工讲述美国普通工人的生活，小册子刊登了许多展示美国工人开着小汽车下班，回到拥有花园家中的照片，试图说明美国工人运用先进的技术提高了生产率，降低了生产成本，享受到富裕的生活。诸如此类的宣传小册子还有《叼着雪茄烟的人》（*the man with the cigar between his teeth*）等。另外一些小册子则旨在介绍美国文化、消除欧洲人对美国的负面影响，回应欧洲共产主义者对美国社会的抨击。例如，《谁在运作美国?》介绍了美国的民主制度，《苏联希望和平吗?》对苏联的和平宣传攻势提出批评，《解放还是奴役劳工》比较了在"自由"和"专制"政权下劳工的生活状况。小册子《瞭望》分门别类地介绍了美国的生活方式、风土人情，包括美国的地理、政府、人口、历史，有的版面专门讨论美国的音乐、文学、艺术、农业、工业、贸易联盟等主题，并刊登了大量插图。到 1949年底，经济合作署向非共产党劳工联盟、工商业协会发行了 10 万册各种主题的小册子。这类小册子的发行总量在 1950 年增至 100 万册。①

二 资助出版大众杂志和翻译书籍

为了防止美国单方面的公开宣传引起西欧国家的反感，经济合作署在自己主办发行各种宣传品外，还同欧洲的私人出版公司合作，以提供赞助的方式让它们出版反映美国社会生活的大众杂志。其中最著名的是在法国发行的《精英》和法文版的美国大众读物《读者文摘》。这些杂志为法国公众了解美国提供了一个非官方的渠道。经济合作署信息部人士多次强调，资助发行的刊物要在系统和科学的基础上体现美国和自由世界的传统和理念，但要避免让其他人认为是在兜售或者宣扬美国的生活方式。

1946 年创刊的《精英》是效仿美国模式策划出版的杂志。它图文并茂地向读者展现了当代美国的社会和文化。经济合作署在启动信息项目后就多次向该杂志提供资金支持，使该杂志得以配备一支专业队伍，负责研究、编辑各种材料，结果使该杂志在内容风格上明显带有美国现代社会的气息，反映了美国大众化杂志的特征。《精英》杂志包括时事政治、美国人的生活方式、艺术、经济和科学、休闲和体育等栏目。由阿伦·艾弗森担任主编的时事政治版刊登了不少介绍美国外交政策的文章，包括介绍并

---

① Economic Cooperation Administration，*Ninth Report to Congress*，1950，p. 38.

评论国际关系中的重大事件。该版的"问答"专栏常常回答读者对美国外交政策感兴趣的各类问题。"美国人的生活方式"专栏刊登有大量文章介绍美国社会、普通美国人生活的文章。为了避免美国撰稿人从本国文化优越感的角度来观察和描述美国社会，该杂志相当一部分文章出自曾经在美国生活多年的法国自由作家之手。他们撰写了一系列文章介绍美国中产阶级的家庭生活，讲述美国人全家驱车到风景迤逦的大自然中度假，观看橄榄球、棒球比赛。[①] 在经济合作署的资助下，该杂志的数名记者和摄影师在美国进行了为期 4 周的考察，发行了一期介绍美国的特刊，其中一些文章针对苏联等国家对美国种族关系的攻击进行了反击，在刊物中介绍黑人的生活和工作状况。这些法国记者撰文指出："在同美国黑人进行近距离的接触后，我们发现这些黑人在维护自身权利的战斗中已经获胜。"对于某些法国上层人士认为美国人尽管物质富裕但思想文化相当贫瘠的看法，杂志刊登《法国人看美国》一文予以驳斥。杂志还专门开设经济和科学栏目，刊登关于贸易自由化、劳工关系和美国最新科技发展的报道和评论。针对一些法国上层人士对有关欧洲复兴计划程序过于复杂的指责，杂志专门刊登《马歇尔计划是如何运作的》一文对他们的批评做出回应，指出由于经济合作署有权确保这些资金能够得到合理使用，采取一定的监管措施是完全必要的。[②]

法文版的美国大众读物《读者文摘》也得到了经济合作署大力资助。这是一本讲述美国人如何生活、工作和休闲的大众化杂志，其中更有很多美国平凡人的故事，充满着温馨、妙趣和奋斗的信念。除介绍美国普通人的生活外，《读者文摘》还有涵盖美国建筑、音乐、体育以及科技等领域的文章，是了解美国社会的一扇窗户。《读者文摘（法文版）》从 1947 年 3 月起开始通过订购和零售方式在法国等西欧国家发行，并配有大量插图。由于《读者文摘》具有内容通俗、价格低廉的优势，从 1947 年 3 月在法国发行以来就在法国公众中享有很高的声誉，曾经有月发行量超过一百万册的纪录。由于印刷费用上涨和雇用人员增加，《读者文摘（法文版）》在 1951 年一度财政状况拮据。该杂志法文版主编鲍尔·汤普森（Paul

---

① Brian McKenzie, *Remaking France：Americanization，Public Diplomacy，and the Marshall Plan*, p. 168.

② Ibid. , pp. 352 – 354.

Thompson）在致经济合作署驻法国特使亨利·拉布伊斯（Henry Labouisse）的信中，要求经济合作署像支持《友好关系》杂志那样赞助《读者文摘》，继续扩大《读者文摘》在法国的发行范围。考虑到《读者文摘》在法国民众中的影响力，经济合作署驻法国使团同意了这一要求，后来不但向《读者文摘（法文版）》提供资金赞助，而且说服《读者文摘》免去了法文版的全部版权费用。在经济合作署的大力支持下，《读者文摘》在纸张和印刷质量上明显好于法国其他大众杂志，图文并茂地展现了美国大众的现代生活方式和繁荣富裕。这份看上去只是在泛泛介绍美国生活的杂志，实际上成功地向欧洲人宣传了美国的思想和文化，通过传播消费主义、个人主义等价值观促进了法国人民对个人自由、物质文明的向往。根据经济合作署驻法国使团报告，这份杂志实际上拥有的读者群可能是发行量的三倍。[①]

　　除了资助发行这些大众杂志外，经济合作署驻法国使团还与美国国务院配合制定了一个宏大的出版计划，翻译出版介绍美国、反对共产主义的书籍。从 1951 年初起，经济合作署驻法国办事处使用欧洲复兴计划对等基金资助法国出版商，要求他们每年出版 25 本以全面介绍美国文化和攻击共产主义为题材的书籍。在这一项目的赞助下，法国出版的反共书籍有汉纳·阿伦特（Hannah Arendt）的《专制主义的起源》（*The Origins of Totalitarianism*）、克雷格·汤普森（Craig Thompson）的《警察国家》（*Police State*）。这些出版商还组织翻译了一些苏联流亡者撰写的书，如伊戈尔·古赞柯（Igor Gouzenko）的《铁幕》（*The Iron Curtain*）、塔蒂亚娜·塔纳维（Tatiana Tchernavin）的《逃出苏联》（*Escape from the Soviets*）、维克托·卡维切柯（Victor Kravchenko）的《我选择了自由》（*I Chose Freedom*）等。[②] 在经济合作署主办发行或资助出版下问世的所有这些出版物为欧洲公众了解美国文化提供了渠道，使美国的政治文化和价值观在欧洲得到了一定传播，在西欧国民心目中为美国塑造了"良好"形象，从而为欧洲复兴计划和美国在欧洲的其他政策的执行创造了有利的舆论环境。

---

①　Economic Cooperation Administration, *Eleventh Report to Congress*, 1951, p. 35.

②　Economic Cooperation Administration, *Thirteeth Report to Congress*, 1951, pp. 23 – 25.

第三节 资助制作反映欧洲复兴的电影

　　电影是经济合作署向欧洲公众传递欧洲复兴计划信息、传播美国文化的另一个重要媒介。由于很多文化设施在战争中遭到严重破坏，许多欧洲国家人民文化生活极度贫乏，看电影乃成了人们最好的消遣方式之一，经济合作署自然不会忽视这一对大众有广泛影响的工具。在推行欧洲复兴计划期间，经济合作署利用自己控制的资金渗入电影制片厂，直接插手影片的编剧和制作。该署资助制作电影的主旨是介绍马歇尔计划，提高生产力，展开劳工宣传，推动欧洲一体化等。这些电影使欧洲观众不仅对欧洲复兴计划增进了了解，而且对电影中展现出的美国社会的富裕生活有身临其境之感，自然而然地对美国产生了良好的印象，在心中充满对这种生活的向往。①

　　经济合作署资助制作的电影所包含的一个主要内容，就是介绍它负责执行的欧洲复兴计划的成功。其中最具代表性的是《马歇尔计划在西德》与《马歇尔计划在奥地利》。《马歇尔计划在西德》对苏联占领区的德累斯顿与美占区的休特加鲁特进行了比较。在影片中，德累斯顿整个城市一片废墟，画面灰暗并配以声音低沉的解说词："这是德累斯顿，80%的街道被破坏了，市民缺乏生活必需品。"接着画面一转，一座漂亮的城市出现在观众面前，人们几乎看不到战争对城市的破坏，画面不但明亮了很多，解说员的语调也变得相当轻快："这是休特加鲁特，商店里商品琳琅满目。"强烈的对比让观众感觉西方的月亮比东方亮。1950年上映的系列片《欧洲面貌的改变》（*The Changing Face of Europe*）是在经济合作署资

---

① 经济合作署出资制作的电影大多数保存在位于马里兰的美国国家档案馆。探讨马歇尔计划电影的论著有：Sandra Schulberg, Richard Pena ed. *Selling Democracy*：*Films of the Marshall Plan 1948 – 1953*，2004；Albert Hemsing，"the Marshall Plan's European Film Unit 1948 – 1955：a memoir and filmography"，*Journal of Film*，*Radio*，*and Television*，Vol. 14，1994；David Ellwood，"The Progaganda of the Marshall Plan in Italy in a Cold War Context"，*Intelligence and National Security*，Vol. 18，2003；Kenneth Heger，"Publicizing the Marshall Plan：Records of the U. S. Representative in Europe，1948 – 50"，*The Record*，*News from the National Archives and Records Administration*，1998。

助下由 20 世纪福克斯公司制作完成的，影片从探讨不同的主题出发，客观详尽地描述了战后欧洲复兴计划所取得的成绩，并提出了以后需要进一步解决的问题。[①] 由戴维·库兰（David Kurland）执导、经济合作署驻罗马特别使团资助制作的《无言的村庄》（*Village without Words*），讲述了一个意大利村庄如何在欧洲复兴计划援助下走向复苏的故事。影片描述了欧洲复兴计划如何资助当地建立工厂，如何解决了就业问题。在欧洲复兴计划的帮助下，村民收入增加，面包师、鞋匠等手工业者努力工作，都过上了幸福的生活。[②]

经济合作署资助制作的电影所包含的另一个主题，是宣传技术援助项目和它的宗旨——鼓励欧洲国家采用先进生产技术以提高生产力。《流动的工作》《人与机器》《运转中的机器》等影片以数家工厂的鲜明事迹为例，说明大规模生产技术在提高生产效率和节省成本上的作用。经济合作署 1951 年资助制作的影片《人与机器》（*Men and Machines*）采用渲染性的手法展示了使用机器对促进生产带来的益处。观众在片中看到了美国那些先进的机械设备是如何运作的：推土机在飞快地平整建筑工地，钻孔机在给电线杆挖掘坑穴，起重机在轻而易举地将成吨的物资托运到山冈。影片结束时，镜头上出现了欧洲一个历史最为悠久的钢铁厂。欧洲古老的生产同美国先进的流水作业进行的大规模生产形成巨大反差，给观众带来了视觉上的震撼，旁白不失时机地指出："也许欧洲人能够为工业革命时期所取得的成就而兴奋不已，但您应当将欧洲复兴计划作为又一次工业革命，欧洲国家要积极开拓、努力创新。如果采用先进的机器设备，那么每天的产量将会提高数倍，这样欧洲人才能够在世界市场中占据一席之地。"

影片《运转中的机器》（*Machines at Work*）展示了由从前老式蒸汽机到现代化机器设备的演进历程，说明保持生产成本下降的途径之一就是不断地采用先进高效的新技术。影片将欧洲人目前的生产同美国这种大众生产做了对比后指出，机器已经改变我们这个星球的面貌，可是欧洲如果继续固守传统落后的生产方式，就只能延长劳动时间，导致物价上涨，购买

---

① Albert Hemsing, "the Marshall Plan's European Film Unit 1948 – 1955：a Memoir and Filmography", *Journal of Film*, *Radio*, *and Television*, Vol. 14, 1994, pp. 281 – 289.

② Ibid., p. 296.

力下降。接着镜头转向了美国一个纺织厂，旁白指出，如果采用了先进的工具和管理就能够提高生产效率。接着，银幕上出现了机器将一匹布同时裁剪为 60 或 80 块后通过传送带送到其他部门的画面，以事实说明了采用标准化的生产方式将会生产出多得多的产品。这就是说，大规模的生产一定会使人们摆脱消费品紧缺的年代。

　　《人人都有的更富有创造力的生活》（*A More Productive Life for Everyone*）介绍了经济合作署技术援助项目的具体运作情景。电影独白指出："美国是一片处处充满生机的沃土，大规模生产方法为消费者提供了价格低廉的商品，使工人得到了更多的收入。"接着，场景转向了欧洲生产考察队。这些赴美生产考察队由管理人员、技术人员、劳工代表组成，他们把从美国学到的技术运用到自己国家的生产实践中。镜头中出现了法国一个制鞋厂的生产情景，从美国学习到的最新缝纫技术在这里得到了应用。这个制鞋厂厂主在接受采访时指出："我们已经采用了先进的技术，结束了生产中的浪费现象，精简了人员，改善了劳工的工作环境。"影片在结束的告白中指出，技术援助项目能够帮助自由国家的人们共同分享人类创造出的技术成果和生产理念，使每个人都能够从中受益。[1] 影片《超越你》（*Over To You*）更是以人性化的方式、绘声绘色地展示了技术援助项目的实施情况。片中强调的是，除了向欧洲国家分配原材料、帮助它们走出经济困境外，马歇尔计划的另一个重要目标是向欧洲国家传授先进的生产技术，技术无国界，每个国家都应当共同分享世界的文明成果。影片集中描写了一个由英国技术师、贸易联盟等人组成的考察团参观纽约一个服装加工厂的情景，每个工人每天生产上千件衣服的工作效率让这些参观者惊叹不已。影片还以镜头记录了这些工人在工作之余聊天的大量画面，试图向观众说明高效的生产率不但给这些工人带来较高的收入，而且保证了他们有充裕的时间来休闲娱乐。[2]

　　经济合作署资助的影片的第三个主题涉及的是欧洲劳工问题。这些影片试图向欧洲劳工展现美国劳工由于生产力提高和劳资关系改善所获的好处，为他们指出努力的方向。影片《乔瓦尼的工作》（*A Job For Giovanni*），通过乔瓦尼这一意大利裔美国工人的经历来说明不断采用美国生产

---

①　Evan Noble, *Marshall Plan Films and Americanization*, p. 45.

②　Ibid., pp. 68 – 69.

技术能够提高生产力，获得较高的收入。① 影片《工作的理念》（*Ideas at Work*）展示的是美国劳工的生活：小汽车、厨房设备、拥有花园和篱笆的别墅、宽阔整齐的街道。片中还出现了美国面包师、屠宰工人、泥瓦匠等普通劳工的大量休闲生活画面。还有一些影片鼓励欧洲劳工加入"自由"的工会组织，维护劳工自身权益。《追求幸福》这部彩色影片就是以比尔·史密斯和琼斯两个美国普通劳工的生活进行对比，说明加入工会组织对提高工资和维护自己权益的重要性。史密斯这个来自加利福尼亚的屠宰工人由于加入工会组织，使工作得到保障，过上了舒适的生活，而琼斯没有这样做，结果生活相对窘迫。《有了这些帮助》（*With These Hands*）描述的是该片主人公亚历山大·布罗迪在国际劳工联合会的帮助下如何抵制共产主义的影响。该片被翻译成 9 种语言，在欧洲不同国家广泛放映。②《欧洲劳动节》（*European Labor Day*）将西欧与苏联东欧国家的劳工做了对比，力图说明欧洲国家劳工应当摆脱新的专制主义威胁，根据美国劳工的经验建立民主机构，在资本主义体制内争取自己的权益。③诸如此类的影片还有《走向繁荣的关键：生产率》（*Productivity，Key to Plenty*）《世界在行动》《赢得人心的战斗》（*The Struggle For Men's Minds*）等。

除了针对欧洲复兴计划、技术援助项目和劳工问题的影片以外，经济合作署还专门资助制作了一批宣传欧洲一体化和推动西欧自由贸易的电影。1950 年出品的《欧洲复兴计划在行动》是一部 12 集的大型纪实系列片。从 1950 年 6 月到 1951 年 7 月间，这部纪录片每周都在电影院的周末黄金时段免费播放。影片一开始是经济合作署署长霍夫曼在巴黎主持召开会议、部署经济合作署工作的镜头。该片分别从经济援助、推动自由贸易，促进欧洲一体化等方面作专门介绍。如该片第 4 集就集中描写了欧洲商品如何进入美国市场，获得更多美元。第 5 集讨论了在布鲁塞尔召开的展览会上经济合作署人员介绍推动欧洲一体化的情况。④ 纪录片《决策岁月》（*the Years of Decision*）试图鼓励欧洲国家打破战前支离破碎的民族经

① Sandra Schulberg and Richard Pena，eds.，*Selling Democracy：Films of the Marshall Plan 1948 – 1953*，2004，pp. 46 – 48.

② Ibid.，pp. 50 – 53.

③ Ibid.，pp. 125 – 127.

④ Evan Noble，*Marshall Plan Films and Americanization*，pp. 124 – 128.

济，敦促欧洲进行货币改革，鼓励削减关税壁垒，通过经济一体化来提高欧洲的生产和消费，在欧洲形成一个统一开放的经济市场。①

在这些纪实性影片之外，经济合作署还制作了一些卡通片，以通俗易懂、诙谐幽默的方式来达到宣传的目的。卡通片《鞋匠与帽匠》（*The Shoemaker and the Hatter*）就通过一个小城中鞋匠和帽匠的故事向观众说明高额的关税是限制生产力发展的一个重要障碍。帽匠每周只生产一顶帽子，为了获取高额的利润，他说服该市市长同意向进口的帽子征收高额的赋税；而鞋匠为了能够生产更多的鞋，高价购置了先进的机器。随着越来越多的鞋生产出来，鞋匠不得不乘火车到西欧各国兜售鞋子，但他发现由于高额的进口税的限制，大量廉价的帽子在其他地方堆积如山，而自己城市的老百姓却不得不高价购买本国产品。回国后，鞋匠向市长说明了情况，使大家认识到高关税保护主义的恶果。于是，各国开始纷纷取消关税，各地商品相互流通，价格大为下降，百姓欢呼雀跃。该片被翻译成 11 种语言在西欧各国播映，吸引了大批的观众。② 诸如此类的影片还有《多一些孩子气》（*Let's Be Childish*）、《我与马歇尔先生》（*Me and Mr. Marshall*）等。仅在 1949—1951 年上半年，经济合作署就通过商业或非商业性渠道向欧洲提供了 50 部影片。③

在经济合作署看来，最为有效地利用电影，不能仅仅专门拍摄一部去解决某个特定问题，要使一部看似寻常的电影，通过电影中活灵活现的人物形象及画面背景，从侧面通过感官传达给观众，让欧洲人通过观看电影自发地产生对美国社会的良好印象。影片展示宽敞明亮的别墅、快捷便利的连锁超市，使欧洲大众潜移默化地受到了这种生活方式的影响，并渴望过上这样的生活。可以说，经济合作署在以电影向欧洲人民进行宣传方面做到了目标明确，形式多样，内容丰富，使老百姓喜闻乐见，收到了比较好的效果。该署资助制作的影片中最有代表性的可见下表：

① Evan Noble, *Marshall Plan Films and Americanization*, pp. 232 – 234.
② Sandra Schu lberg and Richard Pena, eds. , *Selling Democracy*: *Films of the Marshall Plan 1948 – 1953*, pp. 149 – 152.
③ Economic Cooperation Administration, *Thirteenth Report to Congress*, 1951, p. 41.

表 5 – 2　　　　1949—1951 年间经济合作署主要资助制作的电影①

《我与马歇尔先生》（*Me and Mr. Marshall*）	1949 年
《断水的城镇》（*Town Without Water*）	1949 年
《工作的理念》（*Ideas at Work*）	1950 年
《欧洲复兴计划在行动》（*ERP In Action*）第 1—12 集	1950 年
《多一些孩子气》（*Let's Be Childish*）	1950 年
《隐藏的财富》（*Hidden Treasures*）	1950 年
《鞋匠和帽匠》（*The Shoemaker and the Hatter*）	1950 年
《马歇尔计划在法国的运作》（*The Marshall Plan at Work in France*）	1950 年
《马歇尔计划在英国的运作》（*The Marshall Plan at Work in Great Britain*）	1950 年
《我们喜欢的家》（*The Home We Love*）	1950 年
《决策岁月》（*the Years of Decision*）	1950 年
《追求幸福》（*Pursuit of Happiness*）	1950 年
《欧洲的前景》（*Europe Looks Ahead*）	1950 年
《播种》（*A Seed is Sown*）	1950 年
《两亿张嘴》（*200000000 Mouths*）	1950 年
《未来的项目》（*Project for Tomorrow*）	1950 年
《马歇尔计划在希腊的运作》（*The Marshall Plan at Work in Greece*）	1950 年
《走向繁荣的关键：生产力》（*Productivity, Key to Plenty*）	1951 年
《我的国外之旅》（*My Trip Abroad*）	1951 年
《超越你》（*Over To You*）	1951 年
《人与机器》（*Men and Machines*）	1951 年
《哈里曼来到巴黎》（*Harriman Arrives in Paris*）	1951 年
《流动的工作》（*Work Flow*）	1952 年

---

① Sandra Schu lberg and Richard Pena, eds. , *Selling Democracy*：*Films of the Marshall Plan 1948 – 1953*, pp. 246 – 248.

第四节　举办各种类型的展览

举办展览也是经济合作署信息项目展开宣传的一个重要渠道。在有形展示和现场观览中，展出者与参观者可以直接进行信息交流，有助于社会信息网络的扩张和社会信息交流活动的展开。经济合作署举办的展览会经历了三个阶段。第一阶段的展览集中在西欧的一些大城市，内容重在宣传欧洲复兴计划，目的是消除苏联和东欧对欧洲复兴计划的负面宣传，主要展览包括"我们自己的道路"、"欧洲列车"、"建设欧洲"等。第二阶段的展览会在空间上扩散到偏僻的乡村，展览内容的综合化倾向日益明显，并将对欧洲复兴计划的宣传与美国生产技术的普及结合起来，其中以在法国举办的流动农业展览最具代表性。第三阶段的展览侧重于展示美国的生产工艺、各种现代化科技成果和各种现代化消费品，旨在输出美国的价值观念和生活方式，从而赋予了展览会崭新的含义和更高的境界。

一　宣传欧洲复兴计划的展览

1949 年 4 月，经济合作署在英国伦敦举办题为"我们自己的道路"（On Our Way）的展览。该展览主要用大量图片介绍欧洲复兴计划在解决美元短缺问题和增加生产上的作用。展览包括 13 个展厅，每个展厅围绕着一个主题，以问答的形式来宣传。如在一个题为"知识树"的问答中，问题是："如何才能实现充分就业？"回答是："向国外出售更多的商品，换取更多的原材料。"还有一个问题是："生产率是什么？"答案是："生产率是指每人生产产品的比率，这一数字越高，表明生产率越高。"

经济合作署信息部人员还在不适宜进行大规模展览的地方策划小型的路边展览。他们在欧洲一些城市的繁华地带或者人员聚集较多的街道旁边搭起帐篷，用照片的方式向欧洲人讲述欧洲复兴计划的进展，包括提高生产率、鼓励工厂采取更为高效的生产方法等。很多照片还展示了美国普通工人的生活，尤其是那些向欧洲人炫耀停放在福特汽车公司外成千上万的小汽车的照片，令观看展览的欧洲人感触不已，他们难以相信这些汽车仅仅是美国劳工阶层最平常不过的交通工具。这些展览激起了欧洲劳工浓厚的兴趣，成千上万的法国工人驻足观看。①

经济合作署还利用汽车、火车等交通工具以流动展览的方式宣传欧洲复兴计划。经济合作署信息部会同驻欧洲特别代表办事处在西欧联合发起名为"欧洲列车"（The Train of Europe）的展览。该列车由 7 节车厢组成，分别宣传"欧洲经济合作的方式"、"促使联合的力量是什么"、"不断发展的工业"等主题。列车上悬挂着"经济分裂导致欧洲贫弱，为了共同进步、安全、和平与自由，欧洲联合起来！"的大幅标语。在最后一节宣传提高生产力的车厢外是醒目的标语"提高生产力能够使你迈向中产阶级"，还有标语写着"您每天所吃的面包中，有一半以上是用欧洲复兴计划提供的麦子烘烤的"。1951 年 4 月后的两年间，"欧洲列车"跨越欧洲 8 个国家，分别在西德、挪威、丹麦、比利时、法国、意大利、奥地利等地进行了巡回展览。②

除了"欧洲列车"展览外，经济合作署还举办了"建设欧洲"（Europe Builds）的流动展览。经济合作署为展览准备了 50 多万只氢气球，承载着每个参观者的祝福飞上天空。每个气球上还悬挂了一张卡片，上面写着"这个气球代表了 18 个欧洲复兴计划参与国人民对和平和繁荣的祈盼，马歇尔计划的目的是为了促进世界民主与和平，希望在未来的某一天，世界上的人们能够像这个气球一样自由穿越陆地，跨越海洋"。经济合作署署长霍夫曼自豪地宣称，这些气球飞越了 2500 英里，进入东德、波兰、匈牙利、奥地利、捷克斯洛伐克等国，被苏联情报局看做是"心理上的威胁"，是经济合作署发起的"细菌战"③。仅 1949 年，就有约 500 万欧洲人观看了这类宣传欧洲复兴计划的展览，到 1950 和 1951 年，人数又翻了一倍。

二　深入偏远地区的农业展览

经济合作署举办的展览并非仅仅局限在西欧大城市，它很快就将展览

---

① Economic Cooperation Administration, *Ninth Report to Congress*, 1950, pp. 67 – 69.

② Economic Cooperation Administration, *Thirteenth Report to Congress*, 1951, p. 78.

③ Ibid., p. 80.

延伸到偏僻的乡村，进行综合化的宣传，并把对欧洲复兴计划的宣传与美国生产技术的普及结合起来。其中以经济合作署于 1949 年在法国举办的流动农业展览最具代表性。

1948 年 11 月，经济合作署驻法国的信息项目专家皮埃尔·拉登纳（Pierre Ladune）提出了一系列建议，主张将宣传的范围扩大到广大偏远农村。拉登纳在报告中指出，目前西欧广大农村经济十分落后，处在低水平发展的年代，一遇到社会动荡和自然灾害就处于崩溃的边缘，只有依靠技术进步的新力量以提高农业的技术含量和农产品的价值含量，才能打破这种危险的状态。西欧很多偏僻落后农村存在着日趋衰落的家庭手工业，只有引入技术才能取得长足的发展。可是由于信息成本比较高，对新技术的尝试往往停留在狭小的区域内。经济合作署要想在西欧传统农业中引入技术要素，就必须担当起技术供给者的角色，诱导这些地区的农民改变传统的经济行为，采用新的技术。拉登纳强调，欧洲复兴计划虽然受到巴黎地区报刊的广泛关注，但偏远地区的人们对这一计划却很陌生。他建议举办流动农业展览会，为这些处于偏远地区的人们提供直接的信息，使当地农民通过直接观看展览理解欧洲复兴计划的意义，打破法国农村相对闭塞的状况。①

经济合作署其他人员对在西欧偏僻农村举办流动展览、促进技术扩散的作用也寄予厚望。经济合作署驻法国海外代表戴维·布鲁斯（David Bruce）1948 年 12 月致信法国农业部长皮埃尔·弗利林（Pierre Pflimlin），强调法国广大的农村居民对欧洲复兴计划的目标、益处和实施方法缺乏了解。他建议举办流动展览，向法国农民传播欧洲复兴计划的知识，通过欧洲复兴计划加强同法国农业界的合作来推广农业生产技术，提高农业生产。② 布鲁斯在信中希望农业展览能够唤起法国广大农民的技术意识，改变法国农民的精神面貌。为了确保展览成功举行，避免引起法国舆论的反感，拉登纳强调举办展览不能造成美国试图干涉法国内政的印象。法国方面对美国的请求立即作出了正面回应。弗利林在给布鲁斯的回信中表示，

---

① Memo from Pierre Ladune information officer Mission France to ECA information division, November 24, 1948, in Brian McKenzie, *Remaking France: Americanization, Public Diplomacy, and the Marshall Plan*, p. 225.

② Letter from David K. Bruce, head of Mission France, to Pierre Pflimlin, December 15, 1949, in Brian McKenzie, *Remaking France: Americanization, Public Diplomacy, and the Marshall Plan*, p. 226.

向法国农民展示美国的先进农业技术是十分必要的，相信会对法国农业生产起到推动作用。[1]

于是，经济合作署信息部采纳了皮埃尔·拉登纳、戴维·布鲁斯等人的建议，决定在法国举办一次大型流动农业展览。1949 年 6 月 6 日，在美国诺曼底登陆第五周年纪念日上，农业展览在位于靠近美国军队登陆海滩最近的一个小村庄隆重开幕。经济合作署对农业展览的路线也进行了精心策划，农业展览从这个村庄开始，沿着二战时期美国军队进入巴黎的路线巡回展出。经济合作署信息部的约翰·布朗指出，之所以这样做是考虑到1944 年美国曾向法国提供了军事援助，帮助法国从纳粹的铁蹄下解放出来，现在美国正在给予法国经济援助，推动法国实现经济上的复兴，二者何其相似。该农业展览由三个相互关联的部分组成。第一部分以数百个标语宣传欧洲复兴计划的运作，包括欧洲复兴计划的财政运行机制、对等基金制度、美国在历史上对法国的援助等内容，并详细指出法国接受援助的数额以及使用对等基金资助的项目。除此之外，这部分的展览还旨在解释农业在法国经济复兴中的重要性，督促法国农民努力提高农业生产。展览的第二部分主要展示了美国现代化的农机设备。主办机构通过各种渠道，选拔和征集美国最好的农机设备集中到展览会上，其中包括大容量的抽水机、播种机、联合收割机，还有美国各种类型的拖拉机等多种类型的农业机械。展览传递的信息非常清楚：先进的机械化设备是推动美国农业生产高速发展的一个重要原因，法国应当引入美国的这些设备，提高农业生产水平。展览第三部分实际上是流动的电影院，主要是播放介绍欧洲复兴计划的电影、纪录片。

向西欧农民传授和推广先进的农耕和畜牧技术，促进西欧农业生产现代化、提升农民素质是这次农业展览的一个主题。在展览期间，经济合作署设立了流动乡村服务人员培训部，其宗旨是向农民推广和传授先进的农业科技知识和生产工具，以增加农业产量。展览指出的实验、推广和研究农业科学技术的主要方式包括：收集各地农业机关试验已经取得成效的品种，经过在一定范围内的试验，将试验结果向当地农民推广；为使推广取得成效，提倡农民运用新机器、新技术，实行大规模生产，促使农业社会

---

① Letter from Pierre Pflimlin to David K. Bruce, December 23, 1949, in Brian McKenzie, *Remaking France: Americanization, Public Diplomacy, and the Marshall Plan*, p. 228.

化；设立园艺及各种作物育种场、棉麦育种场、棉种培育场，对小麦、棉花、苹果、烟草等农作物的品种进行试验，在试验的基础上推广优良品种。① 主办者运用播放电影、现场操作等方法，直观生动地向这些欧洲农民介绍生产技术，并强调了实用性、简便性和兼容性。优秀的展品和出色的展示，对参观者的习惯认知形成了冲击，激发了这些欧洲农民引进新技术的热情。

　　这个农业展览的另外一个重要任务是向法国农民散发宣传手册。经济合作署驻法国特别代表办事处为该展览专门设计了《马歇尔计划与法国农业》、《马歇尔计划和西南部》等小册子。《马歇尔计划与法国农业》这份设计精美、图案丰富的小册子包含了大量关于欧洲复兴计划的照片和图表。它以醒目的字体，开门见山地指出："由于你们的参与，马歇尔计划将推动法国农业走向繁荣。"小册子列出了小麦、玉米、马铃薯、牛奶等农产品的生产目标，并强调只有改变法国农业目前相对落后的生产方式，进行现代化的改造才能达到这些目标。按照小册子的说法，改造法国农业需要做到以下三点：采纳并广泛使用现代的农机设备，加强有效使用化肥，改善农业耕种技术。②

　　法国流动农业展览获得了很大的成功。经济合作署驻法国特别代表办事处副主任雅克·鲍赫（Jacques Bauche）在向经济合作署提交的报告中总结了农业展览所取得的成果，并对这次农业展览给予了高度的评价。鲍赫指出，在这些很少人光顾的偏僻村庄里，观看农业展览成为当地的重要活动。"从1949年6月至1950年5月，展览途经17个地区，行程2300公里，约54000名法国人驻足观看，观看农业展览的法国人数与从前在城市举行的展览的观众数目相当。"小册子的散发数量也是衡量这次展览的一个重要指标，"经济合作署散发了一万至两万本小册子，24家当地报纸刊登了数百篇关于展览的报道"③。经济合作署驻法国特别代表信息部主任海伦·柯克帕特里克在1949年12月8日呈送罗伯特·休斯的信中也指出："这个展览是我们向法国普通民众介绍马歇尔计划最重要的方式。农业展览深入到过去未曾达到的偏僻乡村。这些村民从前难以阅读或收听关于欧

---

① Economic Cooperation Administration, *Ninth Report to Congress*, 1950, pp. 23–25.

② Ibid., p. 24.

③ Jacques Bauche, Memo to ECA information Division December 21, 1949, in Brian McKenzie, *Remaking France: Americanization, Public Diplomacy, and the Marshall Plan*, p. 278.

洲复兴计划的报道，如今他们已经了解了欧洲复兴计划的基本内容。法国的农村人口对马歇尔计划有了初步的了解，仅仅有 13% 的农村人口没有听说过马歇尔计划。这次流动农业展览在向法国偏远农村普及欧洲复兴计划知识、促进农业技术的扩散方面起到了重要作用。"[1]

三　传播美国文化的综合性展览

法国流动农业展览的成功使经济合作署充分认识到展览会的功效。这样，在进一步行动的倡议下，经济合作署主办的展览开始突破单纯宣传欧洲复兴计划的模式，将重点转向了展示美国文化、艺术成就、各种现代化科技成果和各种现代化的消费品，即对美国社会与文化进行综合宣传。1950 年 8 月 7 日至 20 日，经济合作署会同商务部、欧洲经济合作组织共同主办了首届美国国际贸易博览会（The First United States International Trade Fair）。其初衷固然是加强欧洲商界同美国的贸易联系，帮助西欧国家的商品打入美国市场，但最后的结果却远远超出了这一目标。商务部国际贸易办事处负责交易会和展览会的官员雅克·孔斯特纳（Jacques Kunstenaar）相信，这样的国际博览会有助于减少贸易壁垒，维护世界经济的稳定。为了劝说西欧商界代表参加这次博览会，孔斯特纳同他们进行了多次会谈。最后，47 个国家的代表出席了本次博览会，其中有 24 个欧洲国家代表，7 个西半球代表，8 个亚洲和非洲国家代表。除卢森堡外的所有欧洲复兴计划参与国都参加了这次博览会。[2]

1950 年 8 月 7 日，首届美国国际贸易博览会在芝加哥举行。美国总统、美国商务部部长、芝加哥市长、经济合作署署长出席开幕式并发言。芝加哥市长马丁·肯内利（Martin Kennelly）在欢迎致辞中简要回顾了博览会发展的历史，强调这次博览会的主题是"世界贸易推进世界和平"，通过展示美国和世界其他国家的现代化工业产品，促进科学、技术和人文

[1] Letter from Helen Kirkpatrick to Robert Huse, Information Director, ECA Washington, December 8, 1949, Brian McKenzie, *Remaking France: Americanization, Public Diplomacy, and the Marshall Plan*, p. 283.

[2] House, Committee on Foreign Affairs, Joint Resolution 453, Memorandum from George Lee Millikan, Staff consultant, authorizing the President to invite the States of the Union and foreign countries to participate in the First United States International Trade Fair, June 20, 1950, p. 2.

的进步，推动人类的整体性文明交流。这就赋予了展览会崭新的含义和更高的境界。① 经济合作署署长霍夫曼也强调，这次交易会有助于推动科学、技术和人文的进步。加强人类的整体性文明交流，是将世界各地的买方和卖方聚集起来从而促使欧洲复兴计划参与国赚得更多美元的重要方式。② 贸易杂志《现代工业》也指出，首届美国国际贸易博览会"欢迎所有的国家和民族通过参与其中，提升自身的知识水平、工业技能、艺术品位与科学精神。这符合全人类的利益"。

博览会最原本的功能就是专辟一地，集合精良物品供人观览，以起到增进知识，以广见闻的作用。1950 年这次国际博览会体现了战后初期美国蓬勃的生气和面对未来的无比自信，使其谋求世界领袖地位的姿态得到了淋漓尽致的发挥。作为博览会主体建筑的"国家大厅"巍峨璀璨，本身就体现了当时的先进科技和人类建筑的新形式。很多展厅展示了美国最新的科技发展。美国方面的代表有知名的跨国公司，如国际收割机公司、国际商务器械公司等。参展品价值达五百万至一千万美元，其中消费品占总展品的60%，工业装备占33%，旅游业信息占7%。③ 只有通过对不同展品的比较才能优劣互现，短长尽显。许多欧洲人在博览会上不仅接触到了美国工业生产中的最新成就，而且通过与美国展品的比较，看到了自己在很多工业产品和技术上与美国存在的巨大差距。

除了这些工业技术外，有的展厅把美国经济生活的主要方面转化为大众流行的语言，通过展示美国走向世界强国的历程，宣扬了美国社会的富裕与繁荣。有的展厅通过图片介绍了象征美国的主要建筑，其中包括纽约的摩天大楼、旧金山的金门大桥等。有的展厅宣传美国已经发展出一种全新的资本主义，这种美国式的资本主义能够为人们提供舒适的生活和不断发展的机会。有的展厅还通过展示美国工人薪水和津贴的信息，强调了美国在增加工人工资、训练现代工人方面所取得的成就。如他们使用了大幅照片和数据强调存款和股票持有人的人数不断增加，资本的所有权正在迅

---

① "Mayor Offers City's Welcome to Fair Visitors", in *First United States International Trade Fair*, August 7 – 19, 1950, p. 1.

② *First United States International Trade Fair*, August 7 – 19, 1950, p. 1.

③ House, Committee on Foreign Affairs, Joint Resolution 453, Memorandum from George Lee Millikan, Staff consultant, authorizing the President to invite the States of the Union and foreign countries to participate in the First United States International Trade Fair, June 20, 1950, p. 2.

速转移到普通民众手中，美国已经出现了世界上最高的生活水平。

这些展览试图向西欧公众说明，美国是一个与众不同的国家，它的文化和社会制度具有无比的优越性。美国的经济是开放性的，它可以为饱受战争创伤的西欧国家提供美国的市场，并愿意帮助西欧经济的复兴。当然，西欧各国也应实行开放的贸易和经济政策。自由主义、民主制度和资本主义才是美国和西欧国家相互认同的纽带，是大西洋两岸的共同规范、共同道德和共同习俗的基础。这就在西欧国家参观者的思想上建构起了美欧文化同属一源的心理认同。在博览会结束时对观众进行的问卷调查发现，75％的参观者认为展览"好"或者"非常好"；65％的参观者认为以美国为代表的资本主义生活方式给绝大多数美国人带来了巨大的好处。[1]

由此可见，经济合作署的信息宣传项目取得了一定成效。首先，信息项目使欧洲人民对欧洲复兴计划有了更多的了解。法国公共舆论机构的调查显示，1947 年 11 月 16 日，只有49％的人听说或读过关于欧洲复兴计划的报道，到了 1950 年 7 月，"90％的人开始了解马歇尔计划的主要内容是美国向欧洲提供援助"。1951 年经济合作署向国会的报告也指出，欧洲人对马歇尔计划的认识有了明显的提高。调查显示，超过五分之四的欧洲人认识到马歇尔计划的重要性。[2] 其次，经济合作署信息项目消除了一些西欧民众对资本主义文化以及社会制度的怀疑和失望心理，在一定程度上整顿了西欧国家在战后初期国际政治新格局中的思想混乱状况，为巩固并扩大西方国家的民主阵营统一了思想基础。最后，经济合作署的信息项目为欧洲国家人民了解美国文化提供了绝好的机会，在一定程度上改变了一些人对美国文化的传统偏见。

经济合作署信息项目之所以取得一定成效，主要是因为它不是空洞的布道和宣传，而是采取潜移默化的宣传方式达到"润物细无声"的效果。经济合作署通过杂志、电影、展览会等多种手段的结合，将美国的价值观念蕴涵于各种文化产品中，并以它们为载体将美国文化传送到欧洲国家。另外，信息项目的成功还在于，它为了避免西欧公众对美国政府文化宣传行为的反感心理，凭借经济合作署公私合作的独特的机构特点，十分善于

---

① Robert Haddow, *Pavilions of Plenty: Exhibiting American culture abroad in the 1950s*, 1997, pp. 142 –144.

② Economic Cooperation Administration, *Twelfth Report to Congress*, 1951, p. 36.

调动和利用民间力量的优势，同西欧国家私有出版公司联手合作，资助发行反映美国社会生活的大众杂志和影片。当然，信息项目的成功与它面向欧洲公众的大多数也是分不开的。经济合作署在推行这个项目时，越过了地方执政阶层而直接诉诸欧洲公众。可以说，它是以欧洲大多数普通人为宣传对象，如举办主要涉及欧洲劳工的路边展览将其信息项目覆盖西欧国家的大街小巷，举办针对乡村农民的流动农业展览直至偏僻的穷乡僻壤，而且各种宣传手段都强调通俗易懂，结果自然在西欧绝大多数人的心中留下了不可磨灭的印象。

第六章　经济合作署的困境与欧洲复兴计划的终结

　　在欧洲复兴计划实施初期，经济合作署基本遵照《1948 年经济合作法》行动，使其初期的各项政策得到了政府和利益团体的支持而顺利执行。但是随着欧洲复兴计划的逐步展开，经济合作署在欧洲复兴和国际关系上表现出愈来愈强的主导性，即更加从世界资本主义体系的整体和长远利益考虑问题。这样一来，它所采取的某些措施便与利益团体和美国政府的政策不完全吻合。其主要表现是，经济合作署超越了为美国利益团体服务的狭隘立场，采用竞争性价格购买石油和运输援助物资。更重要的是，经济合作署走出了冷战框架体系下国家安全观的狭隘视野，拒绝按照美国政府的指示使用欧洲复兴计划对等基金购买或生产战略储备物资，甚至不顾美国政府推行的东西方贸易管制政策，鼓励同苏联及东欧国家发展贸易。然而，美国政府并没有如此之强的主导意识。随着冷战国际形势的发展和美国政府对国家安全的高度关注，美国政府将对欧洲援助的重心从经济转向了军事，坚定不移地奉行对苏联和东欧的遏制政策。于是，着眼于世界资本主义体系在全球的扩张并主张以发展生产和经济援助优先的经济合作署，终于受到美国政府的压制而被迫解体，欧洲复兴计划也随之结束。经济合作署所设想的兵不血刃就能让美国式的经济制度和文化价值观征服世界的目标，由于冷战政治的发展而无法成为美国政府的政策实践。

第一节　在石油和运输问题上与
美国利益团体的争执

欧洲复兴计划期间，西欧大多数工业国家面临着战后重建工作所需的能源总供应量可能发生严重匮乏的局面。为了减少这种石油进口方式给西欧国家的收支平衡带来的不利影响，经济合作署不顾美国石油利益团体的反对，采取措施在西欧建立炼油工业，主张采用竞争性的市场价格购买原油产品。除此之外，经济合作署还提议修改《1948 年经济合作法》中关于保护美国海运业的相关规定，要求以市场价格来运输援助物资。经济合作署的这些政策招致了美国石油、海运等利益团体的不满。

一　重建西欧石油工业和竞争性石油市场价格之争

第二次世界大战前，煤炭是西欧的主要能源，然而，欧洲的煤炭工业由于战争的破坏，遭受了沉重的打击。西德、比利时和法国等国家的大部分煤矿无法投入生产，甚至在一些没有受到地面战斗或轰炸直接影响的地方，采煤工业也因设备磨损、缺乏投资难以获得劳动力而陷入窘境。在这样的形势下，西欧国家为解决能源不足之忧，只能直接进口石油产品。到1949 年，石油在西欧主要国家能源消费结构中的比重都有较为明显的提高。如法国从 1937 年的 8.2% 提高到 15.5%，英国从 6.3% 提高到 9.1%，西德虽然有鲁尔等主要产煤区的集中供煤，石油在其能源消费结构中的比重仍然从 1937 年的 2.2% 上升到 3.1%。这样一来，西欧国家就要花大量美元从美国公司进口石油，石油乃成为这些国家美元预算中一个相当大的项目。对此，美国石油公司自然喜上眉梢，但是西欧国家却不得不为美元短缺时期如此庞大的美元开支而担心。

从西欧国家而不是美国石油业的利益考虑，经济合作署采取了一系列措施来减少西欧的石油美元开支。首先，它为西欧国家提供种种优惠，鼓励它们发展自己的炼油工业。例如，经济合作署向西欧国家的一些石油公司提供了低于当时通行利率的优惠贷款，向有建炼油厂意愿的公司提供了必要的外汇以进口必需的设备。同时，经济合作署还对有关公司保证，当炼油厂建成后，将通过关税或定额安排以使原油进口优于石油产品的出口。这样一来，那些未能建立新炼油厂的公司将来就很有可能因新油厂的增加失去已占有的市场份额，或者因自己产品价格过高而失去已有的销量。

　　除了经济合作署的鼓励以外，欧洲石油公司从自身利益的角度考虑，也愿意在西欧兴建新的炼油厂。它们首先看到的是，运输条件的改善和炼油技术的进步，已使在西欧兴建炼油厂的成本大大降低。由于油轮建造技术的进步和几万吨级油轮的出现，原油运输的单位成本已一落千丈。炼油技术的进步则使得在西欧建设年产 200 万吨以上的炼油厂成为可能，通过规模化生产降低成本已不再是幻想。不仅如此，这些石油公司还发现西欧对石油产品的需求迅猛增长且需求结构也发生了重大变化。第二次世界大战以前，西欧炼油能力有限，其原因不仅是因为需求量小，还因为所需要的石油产品品种单一，主要是交通运输业所需要的汽泊和柴油等精炼轻油，而对燃料油等重油的需求量却很小。燃料油主要是用作工业燃料，可是西欧工业在燃料上主要是靠煤。这就使得战前西欧的炼油厂不得不为炼油过程中必然要产生的燃料油等重油的销路发愁，从而制约了欧洲炼油工业的发展。到战后实施欧洲复兴计划时，西欧国家由于煤炭生产的不足而不得不鼓励使用燃料油发电，结果使得燃料油等重油的需求量迅速扩大。这样，西欧炼油厂所生产的包括精炼轻油和重油在内的各类产品都可以在本地销售，而且销量不断上升。由于在成本和需求方面所发生的这些重大变化，在西欧建炼油厂显然已经成为一件有利可图的事情，现在又加上了经济合作署的鼎力支持。于是，西欧很快便掀起了兴建炼油厂的热潮。第二次世界大战前，西欧的小型炼油厂只是零星地分布在诸如鹿特丹、马赛和汉堡这样的港口。到 20 世纪 50 年代初，英国的法奥莱（Fawlay）、荷兰的佩尔尼斯（Pernis）和法国的马赛（Marseilles）等地区都建立了炼油厂。①

　　为了解决西欧的石油短缺和美元负担问题，经济合作署并不仅仅满足于在西欧建立炼油工业，它还对国际石油公司控制下的石油价格制度极为

---

① Economic Cooperation Administration, *A Checklist of Operations*, 1950, Washington, 1950, p. 24.

关切。第二次世界大战前很长时间，埃克森、美孚、雪夫隆、德士古和海湾等7大石油公司控制了国际石油市场，其中5个公司的总部都在美国。美国的石油生产成本是比较高的，而成本较低的墨西哥、委内瑞拉和中东石油在国际市场上所占的比重则很小。为了确保美国在国际市场上出售的石油有足够的利润，这7大石油公司达成协议，规定原油和石油产品的标价按美国墨西哥湾港口的离岸价格为标准，而运费则按从墨西哥湾港口把石油运到西欧港口所需的运费为标准。这就是所谓"墨西哥湾港口加价制"。第二次世界大战结束以后，中东地区旋即成为世界石油勘探的中心，中东在地理位置上距离西欧这个主要消费区比较近，且石油价格也比较低廉。因此，经济合作署主张欧洲国家从美国以外的中东产油区进口石油。但问题是，来自中东等产油国家的石油仍须按照来自墨西哥湾的运费为标准加以核算，而不是以反映其实际运费的价格出售。这种不合理的油价制度显然成了迅速扩大西欧石油能源供应的障碍。

　　经济合作署对这种国际石油公司控制下的石油价格制度颇为不满，力主打破这种石油垄断价格，确保欧洲复兴计划参与国以最低的市场竞争性价格获得原油。1949年9月底，霍夫曼分别致信美国几大石油公司。他在信中指出，目前西欧平均以每桶4美元的价格从美国进口原油，而进口石油产品的价格则更为高昂。到1949年，整个中东地区生产的石油达到1.14亿吨，占世界总产量的20.8%。1949年后半期中东原油已经从每桶2.18美元降低到目前的每桶1.99美元。如果经济合作署采用这样的价格购买原油产品，将会为欧洲复兴计划节省大量开支。因此，经济合作署在原油的购买上，考虑要以最低的市场竞争性价格获得这些产品。①

　　一周后，经济合作署署长霍夫曼在延长欧洲复兴计划的国会听证会上宣读了题为《经济合作署的石油政策》的报告，对经济合作署的石油购买政策做了进一步的阐述。报告指出，第二次世界大战后国际石油市场格局所发生的悄然变化，已经使"墨西哥湾加价制"所赖以存在的基础发生动摇。美国出现了国内石油消费持续增长和国内石油储备逐渐枯竭的现象，美国对外输出的石油逐渐减少，而进口石油却迅速增加。美国在1948年

---

① U. S. Congress, House, Committee on Foreign Affairs, *Extension of European Recovery Program*, 81th Congress, 1st session, 1949 Annex B, p. 780.

出现了石油进口超过出口的情况，标志着美国已成为石油净输入国。中东、委内瑞拉等地的石油产量不断增长，出口迅速增加，在国际石油市场所占的份额越来越大。国际石油市场格局的变化，意味着西欧从生产成本较高的美国进口的石油会日益减少，而从其他产油区特别是生产成本较低的中东进口的石油则将越来越多。中东石油不仅开采成本极低，而且运输距离也更短。然而，由于美国部分石油公司为排斥市场竞争和攫取高额利润而继续坚持其对石油价格的控制，欧洲在外汇费用方面承受着不必要的负担。因此，经济合作署建议采用世界市场的竞争性价格，以最低的成本购买石油等物资。[1]

经济合作署扩大西欧石油工业，主张废除"墨西哥湾加价制"的建议遭到了美国石油利益团体的强烈反对。美国独立石油协会（Independent Petroleum Association of America）成立于 1929 年，总部设在华盛顿，成员主要包括全美 33 个州的独立石油与天然气生产商，该协会成员生产商的钻井数占美国总钻井数的 85%，天然气生产量占全美的 65%，石油产量占全美的 40%。在 1949 年 10 月 3 日的年会报告中，美国独立石油协会指出，经济合作署进一步扩大石油生产和出口的计划将会对美国的石油工业构成严重威胁。报告认为，经济合作署考虑利用欧洲复兴计划专项基金扩大西欧国家的石油生产规模，这显然不仅仅是为了满足欧洲国家自身经济发展的需要，结果必然是在美国国内石油市场已经供过于求的情况下向美国出口大量剩余石油产品。由于国外进口的石油在成本上大大低于美国国内生产的石油成本，大量的石油进口关系到美国国内石油生产的稳定，影响到那些只在国内拥有业务或将绝大部分业务放在国内的石油公司的利益。美国独立石油协会出于维护美国国内石油生产稳定的考虑，反对使用美国纳税人的钱来资助欧洲复兴计划参与国扩大石油生产和改进石油工厂，尤其反对经济合作署动用欧洲复兴计划资金来发展那些将会对美国自身石油业构成竞争的项目。[2] 经济合作署采用竞争性的价格购买石油的建议也遭到了美国独立石油协会的反对。美国独立石油协会认为，取消墨西

---

[1] U. S. Congress, House, Committee on Foreign Affairs, *Extension of European Recovery Program*, 81th Congress, 1st session, 1949, pp. 462 – 464.

[2] Resolution on the ECA Program, Annual meeting of the Independent Petroleum Association of America, October 3 – 4, 1949, in U. S. Congress, House, Committee on Foreign Affairs, *Extension of European Recovery Program*, 81th Congress, 1st session, 1949, pp. 842 – 844.

哥湾加价制将使中东廉价石油大量进口，进口石油增长会降低美国国内油价，破坏国内石油业。报告指出，在 1948 年前，美国原油自给自足，墨西哥湾沿岸各州还对欧洲出口大量石油。1946 年美国进口石油只占国内石油生产的 5%，随后石油进口大幅度上升，1945 年到 1949 年，每年石油进口增长率为 19%，五年间石油进口总量增加了 139%，而且 1948 年美国成为石油净进口国。如果废除墨西哥湾加价制，低成本的中东石油的出口将继续扩大，不但在欧洲市场上把美国石油排挤出去，而且中东石油将大量拥有美国市场，廉价石油进口的增加将冲击产油州为国产石油制定的高价。①

美国石油利益团体的反对并没有改变经济合作署的态度。在经济合作署和西欧各国政府的努力下，几大国际石油公司最终妥协了。1950 年，这些石油公司同意对中东生产的石油标定不同的价格。此外，各大石油公司还另行规定了费用较低的油轮直接从加勒比海和中东运输石油的运费率。由于这一变化，运输到西欧石油的平均交货价从原先的每桶 4 美元降到 3.5 美元以下。虽然两者最初的区别并不大，但是销售价格与生产成本挂钩的定价模式，为西欧以后大规模利用低成本中东石油铺平了道路。从下表可以看出，从美元区出口到西欧的石油从 1938 年的 1130 万吨下跌到 1951 年的 740 万吨。来自英镑区海外属地的石油则从 390 万吨攀升至 2750 万吨。② 这为经济合作署在物资购买上节省了大量开支。

表 6—1　　　　　　　　部分西欧国家进口石油产品数额　　　　单位：百万吨

地区	年份	原油	成品石油	合计
美元区	1938	5.7	5.6	11.3
	1948	2.8	4.2	7.0
	1951	3.3	4.1	7.4

---

① Resolution on the ECA Program, Annual meeting of the Independent Petroleum Association of America, October 3 – 4, 1949, in U. S. Congress, House, Committee on Foreign Affairs, *Extension of European Recovery Program*, 81th Congress, 1st session, 1949, pp. 842 – 844.

② Economic Cooperation Administration, *Thirteenth Report to Congress*, Appendix B, 1951, p. 109.

续表

地区	年份	原油	成品石油	合计
英镑区附属地	1938	3.9	1.0	4.9
	1948	5.3	1.7	7.0
	1951	27.5	1.4	28.9
独立的海外属地	1938	0.8	6.1	6.9
	1948	1.2	7.9	9.1
	1951	1.1	5.0	6.1
西欧	1938	0.1	0.4	0.5
	1948	—	0.2	0.2
	1951	—	1.7	1.7
全部进口量	1938	11.9	19.1	31.0
	1948	15.4	20.3	35.7
	1951	51.1	15.6	66.7

资料来源：Economic Cooperation Administration，*Thirteenth Report to Congress*，p. 112.

二　在援助物资运输价格上的分歧

经济合作署除了主张采用竞争性的价格来购买石油外，还提议修改《1948 年经济合作法》中关于保护美国海运业的相关规定。在《1948 年经济合作法》的讨论中，美国私人海运业为了保护其利益，曾在美国劳工团体的支持下使该法纳入了"确保至少有 50% 的商品由美国商船运输"的条款。[①] 但在欧洲复兴计划实施过程中，经济合作署看到使用美国的船只和外国船只在运费上差距明显，于是提出修改该条款，主张以竞争性的价格来运输援助物资。1948 年 12 月 3 日，经济合作署署长霍夫曼在给众议院外交委员会主席布鲁姆的信中指出，欧洲复兴计划援助物资日益增多，在此后近四个月的时间里，每月就将有 125 万吨煤炭从美国运往欧洲复兴

---

① U. S Congress，Senate，Committee on Foreign Relations，*European Recovery Program*，Hearings Held in Executive Session，80th Congress，2d session，1948.

计划参与国，需要 600 艘船只运输这些物资，海运委员会、政府相关机构和贸易组织估计将有 350 艘外国船只和 250 艘美国船只参与运输。由于使用美国的船只要比使用外国船只运输物资每吨多花费 4.5 美元，经济合作署建议，为了节省欧洲复兴计划的开支，国会对《1948 年经济合作法》关于运输的相关规定予以修改，废除美国船运业运送援助物资的百分比不少于 50% 的条款。①

经济合作署在海运问题上的姿态招致了全国海运联盟、产业工会联合会海运委员会等利益团体的不满。在它们看来，经济合作署的海运政策损害了美国海运业的普遍利益。1949 年 2 月以来，全国海运联盟的代表几次致函众议院外交委员会主席，对经济合作署海运政策表示反对，并希望众议院外交委员会主席把他们的关切和建议反映给美国政府。②如全国海运联盟主席约瑟夫·柯伦（Joseph Curran）在 1949 年 2 月 15 日给众议院外交委员会主席布鲁姆的信中指出："全国海运联盟对目前贵委员会考虑修改《1948 年经济合作法》中关于海运的条款表示深切关注，我们认为修改该条款毫无意义，使用美国船只并没有增加运输的费用，应当重新强调由美国船只运输不少于 50% 的欧洲复兴计划物资这一规定。"③众议院对外经济合作联合委员会主席帕特·麦卡伦（Pat McCarran）也劝说经济合作署放弃修改运输条款的建议。麦卡伦在 1949 年 3 月 2 日致霍夫曼的信中认为，以牺牲美国商人的代价来帮助欧洲国家发展海运业是不妥当的，如果修改运输条款，美国自身的海运业将会面临相对不利的竞争地位，美国国会需要保护美国自身产业的利益，希望在这一问题上能够三思而行，找到更为妥善的解决方案。④这样，在美国利益团体的压力下，美国国会众议院外交委员会拒绝了经济合作署的建议，明确表示国会认为应当继续坚持使用至少 50% 的美国船只运输欧洲复兴援助物资，即便是美国船只的运费要高于世界船运市场的平均价格亦复如此。⑤

---

① U. S. Congress, House, Committee on Foreign Affairs, *Extension of European Recovery Program*, 81th Congress, 1st session, 1949, pp. 890 – 891.
② Ibid. , pp. 825 – 829.
③ Ibid. , pp. 900 – 902.
④ Ibid. , pp. 832 – 833.
⑤ Ibid. , p. 827.

第二节　在战略物资购买与禁运上与美国政府的分歧

经济合作署除了与一些利益团体发生摩擦外，还与美国政府部门在战略物资储备和对苏联、东欧国家的禁运等问题上出现分歧。美国政府一方面希望从欧洲复兴计划参与国获取战略储备物资，另一方面开始考虑实行贸易管制制度，防止将战略物资辗转流入东欧国家和苏联。经济合作署为了确保有足够的欧洲复兴计划资金来推动欧洲生产，拒绝按照美国政府的指示在欧洲复兴计划参与国中购买或生产战略储备物资。除此之外，经济合作署考虑到东西欧贸易对欧洲国家经济发展所起到的作用，还积极鼓励同东欧国家发展贸易。经济合作署的这些政策致使美国政府的设想受挫，引发美国政府一些部门的不满，对经济合作署后来不祥的命运埋下了伏笔。

一　在战略储备物资购买上的消极态度

为"贫乏"的美国取得原料是欧洲复兴计划的目标之一。早在该计划酝酿期间，美国政府就考虑从欧洲受援国获取战略储备物资。1947 年 4 月 21 日，国务院—陆军部—海军部组成的三部协调委员会就谈到了战略资源对保护美国安全的重要性。该委员会撰写的报告称，这个重建欧洲并由此而拯救欧洲的计划，不仅要牺牲大量美元，而且要动用美国稀缺的自然资源。如果受援国不把它们从殖民地获得的原料贡献给美国，以抵消美国向它们提供的货物，欧洲复兴计划将不可避免地会把已经接近枯竭的美国资源更快地耗尽。三部协调委员会认为，美国与其他国家的军事合作对美国国家安全十分重要，美国应当以友好的手段保护并开发这些拥有金属、石油等具有战略物资意义的地区。从欧洲受援国获取战略储备物资是一种不用严重消耗美国自己的自然资源就能达到目的的方法。为了防止失去一些重要的原料，美国应努力维持进口，并在欧洲复兴计划参与国增加某些物资的生产，扩大并发展国外供应来源。这既有利于世界的复兴，也有利于国家的安全。三部协调委员会还鼓励美国私人企业去开发一些国外的高品位矿藏。该委员会认为，应该使用美国的私人投资、经营管理、技术和设备来迅速开发这些急需的货源。这些矿产既可给美国带来长远的好处，又可成为对重建欧洲费用的一种补偿。①

于是，利用欧洲复兴计划为美国储备战略物资很快成为美国国会参众两院讨论的一个焦点。美国总统在向国会提交的咨文中强调，在美国因本国资源不足或潜在不足需要受援国的物资时，容许美国前往受援国的殖民地开发，并在切实可行的地方增加这类物资的生产。② 国会还对总统提交的欧洲复兴计划议案作出了修改，其中大部分修改反映了美国对战略资源的关注。参议院对外关系委员会在对此条款讨论时增加了有关战略储备物资的附加条款。法案要求经济合作署拨出一部分资金，用于在国外扩大某些物资的生产，以弥补美国国内生产的不足。受援国根据欧洲复兴计划存放的当地货币可以被用来为美国政府购买战略物资。该法第 115 条第 9 款规定，考虑到美国为欧洲国家复兴所做出的贡献，受援国在原材料生产增加的情况下应考虑将一定量的原材料输送给美国，以此作为换取赠予或贷款的条件。③

除此之外，修改后的条款还规定了经济合作署署长在获取战略物资上的责任，授权经济合作署署长通过专用资金鼓励扩大生产这种战略储备物资，以满足美国由于国内缺乏或潜在短缺而导致的需求。该法要求支出一部分经济合作署的基金，金额至少要相当于对等基金的 5%，供美国政府购买战略物资。《1948 年经济合作法》第 115 条第 6 款规定经济合作署署长与受援国签订协议，商定美国从欧洲购买战略物资的最低限度计划，向这些国家提供专门的对等基金，运用这些对等基金鼓励参与国生产和开发战略性资源或用于本法所规定的其他目标。④

美国政府官员在《1948 年经济合作法》经国会修改通过后曾认为，

① Report of the Special "Ad Hoc" Committee of the State-War-Navy Coordinating Committee, April 21, 1947, in *FRUS*, 1947, Vol. 3, pp. 204 – 219.

② *Outline of European Recovery Program: Draft Legislation and Background Information.* Printed for the use of the Senate Committee on Foreign Relations, 80th Congress, 1st session, 1947, p. 36.

③ U. S Congress, Senate, Committee on Foreign Relations, *European Recovery Program*, Hearings Held in Executive Session, 80th Congress, 2d session, 1948, p. 139.

④ Ibid. , p. 140.

美国每年可获得几亿美元的受援国当地资金，用以为美国的战略储备购买能够买到的物资。但是，经济合作署对该法的有关规定不予理会，拒绝将欧洲复兴计划对等基金用于为美国采购军事物资。经济合作署反对动用对等基金为美国购买战略储备物资的原因主要有两个。首先，经济合作署认为，欧洲复兴计划参与国目前经济尚不稳定，美元短缺的情况十分明显，无力向美国提供大量额外的物资。1949 年 3 月 14 日，经济合作署署长霍夫曼在致信美国众议院外交委员会主席约翰·基（John Kee）时强调，欧洲复兴计划参与国及其附属国并没有能力生产大量可供出口美国的这些物资，仅有的一些只能满足这些国家自身的需要，因此从欧洲复兴计划国家获得战略物资的唯一途径是扩大生产，在这些国家开发新的资源。[①] 1949 年 4 月 30 日，经济合作署驻欧洲特别代表助理向经济合作署驻欧洲使团发去指示，重申了美国推行欧洲复兴计划的主要目标是增加欧洲工农业生产，恢复正常的金融贸易秩序，而不是为美国购买战略物资。经济合作署在向国会的报告中也明确指出，解决美国战略物资短缺问题的最佳途径是扩大欧洲复兴计划参与国及其海外领地的生产规模，提高世界生产的总体水平。[②] 其次，经济合作署认为，美国目前并不存在资源短缺的问题，无须从其他国家购买这些物资。该署战略物资处主任埃文·贾斯特就曾指出：美国是一个富国，美国从外国自然资源中去攫取十倍于美国应得的份额，以维持比美国所有的朋友都高得多的生活水平，这样合理吗？符合长远幸福与和平的利益吗？据贾斯特掌握的统计数据，美国现在握有 35000 万美元的剩余铝，44200 万美元的剩余锡，22000 万美元的剩余铬铁矿，214000 万美元的剩余橡胶。在 75 项战略和稀有的重要资源储备中，如按 3 年的战争估计，57 项超过了长期的或最高储备目标。[③]

经济合作署在战略物资储备上的"不合作"引起了美国国会中部分人士的不满。众议院对外经济合作联合委员会在 1949 年 11 月的《经济合作署与战略物资》专门报告中指出，美国政府最初规定使用 2500 万美元在

① U. S. Congress, House, Committee on Foreign Affairs, *Extension of European Recovery Program*, 81th Congress, 2d session, 1949, p. 846.

② Economic Cooperation Administration, *Ninth Report to Congress*, 1949, p. 46.

③ Report of the Joint Committee on Foreign Economic Cooperation, *ECA and Strategic Materials*, 1949, p. 139.

欧洲购买战略物资，但一年后这笔款项并没有被使用，经济合作署在战略储备物资购买上是故意"拖后腿"。报告认为，经济合作署在战略物资储备采购上进展迟缓，如果按现在的采购速度进行，要花五年半才能完成物资采购计划。截至目前，经济合作署仅完成铝目标的17%，钴的18%，镉的51%，铬矿石的44%，铜的31%，铅的57%，锰的35%，橡胶的45%，锡的33%，以及锰的35%。[①] 为了加快经济合作署采购战略物资的速度，该报告对经济合作署在欧洲复兴计划国家搜集战略物资的责任做了更为详尽的规定。报告建议，经济合作署使用对等基金或其他拨款方式来搜集战略物资。指出储备军事战略物资是美国国家政策的一个重要组成部分，考虑到当前对外经济援助和美国即将进行的军备项目的需要，美国面临最为重要的是原材料问题。因此，经济合作署应当发挥其独特优势，对欧洲复兴计划参与国施加影响，为美国集结战略物资，具体需要做到以下几点：与欧洲复兴计划参与国签订长期协议，确保这些国家向美国定期提供战略物资；经济合作署署长要设立专门的资金，资助欧洲国家扩大这些资源的生产，经济合作署每年要将不少于5%的对等基金用来购买和开发这些资源，使西欧国家附属地对美国的战略性资源生产做出贡献。[②]

　　尽管遭到美国国会的棒喝，经济合作署对国会的这些规定仍然不予理会。这样，欧洲复兴计划在增强美国的战略资源储备方面所做的贡献可以说微乎其微。以1951年上半年为例，这一时期经济合作署对等基金总数为63.84亿美元，如果按照5%的数额预算，经济合作署在1951年上半年就拥有3190万美元的对等基金购买战略物资，而美国仅仅通过经济合作署购买了380万美元的战略物资，只是预算金额的十分之一。而经济合作署将绝大多数欧洲复兴计划资金继续用来扩大生产和稳定金融货币，其中扩大生产的资金达33.9亿美元，用来稳定金融货币的资金为21.16亿美元。[③]

① Report of the Joint Committee on Foreign Economic Cooperation, *ECA and Strategic Materials*, 1949, p. 140.

② Ibid., pp. 142 – 143.

③ Economic Cooperation Administration, *Thirteenth Report to Congress*, p. 128.

二 禁运和反禁运之争

美国政府部门除了希望利用欧洲复兴计划从欧洲获取战略物资，还考虑实行贸易管制制度，防止将战略物资辗转流入东欧国家和苏联。这样就和主张东西欧自由贸易的经济合作署再次发生了冲突。

早在 1948 年 3 月 26 日，美国国务院、商务部等部门就召开会议，讨论是否向苏联等国家实施贸易管制问题。商务部认为美国应强化对贸易的管制，停止出口有助于增强苏联和东欧军事潜力的物资。当时国务院对此并不完全赞同。国务院认为，全面贸易管制不但违背了国际贸易宪章中所倡导的原则，而且与苏联、欧洲各国缔结的贸易协定中的最惠国待遇条款背道而驰。国际贸易宪章既规定了对国内短缺出口管制的例外措施，也承认了对有关国家安全利益的出口可以作为例外来处理，应该援引国际贸易宪章中的例外条款来处理美国同苏联及东欧国家的出口管制问题。① 军方各部门则从贸易管制与军事战略的关系出发，主张向西欧施加压力，提高贸易管制水平，如国防部提议欧洲复兴计划参与国不得向共产党国家出口按照共同防卫援助计划而提供的物资和同类物资。②

1948 年 2 月发生了捷克斯洛伐克政府危机事件。美国在战后最初几年内曾经希望贝奈斯政府能够守住这块在战略和经济地位上极其重要的阵地，阻止捷克斯洛伐克向社会主义方向发展。"二月危机"使主张"东西方桥梁政策"的贝奈斯总统辞职，而共产党领袖克莱门特·哥特瓦尔德（Klement Gottwald）则得以建立了新政府。捷克问题使得美国政府对来自苏联和东欧的共产主义威胁倍加警觉，对苏联和东欧的贸易成了一个十分敏感的问题。此时适逢欧洲复兴计划立法进入激烈辩论阶段，一些国会议员纷纷提出"如不实施贸易管制，就停止援助"的主张，建议在国会正在讨论的《1948 年经济合作法》中增加对苏联和东欧国家实行贸易管制的相关条款。1948 年 3 月 30 日，国会通过修正案，规定如果欧洲复兴计划参与国向非参与国出口美国禁运物资，经济合作署署长有权拒绝向该出口

---

① Untied State Export to the U. S. S R and the Satellite States, March 26, 1948, in *FRUS*, 1948, Vol. 4, pp. 489 – 507.

② Ibid. , p. 492.

国提供欧洲复兴计划的援助物资。[①]

为了能够使欧洲复兴计划参与国减少同苏联、东欧国家的贸易，1948年8月27日，杜鲁门政府任命经济合作署驻欧洲特别代表哈里曼负责同欧洲复兴计划参与国共同商讨对苏联、东欧国家的贸易管制问题，并要求哈里曼按照以下原则谈判：尽可能使西欧各国接受美国的清单，遏止苏联和东欧集团的战争潜力。如果西欧各国提出的贸易管制清单与美国的贸易管制清单不同，该清单将提交国家安全委员会审议裁决。为了使谈判圆满成功，在同西欧国家交涉时，美国将不采取欧洲经济合作组织的多边谈判形式，而首先与英国政府进行双边谈判。[②]

但是，欧洲复兴参与国认为，发展东西方贸易有助于刺激欧洲生产和降低西欧对美元商品进口的依赖，所以殷切希望与东欧国家开展贸易。事实上，西欧国家同东欧国家在二战前之间的贸易规模就已经相当可观，分别占西欧出口贸易总额的10%和进口贸易的11%。二战后，苏联、东欧国家的一些物资对西欧国家的重要性有增无减，特别是西欧国家迫切需要苏联的大量木材、波兰的煤炭、东德的钾碱、乌克兰的粮食等等。东欧国家也希望同西欧开展贸易。战前，东欧国家一般从西欧进口农产品和简单的工业机械。二战后，为了能够早日实现工业化，东欧国家希望多进口一些工业设备。西欧国家也把出口这类物资作为获得东欧物资的一种重要手段。

经济合作署由于认识到东欧国家是西欧食品和原材料的主要供应者，十分赞成西欧与东欧国家开展贸易。在向国会递交的报告中，经济合作署阐述了发展东、西欧贸易的意义。报告指出，战前东欧国家每年出口到西欧的商品达13亿美元，战后东西欧之间的贸易虽然发展缓慢，但目前已开始加速，如果这种势头持续下去，西欧从东欧国家进口的物资到1952年将超过战前水平。据估计，1952年从东欧进口的物资将占西欧进口物资总量的约10%，向东欧出口的物资占西欧出口总量的65%。东欧长期以来在食品、煤炭、木材等方面就是西欧国家的供应者，一旦东西欧贸易中断，西欧国家每年将难以从东欧以外的国家寻求到约15亿美元的替代物

① U. S Congress, Senate, Committee on Foreign Relations, *European Recovery Program*, Hearings Held in Executive Session, 80th Congress, 2d session, 1948, p. 139.

② The Telegram form the Secretary of State to the Embassy in France, August 27, 1948, in *FRUS*, 1948, Vol. 4, pp. 564 – 569.

资。这将给美国的欧洲复兴计划造成巨大开支。[①] 东西欧贸易对于东欧国家的经济发展相当重要。目前东欧国家正在效仿苏联的经济发展模式，实施两年、三年或五年计划，希望实现工业化和机械化，但苏联不可能连续多年向东欧国家出口它们所需要的机械、钢铁和工业产品。因此，东欧政府在此后几年里将继续依赖西欧的资源，发展传统的贸易联系。[②] 报告还强调发展东西欧贸易有助于帮助西欧国家减少美元赤字。经济合作署认为，解决美元赤字的一个重要措施是从美元区以外的国家或地区进口商品，如果能从东欧国家进口大量商品，西欧只需用东欧国家急需的产品来换取即可，不需要用美元来支付，结果自然会大大减少西欧国家的美元赤字。[③]

于是，经济合作署制订了专门政策鼓励欧洲复兴计划参与国购买东欧国家的商品。到 1948 年 12 月底，经济合作署从欧洲复兴计划对等基金中拨款 3160 万美元从波兰购买煤炭，从东德进口化肥，从捷克斯洛伐克和匈牙利购买铁路运输设备。[④] 在 1949 年上半期，经济合作署不顾美国其他政府部门的反对，额外批准 4700 万美元从波兰购买煤炭和木材，从南斯拉夫购买铅。

经济合作署鼓励同东欧国家开展贸易的主张引起美国政府的不满。后者认为，如果没有西方主要资本主义国家的密切配合，美国的贸易管制政策就无法转变为整个西方世界对抗苏联和东欧国家的联合行动。因此，美国政府坚决主张将对西欧国家的经济援助与西欧国家是否接受美国的贸易管制政策联系起来。要做到这一点，美国商务部主张向西欧国家施加压力。1950 年 4 月 25 日，商务部部长查尔斯·索耶（Charles Sawyer）建议美国政府应当争取同西欧各国合作，召开会议共同探讨对东欧国家的贸易管制，如果西欧国家不予以合作，美国应该考虑推迟向西欧提供经济援助。[⑤] 除了商务部外，美国国会很多议员也主张将东西方贸易同停止欧洲

---

① Economic Cooperation Administration, *A Report on Recovery Progress and United States Aid*, 1949, p. 218.

② Ibid., pp. 220 – 221.

③ Ibid., pp. 220 – 223.

④ Economic Cooperation Administration, *Third Report to Congress*, 1948, pp. 37 – 38.

⑤ Export Controls and Security Policy, Memorandum by the Secretary of Commerce (Sawyer) to the National Security Council, April 25, 1950, in *FRUS*, 1950, Vol. 4, pp. 84 – 85.

复兴计划援助联系起来。1950 年 1 月，参议员乔治·马伦（George Ma-lone）指出一些欧洲复兴计划参与国向苏联、东欧国家输出内燃机、蒸汽机等重要物资，实际上是在帮助苏联扩大在东欧、中国的影响。马伦建议，凡是向苏联和东欧国家出口战略物资的国家，美国都应当停止对它们的所有援助。① 朝鲜战争爆发后，国会中有更多的人主张利用援助来停止对苏联、东欧国家的贸易。凯奈斯·威利（Keneths Wherry）再次联合基姆、马伦、哈特等国会议员提出修正案，建议在朝鲜战争期间凡是允许向苏联出口军用物资的国家，都要被立即停止马歇尔计划的援助。② 艾奇逊等美国国务院官员也强调，在目前的世界形势下，西方盟国应当充分采取出口管制手段，限制出口那些有助于增强苏联集团战争潜力的关键设备、关键零部件，遏制发展其战争潜力。艾奇逊还表示，对苏联和东欧国家的贸易管制范围扩大后，美国将提供原来从东欧进口的物资，向欧洲派遣军队，并向北约提供军事援助。③

　　但是尽管遭到美国政府的反对，经济合作署仍然坚持按照自主合作的原则处理同东欧国家的贸易关系，拒绝用停止提供经济、军事援助的办法来压服。1950 年 10 月 2 日，经济合作署起草了《关于美国对东西方贸易政策的建议》的文件，强调东西方贸易对西欧经济复兴具有十分重要的作用。文件指出，如果美国企图胁迫西欧各国顺从美国的贸易管制政策，西欧不仅会出现严重的失业，美国在政治、经济、军事领域内寻求统一的努力也将陷入危险境地。从整体审视美国对西欧的贸易政策，贸易管制只不过具有第二位的意义，美国就此采取单方面的政策是不合适的，将会触发欧洲对美国的不满。因此，经济合作署考虑在更为广阔的领域寻求东西欧之间的合作，而不能依靠停止欧洲复兴计划援助的手段来对欧洲国家实施贸易管制。④ 经济合作署的这些政策主张和行动使美国政府的意图遭到挫折，双方的冲突由于在对欧军事援助和经济援助的关系问题上发生分歧而愈演愈烈。

---

①　U. S. Congress, House, Committee on Foreign Affairs, *Extension of European Recovery Program*, 81th Congress, 1st session, 1950, p. 926.

②　Ibid. , p. 990.

③　The Secretary of State to the Embassy in the United Kingdom, April 28, 1950, in *FRUS*, 1950, Vol. 4, pp. 93 – 95.

④　Economic Cooperation Administration, *Seventh Report to Congress*, pp. 34 – 36.

第三节　美国政府对冷战形势的新判断及援欧重心的转变

50 年代初，以苏联为代表的社会主义力量在东欧的扩展，中国革命在亚洲的成功，尤其是朝鲜战争的爆发，引发了美国统治集团内部空前的危机感。美国出于对共产主义意识形态的敌视和对第三次世界大战的恐惧，开始重新规划全球主义战略与冷战政策，以适应欧洲及亚洲战略格局迅速发展的需要。杜鲁门政府陆续制定出一系列文件对当时美国的国家安全做出估计，促使美国迅速加大对欧洲盟国军事援助的力度，将援助欧洲的重心从经济转向了军事。这对欧洲复兴计划及经济合作署的命运产生了相当不利的影响。

一　NSC－68 文件对冷战形势的判断

早在欧洲复兴计划实施初期，西欧一些国家就要求美国在经济援助之外对欧洲提供军事援助。法国军队的高层领导告诉美国驻法大使卡弗里，没有美国的武器保障，法国人民确信会遭到某种失败，他们就会逆来顺受地屈从于共产党的挑战。[①] 但是，美国政府内部在要不要对西欧国家进行军事援助问题上存在分歧。美国政界和军界普遍承认苏联"对外扩张"给欧洲带来潜在的危险，也给美国在政治与安全上带来压力，但是大部分人认为，这种威胁仅仅是一种政治和意识形态的危险，是对美国全球安全利益长期性、战略性的威胁。苏联至少在短期内不会对欧洲发动战争。既然苏联对欧洲没有构成现实性的军事威胁，那么美国对欧洲盟国实施大规模军事援助就没有必要。更何况战后初期，美国自身在军事建设开支与预算上也捉襟见肘。当时美国政府为了能有效抑制通货膨胀，减少财政赤字，对军事开支严加限制。1949 年，美国政府提出了 98 亿美元的军事预算，

[①] Chester Pach, *Arming the Free World：The Origins of the United States Military Assistance Program, 1945－1950*, 1991, p. 150.

仅仅能满足美国的最低军事要求。在美国国内，美国陆军只有一个师的预备力量来应对紧急事件，而海军则由于经费紧张，107 艘军舰不能移动。

此外，担心军事援助会削弱正在实施的欧洲复兴计划，也是美国迟迟没有推出对欧洲军事援助政策的重要考虑。1948 年 11 月 26 日，国务院副国务卿洛维特在给经济合作署驻欧洲特别代表哈里曼的信中，曾就美国对西欧军事援助问题提出了一个基本原则。洛维特强调，无论是对美国国家军事建设，还是对下一届国会的工作而言，西欧的重新武装与北大西洋安全体系建设都将是重点考虑的问题，但西欧重新武装的支出要限制在经济复兴中资源分配的限度内，而不能伤及经济复兴。① 这一基本原则在某种程度上反映了当时美国政府内部相对一致的意见。

然而，到 1950 年，国际局势的发展使杜鲁门政府深感美国在欧洲和亚洲推行的"遏制战略"似乎并未奏效。苏联没有因为美国的政治与经济封锁而呈现虚弱之态，反而国势愈来愈强盛。它研制出了足以威胁美国国家安全的原子弹，打破了美国的核垄断，使美苏冷战日趋白热化。相形之下，美国在亚洲的冷战政策同样收获寥寥。中国新民主主义革命的胜利，极大地改变了亚洲的国际力量对比，宣告了自第二次世界大战以来美国长期奉行的远东政策破产。中国革命的胜利，给美国的亚洲政策带来了前所未有的重大冲击，杜鲁门政府将中国视为苏联在亚洲的政治代理人，而中国革命则被视为苏联共产主义在亚洲的扩张。与中国革命相伴，亚洲民族主义运动普遍兴起。在南亚次大陆，印度和巴基斯坦分别建立了民族国家。马来西亚、印度尼西亚及印度支那半岛的民族解放斗争此起彼伏。英国、法国、荷兰等在亚洲精心构织的殖民主义统治体系受到了沉重打击。这些以中国革命为代表的亚洲政治变革，全面改变了亚洲旧的政治力量分野，在亚洲逐渐形成了一个以社会主义力量、民族主义力量为主导的新格局。尽管亚洲政治格局并没有从根本上改变全球范围内的美苏冷战态势，但是在美国决策层看来，亚洲政治形势的飞速发展使束手无策的杜鲁门政府面临严峻的挑战，迫切需要其制定新的亚洲政策，最大限度减少由于亚洲政治格局的变化而给美国全球主义战略带来的不利影响。

杜鲁门政府正是在这种特殊的冷战背景下，开始更深入地思考并重新

---

① The Acting Secretary of State to the United States Special Representative in Europe, November 26, 1948, in *FRUS*, 1948, Vol. 3, pp. 304 – 306.

规划全球主义战略与冷战政策。1950 年 4 月 14 日，保罗·尼采领导下的国务院政策设计室向国家安全委员会提交了一份题为《美国国家安全的目标与项目》的文件，这就是著名的 NSC - 68 文件。该文件对美苏冲突的基本因素、苏联的意图和能力、美国的意图和能力、美苏两国原子武器能力的比较等诸多问题做了详尽的分析。文件认为，美苏之间的冲突是法治政府下的自由思想与克里姆林宫残酷的寡头统治下的奴役思想之间的冲突。自由思想主张宽容，苏联的价值体系是对自由价值观的严重挑战，没有任何一个价值体系像苏联的体系那样是与我们的价值体系如此地完全不能调和，如此残酷地消灭我们的价值体系，如此巧妙地利用我们自己社会内最危险的分裂倾向；也没有其他价值体系能够如此娴熟地煽动起世界各地人性中非理性的成分；也没有其他价值体系获得一个庞大的军事力量的支持。[1] 在对苏联战略设想的分析中，文件认为，苏联与以前的谋求霸权者不同，支配它行动的是一种同美国完全对立的狂妄野心。苏联不能容忍自由在世界上的长期存在，苏联的目标是要统治欧洲、亚洲的大片陆地，并企图在它所控制的地区行使绝对权力，在苏联领导人的心目中，要达到上述目的必须大力扩大它们的权力，直到最后消灭反对它们权力的一切有生力量。[2] 按照这种观点，美国被置于与苏联完全相对的地位，并处于危险之中。在谈到美国的意图和能力时，文件指出，作为一个国家，美国的"根本目的要确保我们建立在个人尊严和价值基础上的自由社会的完整和活力"，美国要维护宪法和权利法案提出的个人自由的基本要素，营造美国自由和民主制度得以生存和繁荣的条件，并在必要时为捍卫美国的生活方式而战斗。[3]

关于美国现行的对外经济援助政策，文件断言，美国目前执行的对外经济政策和计划，将无法解决国际经济平衡问题和建立起有助于自由国家政治稳定的经济基础。欧洲复兴计划虽在帮助西欧恢复并扩大生产方面是成功的，但它在帮助西欧重新获得在世界事务中发挥与其潜力相称的影响力方面，几无建树。文件指出，若要在这方面取得进展，就需要旨在实现一体化的政治、经济和军事政策计划，而这样的政策计划必须得到美国和

---

[1] "Untied States Objective and Programs for National Security", April 14, 1950, *FRUS*, 1950, Vol. 1, p. 241.

[2] Ibid. , p. 235.

[3] Ibid. , p. 238.

西欧国家的一致支持。针对拉美国家的"第四点计划"和其他援助项目，就其眼下的内容而言，是不足以帮助受援国建立有效的政治、经济机制，也难以改善它们对自身事务的管理，更无法使其经济得到充分的发展。

NSC-68 文件还试图说明，自二战结束以来，美国及其领导下的西欧国家的经济目标与苏联集团相比大不相同。美国经济以及作为一个整体的自由世界经济的目标，是为了提高国内人民的生活水平，而苏联及其卫星国的经济发展目标是提升国家对外战略力量。1949 年，美国军费预算只占国民生产总值的 6%—7%，大西洋盟国的军事开支占国民生产总值的 4.8%，而苏联的军事开支在国民生产总值中所占比重则高达 13.8%。文件要求美国及其盟国将军事实力扩充到总合力将占优势的地步，超过苏联及其卫星国的兵力。这一力量必须足以充分抵御对美国和加拿大的空中攻击，充分抵御对英国和西欧、阿拉斯加、西太平洋、非洲和中近东的攻击。因此，美国必须迅速增加军事开支，西欧国家也应该在防御上作出更大努力。① 这样，NSC-68 文件提出的实际上就是以加强军事力量为主的全球性冷战战略，它强调提高美国与西欧军事开支的必要性，其目的就是要建立一种美国占绝对优势的全球遏制态势。

二　朝鲜战争后美国对外援助重心的转变

如果说 NSC-68 文件的颁布标志着美国扩大对外军事援助的指导思想已基本确立，那么朝鲜战争的爆发则是促使美国扩大对外军事援助步入实践阶段的关键。1950 年 6 月 25 日，三八线南北的摩擦和小规模的军事冲突最终演变成为冷战中的第一场惨烈的热战。朝鲜战争似乎使人们对 NSC-68 文件中针对苏联"军事侵略性"的浮夸论述以及对冷战的主观臆测找到了某种现实的根据，很多美国官员认为，美国的现有兵力不足，仅仅依靠原子武器不能阻止有限攻击，美国缺乏为对付所有各种紧急情况而必需的常规手段。艾奇逊指出："全世界正在开始明白，我们不具有面对威胁的能力。人们正提出质疑，如果苏联进攻欧洲，美国有没有能力做出回应。"1950 年 7 月 14 日，美国国务院等部门召开会议，对当时的形势进行

---

① "Untied States Objective and Programs for National Security", April 14, 1950, *FRUS*, 1950, Vol. 1, p. 290.

估量。国防部和国务院认为，朝鲜战争不是简单的局部战争或者南北双方短暂的内战，而是苏联、东欧社会主义国家在欧洲发动全面军事进攻的一个信号，苏联能够直接或通过其卫星国，在它周围的一个或几个点采取行动或发动更为全面的战争。美国国务卿艾奇逊建议总统立即增加所有军种的定员，增加拨款，不但要增加美国自身的军事力量，还要增加盟国的军事力量。① 美国军方也认为苏联的威胁性在不断加大，这不仅表现在苏联共产主义集团在世界的扩张，也表现在西方盟国之间的相互猜忌而导致盟国整体力量的下降。参谋长联席会议认为，苏联目前的紧迫目标是阻止和拖延联邦德国和日本重整军备，美国和盟国在支持当前军事行动和必要的调动计划上的意志和决断也在降低，当前的军事调动计划已不能应付苏联的威胁。②

随着朝鲜战争的发展，美国国家安全委员会也陆续制定出系列报告作为 NSC – 68 文件的补充。1950 年 12 月 8 日，国家安全委员会完成的 NSC68/3 号文件从军事、对外军援及经援、民防、储备、对外宣传、国外情报与有关活动以及内部安全等方面提出行动方案，把 NSC – 68 文件的设想进一步具体化。在军事装备上，NSC68/3 号文件建议到 1952 年 6 月将美国陆军的总兵力扩展到 18 个师，海军应有主力舰 397 艘，空军有 95 个大队。在军事援助和经济援助上，文件建议，1951—1955 年美国的总援助额要达到 254 亿美元，其中军事援助 175.9 亿美元，经济援助 78.1 亿美元。这些援助主要向对美国国家安全有重要意义的地区提供，包括西欧、希腊、土耳其、伊朗、台湾、朝鲜、东西亚地区以及拉丁美洲的一些国家。③

除了国家安全委员会的系列报告外，杜鲁门总统任命前陆军部长戈登·格雷（Godon Gray）为总统特别助理，对在新形势下如何贯彻 NSC – 68 文件所规定的战略方针进行研究。格雷领导下的委员会经过数月研究，于 1950 年 11 月 10 日完成了《关于对外经济政策的报告》，又称"格雷报告"。格雷报告提出了朝鲜战争后美国对外援助政策的主要目标，主要包

---

① Memorandum of Conversation, by the Secretary of State, July 14, 1950, in *FRUS*, 1950, Vol. 1, pp. 344 – 345.

② Ibid. , p. 346.

③ Note by the Executive Secretary to the National Security Council on United States Objectives and Programs for National Security, December 8, 1950, in *FRUS*, 1950, Vol. 1, pp. 425 – 481.

括以下一些内容：在政治和经济上帮助西欧尽快建立防务；开发更多的资源以供应必需的原料；加强自由世界的经济政治结构，以反对共产党的颠覆活动；继续为建立良好的世界贸易和金融关系奠定基础，促进西欧在自助的基础上发展。为了实现这些目标，格雷报告建议向西欧提供大量的军事装备，美国在今后三四年内继续提供的援助金额，将依各国重整军备的实际情况及其对经济的影响而定。至于亚、非、拉地区，报告认为，美国目前在不发达地区的技术援助计划应当扩大规模并使其更有成效。因此，除了军事方面的紧急需要外，美国需要制订一项可行而又有效的计划，在今后若干年内每年向这些地区提供五亿美元的援助。报告还建议给进出口银行增加 50 亿美元的放款能力，以增加对亚、非、拉贷款。格雷报告最后建议解决目前美国对外经济政策管理过于分权化的问题，主张建立统一的对外经济机构，集中管理各项援助计划，使对外援助的管理获得更高的效率和更大的成效。①

为了加强防务能力，美国在朝鲜战争爆发后大幅度提高军事投入，防务支出迅猛增长。杜鲁门总统在 1951 年向国会提交的年度报告中，提出了新的对外援助原则。他在报告中指出，复兴经济为主和发展军事力量为辅的时代已经过去。因此，美国目前用于安全计划的费用年均达 350 亿美元，是一年前的两倍，比 6 个月前增加了 50%，到年底将达到年均 500 亿美元，占国家总支出的 6%，到 1952 年中期将达到 650 亿美元，占国家总支出的 15%。② 显然，1950 年后美国对外援助的重心已由经济转向军事，对外军用物品和服务的援助直线上升。

除了援助金额偏重于军事外，杜鲁门政府对欧洲军事援助的内容与方式进一步走向了多样化。美国不仅向这些国家直接提供军事贷款和武器装备，而且还从受援国购买军事原料，利用当地的资源生产武器装备或直接授权并指导这些国家进行各种兼容性武器与装备的生产，反馈受援盟国。美国政府认为，当前核武器并不足以能保卫欧洲，西欧需要加强自身的防务。1950 年 12 月 2 日，国务卿艾奇逊建议北约盟国增加国防开支，推动军火生产和扩大军队。此后，西欧国家的国防开支有了显

---

① Godon Gray, Report to the President on Foreign Economic Policies, 1950.
② Truman, "Special Message to the Congress Recommending a 'Pay as We Go'Tax Program", 2 February 1951, *Public Papers of the Presidents of the United States*, *Harry S. Truman*, 1951, pp. 134–138.

著增加。仅 1951 年一年，北约欧洲成员国的国防开支就从 53 亿美元提高到 82 亿美元。① 美国政府这样做的目的很明显，就是要最大限度地发挥欧洲盟国的政治、经济与军事潜力，争取更多的国家靠近美国，稳固并加强西方阵营，不仅构成一种有效的战略威慑，同时发展以美国为核心的冷战联盟。

美国对外援助重心的变化，使欧洲复兴计划受到了相当不利的影响。美国国务院、国会认为欧洲复兴计划投入周期长，不能在较短时间内对苏联产生立竿见影的威慑效果，于是它们从 1950 年 6 月起开始大幅度调整对欧洲的援助政策，把欧洲复兴计划的重心转向防务。欧洲复兴计划最初规定，欧洲政府不能将该计划资金用于军事目的。但朝鲜战争爆发后，美国政府通知经济合作署，欧洲复兴计划所援助的全部款项都应根据该国对西方防务活动贡献的大小来分配。美国政府要求大量削减欧洲复兴计划用于发展生产的资金，而将更多的资金用来生产美国所需要的战略物资。② 在 1951 年财政年度期间，欧洲复兴计划的援助被削减为 23.1 亿美元，而美国拨给西欧的军事援助则迅速攀升到 52.2 亿美元。到 1950 年 12 月底，欧洲复兴计划对英国的援助中止，次年 1 月，对爱尔兰、瑞典和葡萄牙的援助也停止了。此外，欧洲复兴计划本身的活动也日益转向防务目标。为了获得更多的战略物资，欧洲复兴计划在这方面的花费，从朝鲜战争前的 8700 万美元增加到 1951 年 6 月底的 1.31 亿美元。欧洲复兴计划转向防务目标，还表现在它资助建设的可转变为防务之用的工业设施项目的增多。另外，粮食、农产品和消费品在供给西欧的商品总额中所占份额减少了，而与防务生产相关的机械、车床、车辆和燃料的份额却大幅度增加。③

杜鲁门政府扩大军事援助的政策遭到了美国国内部分人士的质疑，主要代表人物是美国前总统胡佛和参议员塔夫脱等人。胡佛竭力反对向欧洲派遣更多的部队，他在演讲中警告杜鲁门政府目前实施的是"一种不明智和过于野心勃勃的对外政策"，如果"做超出自己能力之外的事情，最终

---

① The Secretary of State to the Secretary of NATO, December 2, 1950, in *FRUS*, 1950, Vol. 3, pp. 103 – 105.

② Truman, "Special Message to the Congress Reporting on the Situation in Korea", 19 July 1950, *Public Papers of the Presidents of the United States*, *Harry S. Truman*, 1950, p. 527.

③ Economic Cooperation Administration, *Thirteenth Report to Congress*, 1951, pp. 28 – 31.

可能毁掉我们的军队，是对美国人民自由的真正威胁"①。胡佛指出，在大陆战场同共产党交战，不仅会使有限的经济资源日益匮乏，而且会使数百万美国青年丧命。美国应当利用其海空力量控制西半球、大西洋、太平洋等地区，其余地区要依靠它们自己保卫自己。② 胡佛主张将美国的防卫撤回美洲，依靠两洋屏障维护美国的安全，强调对美国生存的重大危险来自国内，要求政府把主要精力和财力用于解决内部事务。③ 塔夫脱也反对向欧洲派遣更多的军队，认为美国承担过多的海外军事义务是对国家自由的侵犯。塔夫脱在1951年发表了一系列演说，指出旷日持久的有限战争将带来种种危险。塔夫脱强调，没有任何国家能够时刻随时准备从事一场全面战争，和平时期的全面战争计划很有可能彻底破坏自由。④ 在国会听证会上，塔夫脱表示，美国外交政策的传统目标是确保美国人民的自由，战争和持续备战可能导致出现专制和独裁政府。美国政府应当能够在和平时期有效防止通货膨胀，在教育、福利、住房、健康以及人民生计相关的其他方面取得某些进步。⑤ 著名政治评论家戴维·劳伦斯（David Lawrence）在《美国新闻与世界报道》杂志撰写了多篇文章支持胡佛等人的观点，要求政府重新审视目前实施的外交政策，他指出，杜鲁门政府向海外大量派遣军队，扩大常规战争会耗尽美国的资源，拖垮美国经济，使人民最终丧失经济自由。⑥

沃尔特·李普曼（Walter Lippmann）、阿瑟·克罗克（Arthur Krock）等著名政治评论家也在各大媒体发表言论，阐述自己的立场。李普曼等人主张美国加强与西方盟国的联系，认为如果采取胡佛等人的建议，会把

---

① Herbert Hoover, "Our National Policies in This Crisis", 20 December 1950, in Hoover, *Addresses Upon the American Road*, *1950 – 1955*, Standord, 1955, pp. 3 – 10.

② Herbert Hoover, "We Should Revise Our Foreign Policies", 9 February 1951, in Hoover, *Addresses Upon the American Road*, *1950 – 1955*, pp. 11 – 22.

③ Herbert Hoover, "On Defense of Europe", 27 February 1951, in Hoover, *Addresses Upon the American Road*, *1950 – 1955*, pp. 23 – 31.

④ Robert A. Taft, "Address Before the Executives Club of Chicago", 26 January 1951, in Clarence Wunderlin, Jr., ed., *The Papers of Robert A. Taft*, Vol. 4, 1949 – 1953, Kent State University Press, 2006, pp. 202 – 205.

⑤ U. S. Congress. *Congressional Record*, 1951, Washington, DC, 97: 55 – 61.

⑥ David Lawrence, "Will Mr. Truman 'Re-examine'?" *U. S News &World Report*, 1 December 1950, p. 56; Lawrence, "The 'Defeat' That Means Victory", *U. S News &World Report*, 22 December 1950, p. 52; Lawrence, "Inviting World War Ⅲ?" *U. S News &World Report*, 20 April 1951, p. 76.

"欧亚大陆拱手让给共产主义者"[1]。詹姆斯·赖斯顿（James Reston）、马奎斯·蔡尔兹（Marquis Childs）等评论家对此表示赞同。蔡尔兹指出，这些孤立主义派所持的观点早在 1939 年已被证明行不通，现在这些人士是帮助苏联在世界范围内扩张进行冷战宣传。[2] 但是，李普曼等人对杜鲁门蔑视国会权威，派遣美国军队到朝鲜的鲁莽做法同样予以谴责。李普曼指出，杜鲁门政府在亚洲进行地面战争是对美国外交原则的背叛，在李普曼看来，国家的军事力量不能漫无边际地分散在世界各地，美国应当充分利用其制空权和海权优势，将海外军事力量集中在与美国利益攸关的欧洲和大西洋地区。[3] 李普曼并不完全反对美国在欧洲驻军，而是反对建立大规模的常备军，并希望美国军队撤离朝鲜。他指出，扩大对外军事援助、建立大规模的常备军将会对美国经济造成不可估量的破坏，如果不对把持军事大权的总统进行分权和制衡，美国民主制度将会终结。[4] 显然，在这些人士看来，盲目奉行对外干涉的冷战政策，特别是大规模卷入朝鲜战争，违背了美国的宪政原则，使美国民主在国家安全的名义下受到践踏。他们认识到，杜鲁门政府在世界范围内进行军事援助、建立规模庞大的常备军的计划，会导致高税收和财政赤字，扩大总统和行政部门的权力，损害美国人民的福祉。但是，这些言论并不能主导美国的外交政策和改变国家安全委员会 NSC－68 文件以军事为重点的冷战战略。随着对欧援助重心的转变，美国政府一方面开始大规模强化对欧洲的军事援助，另一方面则考虑

---

[1] Walter Lippmann, "The Dewey and Hoover Theories", *Washington Post*, 26 December 1950; Lippmann, "The Debate Goes on", *Washington Post*, 13 February 1951; Arthur Krock, "Sound Basis of Action Begins to Appear", *New York Times*, 19 December 1950; Krock, "The Greatest Issue in Our Foreign Policy", *New York Times*, 21 December 1950; Krock, "Not Much Assistance in the 'Great Debate'", *New York Times*, 9 January 1950; Krock, "The Spirit of Concession Tiptoes In", *New York Times*, 18 January 1951; Krock, "The Showdown Nears, the Outcome Apparent", *Washington Post*, 15 February 1951; Krock, "Lodge Has Compromise On an Army for Europe", *Washington Post*, 18 February 1951.

[2] James Reston, "Hoover's Speech Raises a Fundamental Issue", *New York Times*, 24 December 1950; Reston, "Five 'Dubious Assumptions' in the Great Debate", *New York Times*, 7 January 1951; Marquis Childs, "New Isolationism", *Washington Post*, 27 December 1950; Childs, "Soviet View of Taft", *Washington Post*, 11 January 1951.

[3] Walter Lippmann, "A Reexamined and Revised Policy", *Washington Post*, 5 February 1951.

[4] Lippmann, "A Small Army of Europe", 19 February 1951, *Washington Post*, 19 February 1951; Lippmann, "Mr. Truman and the Constitution", *Washington Post*. 16 January 1951.

在对外援助的机构上加强政策监管与制度监督，经济合作署及其实施的欧洲复兴计划陷入困境。

第四节　经济合作署挽救欧洲复兴计划努力的失败

　　随着美国对外援助重心的变化，美国政府为了加强对外援助计划的监督，开始考虑集中统一援外机构。经济合作署中很多人认为，如果通过扩大军事力量来应对共产主义则只能是防御性的，应当继续实施经济合作署的各种项目，通过在西欧最大限度地发展生产，使西欧国家切身感受到以美国为主导的资本主义生产方式带来的进步。经济合作署优先发展生产的主张得到了美国劳工联合会、经济发展委员会等利益团体的广泛支持。但是经济合作署和利益团体并没能挽救欧洲复兴计划的命运。在美国国会通过法律成立共同安全署取代经济合作署后，欧洲复兴计划也随之结束。

一　经济合作署相对独立地位的丧失

　　随着美国对外援助重心的变化，一些行政管理上的问题被提了出来，例如进一步的对外援助通过什么渠道来提供？对西欧民用生产和军事生产的援助是否应由一个单一机构来管理？各援外机构的职责如何进一步明确区分？美国政府开始考虑如何解决这些问题。1951 年 2 月 28 日，美国预算局局长弗雷德里克·劳顿（Frederick J. Lawton）向杜鲁门总统递交报告，对今后对外经济援助的组织机构提出建议。劳顿认为，目前在对外援助机构上有三种可供选择的方案：一是继续目前的安排；二是取消经济合作署，将其原有的工作交由国务院；三是将经济合作署合并到国防部里去，使之转变为一个全面负责对外援助的机构，密切配合美国的对外政策和军事生产。在谈到国务院和经济合作署的关系上，报告建议遵循以下三点原则：一、国务院代表总统负责处理包括对外经济援助在内的外交事务；二、经济合作署必须配合国务院的行动；三、经济合作署应当向预算局递交其基金报告，在参考国务院的建议后由总统和预算局拨款。①

1951 年 4 月 5 日，美国总统杜鲁门就如何协调国务院和经济合作署在对外援助项目上的关系致信国务卿。他在信中指出，美国所有的海外项目都要符合维护、加强自由世界的力量这一对外政策的基本目标。国务卿作为内阁官员，负责制定和执行外交政策，协调并领导那些实施外交政策的行政机构。经济合作署应当听取国务院的建议，并在国会的授权下支持北大西洋公约组织的军事援助项目，使其行动符合美国外交整体政策。杜鲁门还提议给予国务卿在财政调配和预算上更多的主动权，如国务卿有权在国家安全委员会建议的基础上，向各对外执行机构调配预算资金，并在军事援助上有广泛的权力等等。杜鲁门决定进一步限制经济合作署的行动自由，强调经济合作署驻欧洲特别代表应当向北大西洋公约组织和美国驻各国大使汇报工作，同美国国务院等政府部门的政策协调一致，并听从美国驻各国大使的建议。② 这样一来，经济合作署从前拥有的权力被大大削弱，其行动受到了国务院等部门愈来愈多的控制与监督。

1951 年 4 月 12 日，美国国务卿向经济合作署驻外使团发出电文，就国务院和经济合作署在实施对外经济援助、技术援助的关系上做出规定。③电文指出，美国对外政策的基本目标是维护和加强自由国家的团结，为了达到这一目标，需要调整对外援助项目的实施机构，具体做到以下几点：第一，考虑到对外经济援助和技术援助的复杂性，经济合作署继续作为一个独立的机构实施这些项目。第二，经济合作署主要在国会的授权下负责向西欧提供经济和技术援助，支持北大西洋条约规定的军事项目。第三，作为内阁官员的国务卿负责制定对外政策，领导并协调对外政策的实施，经济合作署同其他参与海外特别项目的机构一样，需要在征询国务卿及其他官员意见的基础上确保其活动符合美国对外政策的总体要求，当国务卿和经济合作署署长在经济合作署的项目上出现分歧时，交由总统最后裁

① Budget Bureau discussion with the President on foreign aid organization and State-ECA relations, Memorandum of Discussion Prepared by the Management Staff, March 1, 1951, in *FRUS*, 1951, Vol. 1, pp. 283 – 286.

② President's Letter to the Secretary of State, April 5, 1951, in U. S. Congress, Senate, Committee on Foreign Relations, *Hearings*, *The Mutual Security Program*, 82th Congress, 1st session, 1951, pp. 148 – 151.

③ The Secretary of State to Certain Diplomatic and ECA Missions, April 12, 1951, in *FRUS*, 1951, Vol. 1, pp. 290 – 293.

决。第四，金融和财政安排是确保对外经济援助项目能够实现美国外交政策目标的重要因素，对外援助基金由总统调拨，实施机构获得对外援助基金后，在使用这些基金上有相当大的灵活性，但要与其他部门相互协调，国务卿在征询国家安全事务委员会的意见后，有权决定军事援助与经济援助之间的分配比例，并依照程序调配这些基金给各执行机构，各实施机构应当向国务卿递交对外援助的预算报告。第五，经济合作署驻欧洲特别代表要按照美国驻北大西洋公约组织特使的要求提供经济报告，为了协调政治军事和经济活动，美国特使领导经济合作署驻欧洲特别代表，如果美国特使同经济合作署驻欧洲特别代表出现分歧，交由华盛顿的总部裁决。第六，为了最大限度地发展经济，避免机构重叠，维护欧洲经济合作组织的长期目标，美国鼓励北约组织和欧洲经济合作组织所进行的经济一体化努力。第七，美国驻各国代表要在行动上保持一致，美国驻各国大使代表美国总统，所有美国驻各国代表都要对大使负责。第八，经济合作署的总体政策和对其使团发布的计划要与国务院的政策协调一致，经济合作署驻各国使团要及时向驻该国的大使报告工作，在涉及美国外交政策的问题上征询大使的意见。①

从以上规定可以看出，经济合作署的权力明显削弱。该署曾经拥有相当大的权力和独立性，除了按要求向国务院和国会公布定期报告和接受政府在财务方面有限的监管外，还可以自己确定其内部机构的主要领导人，选择资助的项目和对象，独立地对项目进行管理。现在国务卿对国务院和经济合作署关系所作的重新调整，大大限制了经济合作署的权力。正如继任的经济合作署署长弗斯特抱怨的一样，"这些规定将经济合作署降为国务院的一个下属机构，经济合作署作为相对独立机构的生涯已基本宣告结束"②。

二　经济合作署对军事援助政策的抵制

尽管经济合作署的权力已经被大大削弱，但美国国会、国务院对此仍

---

① The Secretary of State to Certain Diplomatic and ECA Missions, April 12, 1951, in *FRUS*, 1951, Vol. 1, pp. 290 – 293.

② U. S. Congress, Senate, Committee on Foreign Relations, *Hearings*, *The Mutual Security Program*, 82th Congress, 1st session, 1951, p. 452.

不满意，它们希望将各种对外援助计划予以汇总，使美国负责对外援助的各个机构职能单一化，以加强政府在对外援助方面的政治领导和行政管理，增强国会对外援计划及其实践的监督，从而最大限度地发挥对外援助的作用。1951 年 5 月 24 日，美国总统杜鲁门向国会提出共同安全计划咨文。咨文在谈到美国对欧洲援助的重要性时强调，欧洲占据着相当重要的战略地位，拥有巨大的工业基础，如果欧洲落入苏联手中，将会导致世界力量的巨大变动，美国也会陷入孤立。杜鲁门建议将对欧洲援助从经济转向军事。咨文指出，从欧洲复兴计划实施以来，欧洲生产和贸易已基本恢复，财政状况也大为改善，共产主义受到了明显的遏制，可以说，已经达到了欧洲复兴计划的最初目标。但欧洲国家仍无法迅速从事大规模的军事生产，以提供它们防务力量所需要的装备，因此，美国应当向西欧盟国继续提供军事装备。欧洲国家也需要采取措施，将大量的人力和其他经济资源从消费品生产和投资中转移出来，用于增加军事生产和扩建军队。为了挑起日益增重的军事负担，欧洲国家要采取措施，增加税收，实行经济管制，充分利用其资源。咨文要求美国国会在 1952 年财政年度拨付外援 86 亿美元，其中军事援助 62.5 亿美元，经济援助 23.5 亿美元，而经济援助主要是为了支持国外已扩大的防务。咨文最后指出，美国政府于 1951 年 5 月初提出的在 1952 财政年度为美国防务拨军费 600 亿美元的计划与这个共同安全计划彼此关联、相辅相成，其目的是通过把美国的各种对外援助计划合并在一起，使之不仅可以服务于美国的安全，而且可以建立有效的军事力量和提高生产力，在几年内让自由世界的大部分地区无须美国进一步援助就能维持它们的防务和经济。[①]

美国政府主张扩大军事援助和中止欧洲复兴计划的政策遭到经济合作署中很多人的反对。经济合作署新任署长弗斯特指出，经济合作署通过在西欧推行技术援助项目，促进贸易自由化，使西欧工业生产能力得以恢复，大部分自身需要的产品能够实现自给，不但降低了进口需求，而且由于竞争力的大大提高，促进了产品的出口，逐渐改善了欧洲面临的美元短缺困境。可是，扩大对欧洲的军事援助却对正在复兴中的西欧经济带来了相当不利的影响。从 1950 年下半年起，在美国政府大力加强防务的情况

---

①   U. S. Congress, Senate, Committee on Foreign Relations, *Hearings*, *The Mutual Security Program*, 82th Congress, 1st session, 1951, pp. 135 – 138.

下，经济合作署实施的技术援助项目、信息项目和推动欧洲自由贸易的诸多计划，由于资金的匮乏而濒临崩溃，西欧一些国家再次出现物资短缺、物价上涨的严峻局面。弗斯特感到担忧的是，欧洲经济援助的资金被削减了4.35亿美元，相当于欧洲复兴计划援助总额的17%，而西欧国家目前仍然迫切需要3.2亿美元的物资，其中包括进口燃料、原材料、资本装备、食品、化肥等。除了这些工业原料外，欧洲还需要资金购买用于扩大生产的工业设备。因此，削减欧洲复兴计划资金不仅将延缓欧洲复兴的步伐，而且会为进一步发展欧洲生产带来严重困难。[1]

经济合作署助理署长比斯尔在国会发言时也指出，西欧经济是建立在拥有足够的原料供应，并能有效地利用它的基础上的，如果这两个因素不存在，西欧国家就不能维持国内生产的发展，它们更无法执行合适的防务计划。西欧国家迫切需要原料供应，而在得不到原料供应时只能降低生产水平。比斯尔还强调，西欧在农业、工业等方面不仅仅需要维护它们现存的资本，还要有更多的资金用于扩大其生产基础，维持西欧国家的出口贸易实际上与维持防务同样重要。比斯尔指出，西欧很多国家的经济仍依赖于原料进口，它们必须依靠出口贸易和美国的财政援助来解决进口费用问题。如果在这些国家重整军备，将会限制欧洲的出口规模，减少欧洲国家的外汇储备，迫使欧洲的消费品生产大量缩减，发生通货膨胀的危险，最终影响到欧洲复兴计划总体目标的实现。[2]

经济合作署驻巴黎的劳工和人力部顾问、美国劳工联合会代表鲍里斯·希斯金（Boris Shiskin）主张在军事援助和经济援助之间进行协调，继续实施欧洲复兴计划。希斯金回顾了欧洲复兴计划实施三年来所取得的成就，强调经济援助项目是消除自由国家中不稳定因素和抵制共产主义军事入侵的有效方式。在他看来，马歇尔计划帮助西欧大多数国家遏制了通货膨胀和金融混乱局面，建立了欧洲支付同盟，取消了货币兑换的障碍，暂时解决了美元短缺问题，重新恢复了支付平衡。经济合作署发起的生产援助项目不仅提高了欧洲工业的生产能力和增加了利润，而且降低了物价，增加了工资。劳工项目则促进了剩余劳动力的流动，重新安置了难民，使

---

[1]　U. S. Congress, Senate, Committee on Foreign Relations, *Hearings*, *The Mutual Security Program*, 82th Congress, 1st session, 1951, pp. 127 – 129.

[2]　Ibid. , pp. 139 – 147.

欧洲的自由劳工直接参与到西欧国家的经济重建中，具有重要的战略意义。所有这一切都功不可没。①

经济合作署继续坚持以发展生产和经济援助优先的主张得到了美国劳工联合会、经济发展委员会等利益团体的支持。1951 年 8 月，美国劳工联合会执行委员会在加拿大蒙特尔的会议上发表声明，表示美国劳工联合会继续支持经济合作署的各种项目。声明指出，世界形势极端严峻，苏联咄咄逼人的姿态给民主世界带来威胁，但是加强军事力量并不能够有效捍卫民主，美国应当进一步提高西欧国家人民的生活水平，让他们从经济和政治民主中受益。为了防止共产主义的影响覆盖到西欧，美国劳工联合会建议采取措施遏制通货膨胀，降低生活开支，增加工人的购买力，建立合理的税收制度；敦促法国、意大利等国政府立即采取措施防止共产主义占据工业中心，鼓励劳工加入非共产主义贸易联盟。劳联认为，目前低收入、高物价在法国、意大利等西欧国家仍然普遍存在，经济合作署已经制订出详细计划帮助欧洲雇员和工人提高生产力，增加收入，并通过建立欧洲支付同盟、实施煤钢联营计划扩大市场、减少对贸易的限制等措施取得了很大的进步。声明最后呼吁美国劳工联合会所属工会组织充分发挥美国工人的技术水平，和欧洲劳工共同参与到生产援助项目中去提高生产力，使欧洲国家工人生活水平得到尽快改善。美国劳工联合会的威廉·格林在参议院发言时强调，尽管军事援助是美国加强自由世界力量和抵制共产主义入侵的一个重要举措，但是经济援助和军事援助同等重要，不能单纯因为军事防御的需要而放弃对欧洲国家的经济援助。他认为向欧洲大多数国家提供经济援助，对于继续复兴经济是必不可少的。美国今后应当对欧洲国家继续进行有条件的援助，确保西欧国家人民能够大幅度增加生产、消费和物资流动，提高就业率和生活水平，使经济能够长期稳定发展。②

在格尔德·考尔斯（Gerd Cowles）领导下的经济发展委员会所属国际经济政策委员会，经过数月研究后于 1951 年 5 月 9 日发布了题为《北大西洋安全的经济因素》的报告。报告指出，在今后几年重新武装将是美国

---

① U. S. Congress, House, Committee on Foreign Affairs, *Hearings*, *The Mutual Security Program*, 82th Congress, 1st session, 1951, pp. 1182 – 1193.

② U. S. Congress, Senate, Committee on Foreign Relations, *Hearings*, *The Mutual Security Program*, 82th Congress, 1st session, 1951, pp. 799 – 801.

及其盟国犯的最为严重的错误。经济发展委员会认为，苏联和西方的较量最终将取决于实力而不仅仅是军事，只有拥有先进的生产力，确保有效公平合理地进行收入分配，保持较强的社会凝聚力才能真正反映一国的实力。马歇尔计划是战后实施的最为成功的计划，其成功主要是因为该计划实施者认识到经济和社会稳定对欧洲安全的重要意义。美国的目标是建立一个经济发达、政治稳定的西欧，重整军备计划最多只能是这一目标的必要补充而已，绝不能取而代之。在欧洲扩大军事项目的严重后果是削减欧洲的消费，减少非军事政府部门的开支、投资和出口，使综合实力的增长受到阻碍。① 布鲁金斯学会也相继在《对外经济援助中的问题》《进步中的伙伴》等报告中，对加强军事援助给欧洲复兴计划带来的不利影响表示强烈反对。它们建议经济合作署继续实施其各种欧洲复兴的项目，通过扩大生产，避免重新分配财富和权力的消耗性竞争，在生产领域引入竞争机制，实现简单化、标准化和规模化生产，使欧洲的面貌能焕然一新。② 美国一些自由派人士也反对政府将欧洲经济援助重心转向军事援助，在他们看来，饥饿、疾病将对和平构成真正威胁，强化军事联盟、扩大军备预算并不能解决这些问题。③

　　然而，经济合作署和美国部分利益团体的这些努力并没有挽救欧洲复兴计划的命运。1951 年 10 月 8 日，国会通过《共同安全法》。两天后，该法经杜鲁门总统签署生效。1951 年《共同安全法》规定，美国在 1952 年财政年度将向世界各个地区的"友好国家"提供为数 74.83 亿美元的军事、经济援助，以增强自由世界的共同安全，开发它们的资源，从而维护美国的安全并推进其对外政策。在涉及经济合作署的组织机构条款里，该法决定撤销经济合作署，由共同安全署主管对外援助事宜。条款还规定，为使该法批准的军事、经济援助作为符合国会意图的统一计划中的各个部分予以执行，有必要将协调和监督这些计划的责任交由一人承担，故授权

① Committee for Economic Development, *Economic Aspects of North Atlantic Security: A Statement on National Policy by the Research and Policy Committee of the CED*, 1951.

② The Brookings Institution, *Current Issues in Foreign Economic Assistance*, 1951.

③ Stanton A. Coblentz, letter to the editor, *San Francisco Chronicle*, 13 January 1951; J. W. Fyock, letter to the editor, *Cleveland Plain Dealer*, 11 February 1951; Shelby E. Southard, letter to the editor, *St. Louis Post-Dispatch*, 4 March 1951; James P. Whiteside, letter to the editor, *St. Louis Post-Dispatch*, 12 March 1951.

总统任命共同安全署署长。1951 年《共同安全法》的出台，标志着国家安全委员会 NSC‒68 文件以军事为重点的冷战战略在对外援助方面取得了统治地位。以经济援助、输出美国生产方式、生活方式和文化价值观为主的欧洲复兴计划也走到了尽头。

结　　语

一

　　欧洲复兴计划并不只是美国政府内少数精英设计出来的，而是美国政府与部分利益团体合作的产物。这种基于合作主义基础上的共识体现在欧洲复兴计划的酝酿、立法和经济合作署的建立等诸多方面。

　　在欧洲复兴计划政策的制定上，美国政府关注得多的是国际政治和经济关系，尤其是当时的冷战，而企业界和劳工等利益团体关注得多的是自己的经济利益。它们的侧重点不同，但它们在重建欧洲的问题上却能很好地合作，形成了共识。面对第二次世界大战后欧洲经济衰败和政治动荡的严峻形势，美国国务院等部门制定出一系列报告确立了欧洲复兴的政策理念和行动方案。美国国务院的决策层希望通过欧洲复兴计划，缩小西欧各国长期以来由于经济不平等而造成的差距，稳定欧洲资本主义国家动荡的经济、政治和社会形势，防止苏联对欧洲进行渗透。欧洲复兴计划为美国利益团体提供了一个施展其政治抱负和经济理想的舞台。二战后，美国商业利益团体急切需要扩大国外市场，以解决生产过剩与市场日趋缩小的矛盾，但欧洲外汇储备几乎枯竭、外贸能力也丧失殆尽，这些利益团体看到，只有西欧经济复兴，消除贸易壁垒和增加自由贸易，才可能为美国商业带来经济发展的机会。这样，美国政府稳定西欧资本主义秩序、遏制苏联的政治目标与利益团体向外扩张的经济目的在欧洲复兴问题上就能彼此契合，相互呼应。

　　在制定欧洲复兴计划政策时，美国政府官员同商业、劳工、农业利益团体的代表共同组成哈里曼委员会，对欧洲复兴计划的诸多关键问题进行了缜密的分析与研究，使欧洲复兴计划的运作框架进一步完善。在欧洲复兴计划立法上，美国政府也同利益团体开展合作，对该法的最后形成与通过产生了重大影响。当欧洲复兴计划咨文由于国会两院的反对意见而面临难产困境之时，美国国务院等部门的官员与这些利益团体在国会听证会上，大力支持通过有关欧洲复兴计划的立法，在一定程度上削弱了国会反对派的攻势，为《1948年经济合作法》的出台铺平了道路。美国政府和利益团体还在欧洲复兴计划的主管机构上达成一致意见，建立了经济合作署这样一个在政府指导下由商业、劳工等利益团体的代表广泛参与的机构来主管欧洲复兴计划的具体实施，为美国政府和美国利益团体直接参与领导欧洲复兴计划的实施搭建了理想的平台。经济合作署拥有一整套独立的、较为完备的组织体系，并在权责上同国务院等其他部门有所分工。该署还在财政和行政上具有较强的灵活性，可以摆脱政府行政部门在程序、人员、审计等问题上的诸多限制，可以以自己的名义缔结商业方面的协议，具有商业化的特征。在人员组成上，经济合作署广泛吸纳来自商业、劳工等利益团体的人士，使得来自民间组织、拥有丰富经验的专家可以和政府官员在执行欧洲复兴计划上彼此配合，共同解决欧洲复兴计划实施中的各种繁杂问题。《1948年经济合作法》有关欧洲复兴计划主管机构的规定不仅是权力分配的调整，而且是管理机制的重要创新。这种具有合作主义特点的组织模式，能够有序地将分散的社会利益，组织传达到国家决策机制中，使来自民间组织的专家可以和政府官员在执行欧洲复兴计划上彼此配合，共同解决该计划实施中的各种繁杂问题，维持了高度分工、功能分化下的利益整合。

二

经济合作署成立后，它在执行欧洲复兴计划上发挥了重要作用，从而使美国政府和利益团体制定欧洲复兴计划的初衷基本上得以实现，包括促进西欧经济的复苏，抑制共产主义在西欧的扩展，促进自由贸易等等。

经济合作署实施的欧洲复兴计划在促进西欧经济复苏上所起的作用是有目共睹的。二战后初期，西欧经济已经不能自动运转，甚至单靠国家干预也难以奏效，而需要美国的"输血"和西欧某种程度的跨国协调和干预。经济合作署在关键时刻为西欧经济恢复与发展送去了应急资金和启动资金，使西欧在短期内得以重新装备其工矿企业。经济合作署还搜集、分析欧洲复兴计划国家的经济信息，找到问题的症结并提出对策，以各国的资源、生产指标、进出口贸易、国际收支及外汇储备等为依据，进行某种程度的跨国调节，帮助西欧国家走出了经济低谷。

美国政府复兴西欧的一个重要目标是遏制共产主义。经济合作署和美国政府不仅向西欧国家提供了大量经济和物资援助，同时还以此为前提，帮助西欧国家的保守势力打击其国内的共产党力量。二战期间，东欧国家在苏联直接或间接的帮助下纷纷建立了以共产党和工人党为核心的人民民主政权，而战后初期西欧国家共产党的势力也得到很大发展。这无疑向美国发出危险信号，即如果美国再不插手，共产主义便有可能席卷欧洲大陆。经济合作署中很多人对共产主义持敌视态度，遏制共产主义在西欧的扩张也成为经济合作署在西欧重建中的一项重要任务。在美国国务院的示意下，经济合作署就曾明确告知参加欧洲复兴计划的国家，对于任何投票选举共产党人的国家，欧洲复兴计划所规定的援助将立即停止。为了使西欧的工人运动摆脱苏联的控制，美国政府和经济合作署动员美国劳工组织支持欧洲复兴计划，瓦解苏联支持的西欧工会组织和工人运动。经济合作署还与美国国务院开展信息项目，制定了一个宏大的出版计划，翻译出版反对共产主义的书籍。这些措施遏制了苏联共产主义在西欧的"扩张"，使西欧很多国家的共产党及左派力量逐渐失势。

经济合作署还会同美国政府部门在欧洲复兴计划实施期间采取了许多措施来推动自由贸易。战后初期，西欧地区贸易未能恢复正常状态，支付问题尤其突出，各国货币不能自由兑换，关税壁垒森严，以致西欧内部的商品、物资无法正常流通，与美国的自由贸易设想大相径庭。经济合作署通过修改欧洲内部支付与补偿协定，建立欧洲支付同盟，鼓励西欧打破战前支离破碎的民族经济，督促欧洲国家进行货币改革，削减关税壁垒。支付同盟采取定期、多边结算的方式，促使欧洲贸易趋于平衡，扩大了对美元区的出口。至于经济合作署与美国国务院鼓励建立超国家机构和推动制定反卡特尔条款以支持欧洲煤钢联营谈判的努力，则使欧洲一体化步入了超国家的合作阶段。

三

  经济合作署中很多人是来自商业、劳工等领域有丰富经验和专业知识的人士，他们并不单纯强调借欧洲复兴计划来对抗苏联和维护美国眼前的现实利益，还着眼于世界资本主义体系的长远发展，把自由国际主义秩序扩展到全球，建立自由国际主义霸权是其推行马歇尔计划的一个重要目标。经济合作署推行的西欧重建计划，在很大程度上旨在把美国历史经验移植到世界其他国家。美国工业化和阶级形态表现出一种特殊的模式，它是从美国的大规模生产方式、工业资本主义及有组织的工会在国家—社会体制下逐渐发展而成的。美国式的工业发展模式，主要包括以下两个方面：第一，以建立在机械化、自动化和标准化基础上的流水线作业及相应的科层组织的管理协调，通过大规模生产来提高标准化产品的劳动生产率，并以大规模销售来促进产品的流通；第二，劳资之间通过集体谈判形成的工资增长与生产率相联系的机制推动了大规模消费，从而促进了大规模生产的进一步发展。美国历史学家查尔斯·梅尔指出，美国的国家—社会关系呈现出一种新自由主义的形态，在这种生产性政治（Politics of Productivity）中，官僚化的工会联盟成为社会—政治的重要组成部分，国家一方面保障劳动者和工会"谈判"的权利，另一方面又巧妙地使其不致危害现存的原则和体制。可以说，这种新自由主义的生产性政治创造了管理阶层对生产过程的有效控制和劳动者对私人权力下的这种管理方式的不自觉认同状态。它们通过劳工法等各种相关的社会组织形态，使劳动者被迫保持了与现实社会体制的基本一致，制度化的机构接受甚至鼓励在各种团体、不同种族和不同性别基础上的谈判，容许分配上的某些斗争和摩擦存在。大规模生产与大规模消费的彼此结合与相互促进，成功抑制了美国社会阶级斗争的加剧。① 美国政治学家马克·鲁伯特（Mark Rupert）强调，美国特有的国家—社会关系，保证了美国政治、经济和意识形态的稳定

---

① Charles Maier，"The Politics of Productivity：Foundations of American International Economic Policy after World War II"，*International Organization*，Vol. 31，No. 4，1977，pp. 607 – 633.

性，为新时期以美国模式主导下的世界资本主义发展奠定了基础。① 经济合作署中很多人认为，美国只有通过在欧洲国家推动大规模生产，扩大消费市场，提高工业生产，才能更好地解决资本主义国家国内的工业和社会问题。经济合作署署长霍夫曼就是其中的一位。这位曾担任斯图德贝克汽车公司总裁，后出任企业顾问委员会成员和经济发展委员会主席的企业家，当然知道欧洲复兴计划最终会有利于美国经济，但霍夫曼关注的并不仅仅是美国经济，而是有利于所有非共产党国家的经济扩张。试图将美国资本主义的发展模式推广到世界其他地区就是霍夫曼的一个愿望。霍夫曼多次强调，美国是先进文化与技术的代表，引领世界的发展方向，美国有必要以自己的文化、科技和理性去引导和教化其他地区和民族，这些国家在消化、吸收、借鉴美国的技术和观念的基础上进行经济建设和制度革新，才能切身感受到以美国为主导的资本主义生产方式带来的"进步"，从而有利于所有非共产党国家的世界经济发展，资本主义民主制度才能加强。② 经济合作署助理署长理查德·比斯尔也指出，美国的机器设备、美国的劳工关系和管理在各地都受到推崇，美国所需要的是一场和平革命，使高生产率、劳资集体谈判这些美国已经确立和令人向往的特征融入欧洲的经济体制。③ 持这种观点的企业界、商界精英人物在经济合作署中为数不少，且担任高级职务。他们崇尚美国企业生产的经验和技术，并主张采用美国经验来解决西欧企业生产中面临的问题，使西欧乃至于整个世界将来都走上美国化的道路，从而使世界资本主义体系永远立于不败之地。

正是在这些人士的倡导下，经济合作署推出技术援助项目，向西欧国家提供技术、管理经验和劳资关系协调方式，播种曾经在美国开花结果的"民主"之种。经济合作署资助欧洲各国的生产考察队到美国企业实地观察，这些专业考察队不断深入接触美国企业文化，亲眼目睹了美国大规模

---

①　Mark E. Rupert, Producing Hegemony: *The Politics of Mass Production and American Global Power*, Cambridge University Press, 1995. "Producing Hegemony: State/Society Relations and the Politics of Productivity in the United States", *International Studies Quarterly*, 34, December 1990, pp. 427 – 456.

②　Paul Hoffman, *Peace Can Be Won*, p. 100.

③　Richard Bissell, "The Impact of Rearmament on the Free World Economy", *Foreign Affairs*, 1951, Vol. 29, pp. 385 – 405.

生产的具体运作。它们在对美国相关部门先进的生产和管理方式有了一定了解后，通过发布考察队报告、举办论坛等方式向本国传播美国的生产技术和管理模式。为了调动起西欧企业管理者的积极性，化解他们对美国技术文化的恐惧，经济合作署制订出循序渐进的美国企业管理培训方案，为欧洲受援国接受美国先进的管理方式创造条件。正如研究美欧文化关系的美国学者理查德·佩尔斯所指出的那样，欧洲复兴计划不仅仅满足于恢复西欧经济，而是希望将美国的经济实践推广到欧洲，在向欧洲提供美元的同时，也提供了可供参照的美国式的发展模式。马歇尔计划的实施者试图向欧洲人说明，效仿美国模式能够实现经济高速发展、收入显著提高。[①] 美国历史学家麦考尔·霍根在揭示技术援助项目的内涵时也指出，经济合作署认识到，美国企业的生产、管理和劳资关系方面的经验可以使欧洲的企业和劳工能共同努力，增加生产，提高工资，化解矛盾，走向经济繁荣和社会和谐。他认为，技术援助项目将政治问题转化为技术问题，用美国的科学管理和劳资合作取代欧洲的旧式经营方式和传统的阶级斗争习惯，使欧洲人切身感受美国现代技术和劳资关系改善对生产的促进作用。[②]

经济合作署还希望在西方国家建立共同的规范和政治认同感，使整个西方认同美国的自由主义和民主制度，建立所谓的"公民政治认同"。为此，经济合作署在欧洲受援国推行美国企业文化的同时，还开展信息项目，向欧洲国家宣传和推广与美国资本主义经济的繁荣紧密相联的美国大众文化和价值观念。经济合作署主办或资助出版的那些看上去只是在泛泛介绍美国生活的杂志，实际上旨在向欧洲人宣传美国的思想和文化，通过传播消费主义、个人主义等价值观促进了西欧人民对个人自由、物质文明的向往。经济合作署在资助拍摄的电影中，展示了现代化的厨房设备、快捷便利的连锁超市，使欧洲大众潜移默化地受到了这种生活方式的影响，并渴望过上这样的生活。经济合作署举办的展览把美国经济生活的主要方面转化为大众流行的语言，宣扬了美国社会的富裕与繁荣，强调美国已经发展成一种全新的资本主义，让愈来愈多的西欧人意识到自由主义、民主

---

① Richard Pells, *Not Like Us: How Europeans Have Loved, Hated, and Transformed American Culture Since World War*, New York, 1997, p. 54.

② Michael Hogan, *The Marshall Plan: America, Britain, and the Reconstruction of Western Europe, 1947-1952*, p. 19.

制度和资本主义是美国和西欧国家相互认同的纽带。经济合作署正是希望西欧民众在欣赏或享受这些大众杂志、电影、展览所传送信息的同时，使西欧民众了解美国的自由经济价值观念和社会文化制度，消除他们对资本主义文化的怀疑和失望心理，接受这些文化所暗含的个人主义、消费至上和享乐主义人生观。不可否认，欧洲复兴计划把美国社会具有现代化特征的管理经验、技术和价值观念传入欧洲，诱发了欧洲人需要进行经济变革的意识，刺激了现代化知识阶层的崛起。随着体现现代生活方式理念的美国消费品蜂拥而入西欧市场，西欧人的消费观念开始发生变化。

经济合作署中很多人相信，他们采用美国经验改造西欧的这些思想认识和具体做法，显示出一种具有现代化意义的重建模式，似乎西欧国家只要按照经济合作署设想的道路发展下去，就能取得美国已经取得的成就。但是，经济合作署片面夸大了美国生产、生活方式的示范作用，忽略了欧洲复杂的政治、经济和文化状况，经济合作署并不懂得如何将美国那种企业生产管理的理论应用到具有欧洲特点的实践之中。尽管这些遭受第二次世界大战浩劫的西欧国家为了从经济崩溃的危机中恢复过来，开始向美国学习提高生产力、推动经济发展的良方，但在接受美国企业生产管理思想的过程中，它们也认识到自己在企业经营、管理和发展上既有和美国企业的共通之处，也有基于历史文化传统而形成的差异。在它们看来，美国推行单一的生产模式并没有普世性，同一类型的经济结构必然导致西欧国家的经济趋同，容易引起西欧内部经济利益的冲突，因此这些西欧国家希望在积极引进美国先进生产和管理模式的同时，不断根据自己国家的条件和目标界定进步的内涵，寻求属于它们自己的发展道路。很多欧洲上层人士认为，欧洲复兴计划是按照美国的意志来干预和设计欧洲现代化的道路，他们担心，欧洲复兴计划会把美国管理经验、技术和价值观念传入欧洲，构成对西欧传统文化的现代性挑战，于是，他们根据自己的经验和价值观对美国企业生产方式在内的美国文化进行了有选择的接纳和改造。可以说，美国文化在西欧传播的过程中受当地社会环境的影响被赋予了新的内容，并逐渐融入本国文化中，西欧国家并没有丧失自身的文化认同。经济合作署将美国发展模式推广到世界其他地区的设想不可能实现。

参考文献

一 英文档案文件

［1］ Department of State. *FRUS*, *1947*, Vol. 3. Washington, DC: United States Government Printing Office, 1972.

［2］ Department of State. *FRUS*, *1948*. Vol. 3. Washington, DC: United States Government Printing Office, 1974.

［3］ Department of State. *FRUS*, *1949*. Vol. 4. Washington, DC: United States Government Printing Office, 1975.

［4］ Department of State. *FRUS*, *1950*. Vol. 3. Washington, DC: United States Government Printing Office, 1977.

［5］ Department of State. *FRUS*, 1951, Vol. 4. Washington, DC: United States Government Printing Office, 1979.

［6］ U. S. Congress. House of Representatives, Committee on Foreign Affairs. *Hearings on European Recovery Program.* 80th Congress, 2d session, 1948 .

［7］ U. S. Congress. House of Representatives, Committee on Foreign Affairs. *Extension of Europe Recovery Program*, *Hearing on H. R. 2362*, *in 2 parts*, 81st Congress, 1st session, 1949.

［8］ U. S. Congress. House of Representatives, Committee on Foreign Affairs. *Extension of European Recovery Program*, *Hearing on H. R. 7378 and H. R. 7797*, *in 2 Parts*, 81st Congress, 2d session, 1950.

［9］ U. S. Congress. Senate, Committee on Foreign Relations. *United States Foreign Policy for a Postwar Recovery Program*, *Hearings*, 80th Congress, 1st and 2d session, 1947 – 1948.

[10] U. S. Congress. Senate, Committee on Foreign Relations. *European Recovery Program*, *Hearing*, in 2 parts, 80th Congress, 2d session, 1948.

[11] U. S. Congress, Senate. Committee on Foreign Relations. *Extension of European Recovery*, *Hearings on S. 833*, 81st Congress, 1st session, 1949.

[12] U. S. Congress, Senate. Committee on Foreign Relations. *Extension of European Recovery*, *Hearings.* 81st Congress, 2d session, 1950.

[13] U. S. Congress, Senate. Committee on Foreign Relations. *Mutual Security Act of 1951*, *Joint Hearing on S. 1762*, 82^d Congress, 1st session, 1951.

[14] U. S Department of State. *Bulletin.* Washington, DC: United States Government Printing Office, 1947 – 1951.

[15] Economic Cooperation Administration. *Quarterly Reports to Congress.* 13 reports. Washington, DC: United States Government Pringting Office, 1948 – 1951.

[16] Economic Cooperation Administration. *American Business and European Recovery.* Washington, DC: United States Government Pringting Office, 1947 – 1951.

[17] Economic Cooperation Administration. *A Report on Recovery Progress and United States Aid.* Washington, DC: United States Government Pringting Office, 1949.

[18] Economic Cooperation Administration. *The Marshall plan at Mid-Point.* Washington. DC.

[19] Economic Cooperation Administration. *Three Years of the Marshall Plan*, Washington, DC, 1951.

[20] Economic Cooperation Administration. *Country Data Book.* : *All Participating Countries.* Washington, DC: United States Government Pringting Office, March 1950.

[21] Economic Cooperation Administration. *Local Currency Counterpart Funds*: *Midpoint Review.* Washington, DC: United States Government Pringting Office, April 1950.

[22] Committee on European Economic Cooperation. *General Report.* Vol. 1. London, 1947. Technical Reports. Vol. 2. London, 1947.

[23] Organisation for European Economic Cooperation. *Interim Report on the European Recovery Programme.* Vol. 1: *Report of the Council of the O. E. E. C to the United States Economic Co-operation Administration on the First Stage of the European Recovery Programme.* Paris, December 30, 1948.

[24] Organisation for European Economic Cooperation. *Interim Report on the European Recovery Programme.* Vol. 2: *National Programmes of Members for the Recovery Period Ending 30th June 1952.* Paris, December 30, 1948.

[25] Organisation for European Economic Cooperation. *Interim Report on the European Recovery Programme.* Vol. 3: Technical Reports. Paris, 1949.

[26] Organisation for European Economic Cooperation. *Report to the Economic Cooperation Administration on the First Annual Programme, July 1, 1948 – June 30, 1949.* Paris, 1949.

[27] Organisation for European Economic Cooperation. *Report to the Economic Cooperation Administration on the Second Annual Programme, July 1, 1949 – June 30, 1950.* Paris, 1950.

[28] Organisation for European Economic Cooperation. *Report to the Economic Cooperation Administration on 1949 – 1950 Programme, July 1, 1949 – June 30, 1950: Country Programmes.* Paris, 1950.

[29] Organisation for European Economic Cooperation. *Economic Progress and Problems of Western Europe: Third Annual Report to the Economic Cooperation Administration.* Paris, June 1951.

[30] Organisation for European Economic Cooperation. *Europe-The Way Ahead: Fourth Annual Report to the Economic Cooperation Administration.* Paris, June 1952.

[31] Merril, Dennis ed., *Documentary History of the Truman Presidency,* Vol. 13, Establishing the Marshall Plan 1947 – 1948, Washington, 1995.

[32] Department of the Interior. *National Resources and Foreign Aid: Report of J. A Krug,* Washington, DC: United States Government Printing Office, 1947.

[33] U. S. Council of Economic Advisers. *The Impact of foreign Aid upon the domesit Economy.* Washington, DC: United States Government Printing Office, 1947.

[34] President's Committee on Foreign Aid. *A Report on European Recovery and American Aid.* Washington, DC: United States Government Printing Office, 1947.

[35] *Public Papers of the Presidents of the United States, Harry S. Truman, 1945 – 1953.* Washington. DC: United States Government Pringting Office, 1966.

[36] Clarence Wunderlin, Jr. , ed. , *The Papers of Robert A. Taft*, Vol. 3 – 4, Kent State University Press, 2003, 2006.

[37] The Brookings Institution. *Administration of United States Aid For A European Recovery Program*, Report to the Committee on Foreign Relations United States Senate. Washington, DC, 1948.

[38] Committee for Economic Development. *An American Program of European Economic Cooperation.* New York: February 1948.

[39] Anglo-American Council on Productivity. *Report of the U. K. Rayon Weavers*, London, 1949.

[40] Anglo-American Council on Productivity. *Report of the U. K. Food Canning Team.* London, 1949.

[41] Anglo-American Council on Productivity. *Report of the Furniture.* London, 1949.

[42] Anglo-American Council on Productivity. *Simplification in Industry report.* London, 1949.

[43] Anglo-American Council on Productivity. *Report of the U. K. Food Canning Team.* London, 1950.

[44] Anglo-American Council on Productivity. *Report of the U. K. Steel Forge Team*, London, 1950.

[45] Anglo-American Council on Productivity. *British Section Interim Report*, 1950 .

[46] Anglo-American Council on Productivity. *Final Report of Anglo-American Council on Productivity*, London, 1950.

[47] Gray, Gordon. *Report to the President on Foreign Economic Policies.* Washington, DC: United States Government Printing Office, November 10, 1950.

[48] Thomson, Charles A. H. *Overseas Information Service of the United States Govermnent.* Washington: The Brookings Institution, 1948.

二 英文著作

[1] Agnew, John, and J. Nicholas Entrikin, eds., *The Marshall Plan Today: Model and Metaphor on International Relations.* London, U. K., 2004.

[2] Arkes, Hadley. *Bureaucracy, the Marshall Plan, and the National Interest.* Princeton: Princeton University, 1972.

[3] Appy, Christian G., ed. *Cold War Constructions: The Political Culture of Untied States Imperialism, 1945–1966.* Amherst, MA: The University of Massachusetts Press, 2000.

[4] Barber, Joseph, ed. *The Marshall Plan as American Policy: A Report on the Views of Community Leaders in Twenty-One Cities.* New York, 1948.

[5] Bailey, Thomas A. *The Marshall Plan Summer: An Eyewitness Report on Europe and the Russians in 1947.* Stanford: Hoover Institution Press, 1977.

[6] Barjot, Dominique, ed. *Catching Up With America: Productivity Missions.* Paris, 2002.

[7] Berghahn, Volker R. *America and the Intellectual Cold War in Europe.* Princeton: Princeton University Press, 2001.

[8] Bernard, Nancy E. *U. S. Television News and Cold War Propaganda, 1947–1960.* New York: Cambridge University Press, 1999.

[9] Brinkley, Alan. *The End of Reform: New Deal Liberalism in Recession and War.* New York: Vintage Books, 1995.

[10] Borstelman, Thomas. *The Cold War and the Color Line: American Race Relations in the Global Arena.* Cambridge: Harvard University Press, 2001.

[11] Beloff, Max. *The United States and the Unity of Europe.* Washington, DC: The Brookings Institution, 1963.

[12] Block, Fred L. *The Origins of International Economic Disorder: A Study of United States International Monetary Policy from World War II to the*

Present. Berkeley: University of California, 1977.

[13] Byrnes, Mark. *The Truman Years, 1945 – 1953.* London: Pearson, 2000.

[14] Bonds, John. *Bipartisan Strategy: Selling the Marshall Plan.* Westport, 2002.

[15] Bohlen, Charles. *Witness to History: 1929 – 1969.* New York: Norton, 1973.

[16] Clesse, Armand, and Archie Epps, eds. *Present at the Creation: 40th Anniversary of the Marshall Plan.* New York, 1990.

[17] Carew, Anthony B. *Labour Under the Marshall Plan: The Politics of Productivity and the Marketing of Managerial Science.* Detroit, Mich., 1987.

[18] Chance, James. *Acheson: The Secretary of State who created the American World.* New York: Random House, 1998.

[19] Cohen, Lizabeth. *A Consumers'Republic: The Politics of Mass Consumption in Postwar America.* New York: Alfred A. Knopf, 2003.

[20] Collins, Robert M. *The Business Response to Keynes, 1929 – 1964.* New York: Columbia University Press, 1981.

[21] Coleman, Peter. *The Liberal Conspiracy: The Congress for Cultural Freedom and the Struggle for the Mind of Postwar Europe.* New York: Free Press, 1989.

[22] Costigliola, Frank. *Awkward Dominion: American Politics, Economic and Cultural Relations with Europe, 1919 – 1933.* Ithaca: Cornell University Press, 1984.

[23] Diebold, William, Jr. *Trade and Payments in Western Western Europe: A Study in European Economic Cooperation.* New York: Harper&Bros, 1952.

[24] Diebold, William, Jr. *The Schuman Plan: A Study in Economic Cooperation, 1950 – 1959.* New York: Praeger, 1959.

[25] Duignan, Peter, and L. H. Gann. *The Rebirth of the West: The Americanization of the Democratic World, 1945 – 1958.* Cambridge, Mass., 1992.

[26] Donovan, Robert J. *The Second Victory*: *The Marshall Plan and the Postwar Revival of Europe.* Lanham, Md. , 1987.

[27] Eckes, Alfred E. , Jr. *A Search for Solvency*: *Bretton Woods and the International Monetary System*, *1941 – 1947.* Austin: University of Texas, 1975.

[28] Ellwood, David W. *The Marshall Plan Forty Years After*: *Lessons for the International System Today.* Bologna, Italy, 1988.

[29] Ellwood, David W. *Rebuilding Europe*: *Western Europe*, *America and Postwar Reconstruction.* New York, 1992.

[30] Ellwood, David and Rob Kroes, eds. *Hollywood in Europe*: *Experiences of a Cultural Hegemony.* Amsterdam: VU University Press, 1994.

[31] Esposito, Chiarella. *America's Feeble Weapon*: *Funding the Marshall Plan in France and Italy*, *1948 – 1950.* Westport, Conn. , 1994.

[32] Ellis, Howard S. *The Economic of Freedom*: *The Progress and Future of Aid to Europe.* New York: Harper& Bros. (For the Council on Foreign Relations), 1950.

[33] Fordham, Benjamin O. *Building the Cold War Consensus*: *The Political Economy of US National Security Policy*, *1949 – 1951.* Ann Arbor: The University of Michigan Press, 1998.

[34] Fossedal, Gregory A. *Our Finest Hour*: *Will Clayton*, *the Marshall Plan*, *and the Triumph of Democracy.* Palo Alto, Calif. , 1993.

[35] Fraser, Steve and Gary Gerstle, eds. *The Rise and Fall of the New Deal Order*, *1930 – 1980.* Princeton: Princeton University Press, 1989.

[36] Freeland, Richard M. *The Truman Doctrine and the Origins of McCarthyism*: *Foreign Policy*, *Domestic Politics*, *and Internal Security*, *1946 – 1948.* New York: 1972.

[37] Fries, Richard M. *The Russians Are Coming*: *Pageantry and Patriotism in Cold War America.* New York: Oxford University Press, 1988.

[38] Fousek, John. *To Lead the Free World*: *American Nationalism and the Cultural Root of the Cold War.* Chapel Hill, NC: University of North Carolina Press, 2000.

[39] Fehrenbach, Heide and Uta G. Poiger, eds. *Transactions*, *Transgres-*

sions, *Transformations*: *American Culture in Western Europe and Japan*. New York: Berghahn Books, 2000.

[40] Fender, Stephen, ed. *American and European National Identities*: *Faces in the Mirror*. Staffordshire: Keele University Press, 1996.

[41] Gaddis, John Lewis. *The United States and the Origins of the Cold War*, *1941 – 1947*. New York: Columbia University, 1972.

[42] Gaddis, John Lewis. *Strategies of Containment*: *A Critical Appraisal of Postwar American National Security Policy*. New York: Oxford University, 1982 .

[43] Gaddis, John Lewis. *The Cold War*: *A New History*. New York: Penguin, 2005.

[44] Gaddis, John Lewis. *We Now Know*: *Rethinking Cold War History*. Oxford, U. K. : Oxford University Press, 1997.

[45] Gardner, Richard N. *Sterling-Dollar Diplomacy*: *The Origins and Prospects of Our International Economic Order*. New York: McGraw-Hill, 1969 .

[46] Gallup, George. *The Gallup Poll*: *Public Opinion*. New York: Random House, 1972.

[47] Gimbel, John. *The Origins of the Marshall Plan*. Stanford University, 1976 .

[48] Gienow-Hecht, Jessica C. E. *Transmission Impossible*: *American Journalism as Cultural Diplomacy in Postwar Germany*, *1945 – 1955*. Baton Rouge: Louisiana State University Press, 1999.

[49] Gienow-Hecht, Jessica C. E. and Frank Schumacher, eds. *Culture and International History*. New York: Berghahn Books, 2003.

[50] Guilbaut, Serge. *How New York Stole the Idea of Modern Art*: *Abstract Expressionism*, *Freedom*, *and the Cold War*. Chicago: University of Chicago Press, 1983.

[51] Golob, Roy. *American Labor and European Politics*: *The AFL as a Transnational Force*. New York: Crane-Russak, 1976.

[52] Gourvish, Terence, and Nick Tiratsoo, eds. *Missionaries and Managers*: *American Influences on European Management Education*, *1945 –*

1960. Manchester, U. K. , 1998.

[53] Haddow, Robert H. *Pavilions of Plenty: Exhibiting American Culture A-broad in the 1950s.* Washington, DC: Smithsonian Institution Press, 1997.

[54] Hartmann, Susan M. *Truman and the 80ᵗʰ Congress.* Columbia: University of Missouri, 1971.

[55] Harper, John Lamberton. *American Visions of Europe: Franklin D. Roosevelt, George F. Kennan, and Dean G. Acheson.* New York: Cambridge University Press, 1996.

[56] Harper, John Lamberton. *America and Reconstruction of Italy, 1945 - 1948.* New York: Cambridge University Press, 1986.

[57] Hogan, Michael J. *The Marshal Plan: America, Britain and the Reconstruction of Western Europe, 1947 - 1952.* New York: Cambridge University Press, 1987.

[58] Hogan, Michael J. *A Cross of Iron: Harry S. Truman and the Origins of the National Security State, 1945 - 1954.* New York: Cambridge University Press, 1998.

[59] Harris, Seymour. *Foreign Aid and Our Economy.* Washington: Public Affairs Institute, 1950.

[60] Harris, Seymour, ed. *The European Recovery Program.* Cambridge: Harvard University, 1948.

[61] Hixson, Walter L. *Parting the Curtain: Propaganda, Culture, and the Cold War, 1945 - 1961.* New York: Saint Martin's Griffin, 1997.

[62] Hunt, Michael H. *Ideology and U. S. Foreign Policy.* New Haven, CT: Yale University Press, 1987.

[63] Hoffman, Paul G. *Peace Can Be Won.* Garden City, New York, 1951.

[64] Iriye, Akira. *Cultural Internationalism and World Order.* Baltimore: Johns Hopkins University Press, 1997.

[65] Kaplan, Jacob J. , and Gunther Schleiminger. *The European Payments Union: Financial Diplomacy in the 1950s.* Oxford, U. K. , 1989.

[66] Kennan, George F. *Memoirs* (1925 - 1950) . New York: Bantam paperback, 1969.

［67］ Killick, John. *The United States and European Reconstruction*, *1945 - 1960*. Edinburgh, U. K. , 1997.

［68］ Kindleberger, Charles P. *Marshall Plan Days*. Boston, Mass. , 1987

［69］ Kroes, Rob. *If You' ve Seen One, You' ve See the Mall*: *European and American Mass Culture*. Urbana: University of Illinois Press, 1996.

［70］ Kroes, Rob. *Cultural Transmissions and Receptions*: *American Mass Culture in Europe*. Amsterdam: VU University Press, 1993.

［71］ Kuisel, Richard. *Seducing the French*: *The Dilemma of Americanization*. Berkeley: University of California Press, 1993.

［72］ Kuznick, Peter J. *Rethinking Cold War Culture*. Washington, DC: Smithsonian Institution Press, 2001.

［73］ Kipping, Matthias, and Ove Bjarner, eds. *The Americanization of European Business*: *The Marshall Plan and the Transfer of U. S. Management Models*. New York: Routledge, 1998.

［74］ Leffler, Melvyn P. *A Preponderance of Power*: *National Security, the Truman Administration, and the Cold War*. Stanford, CA: Stanford University Press, 1992.

［75］ Leffler, Melvyn P. *The Specter of Communism*: *The United States and the Origins of the Cold War, 1917 - 1953*. New York, 1994.

［76］ Lucas, Scott. *Freedom's War*: *The American Crusade Against the Soviet Union*. New York: New York University Press, 1999.

［77］ Lutz, Frederick A. *The Marshall Plan and European Economic Policy*. Princeton: Princeton University, 1948.

［78］ Lundestad, Geir. *"Empire" by Integration*: *The United States and European Integration, 1945 - 1997*. New York: Oxford University Press, 1998.

［79］ Marjolin, Robert. *Architect of European Unity*: *Memoirs, 1911 - 1986*. Trans. by William Hall. London, 1989.

［80］ MacShane, Denis. *International Labour and the Origins of the Cold war*. Oxford: Clarendon Press, 1992.

［81］ Maier, Charles S, eds. *The Marshall Plan and Germany*: *West German Development within the Framework of the European Recovery Program*.

Providence: Berg Publishers, 1991.

[82] Maier, Charles S, ed. *The Cold War in Europe.* New York: Markus Wiener, 1991.

[83] Maier, Charles L. , Jr. *The Marshall Plan: The Launching of the Pax American.* New York: Simon& Schuster, 1984.

[84] Mathy, Jean-Philippe. *French Resistance: the French-American Culture Wars.* St. Paul: Univeristy of Minnesota Press, 2000.

[85] Marjolin, Robert. *Europe and the United States in the World Economy.* Durham, N. C. , 1953.

[86] May, Elaine T. *Homeward Bound: American Families in the Cold War Era.* New York: Basic Books, 2008 edition.

[87] May, Elaine T. and Reinhold Wagnleitner, eds. *Here, There, and Everywhere: The Foreign Politics of American Popular Culture.* University Press of New England, 2000.

[88] May, Lary. *The Big Tommorow: Hollywood and the Politics of the American Way.* Chicago: University of Chicago Press, 2000.

[89] May, Lary. *Recasting America: Culture and Politics in the Age of Cold War.* Chicago: University of Chicago Press, 1990.

[90] May, Ernest R. , ed. *America's Cold War Strategy: Interpreting NSC – 68.* New York: Saint Martin's Press, 1993.

[91] McCormick, Thomas J. *America's Half Century: United States Foreign Policy in the Cold War and After.* Baltimore: Johns Hopkins University Press, 1989.

[92] Milward, Alan S. *The Reconstruction of Western Europe, 1945 – 1950.* London: Methuen, 1984.

[93] Miscamble, Wilson D. *George Kennan and the Making of American Foreign Policy, 1947 – 1950.* Princeton: Princeton University Press, 1992 .

[94] Moore, R. Laurence and Maurizio Vaudagna, eds. *The American Century in Europe.* Ithaca, NY: Cornell University Press, 2003.

[95] Ninkovich, Frank. *The Diplomacy of Ideas: US Foreign Policy and Cultural Relations, 1938 – 1950.* New York: Cambridge University

Press, 1981.

[96] Ninkovich, Frank. *The Wilsonian Century: U. S. Foreign Policy since 1900.* Chicago and London: The University of Chicago Press, 1999.

[97] Ney, Joseph. *Soft Power: The Means to Success in American Foreign Policy.* New York, 2004.

[98] Nolan, Mary. *Visions of Modernity: American Business and the Modernization of Germany.* New York: Oxford University Press, 1994.

[99] Offner, Arnold A. *Another Such Victory: President Truman and the Cold War, 1945 – 1953.* Stanford, CA: Stanford University Press, 2002.

[100] Price, Harry B. *The Marshall Plan and Its Meaning.* Ithaca: Cornell University, 1955.

[101] Pells, Richard. *Not Like Us: How Europeans Have Loved, Hated, and Transformed American Culture Since World War II.* New York, 1997.

[102] Pisani, Sallie. *The CIA and the Marshall Plan.* Lawrence, Kans. , 1991 .

[103] Poiger, Uta. *Jazz, Rock, and Rebels: Cold War Politics and American Politics in Divided Germany.* Berkeley, 2000.

[104] Pollard, Robert. *Economic Security and the Origins of the Cold war, 1945 – 1950.* New York: Columbia University Press, 1985.

[105] Radosh, Ronald. *American Labor and United States Foreign Policy.* New York: Random House, 1969.

[106] Raucher, Alan. *Paul G. Hoffman: Architect of Foreign Aid.* Lexington: University of Kentucky Press, 1985.

[107] Rawnsley, Gary. ed. *Cold War Propaganda in the 1950s.* New York: St. Martins, 1999.

[108] Reynolds, David. ed. *The Origins of the Cold War in Europe: International Perspectives.* New Haven, CT: Yale University Press, 1994.

[109] Rosenberg, Emliy S. *Spreading the American Dream: American and Cultural Expansion Expansion, 1890 – 1945.* New York: Hill and Wang, 1982.

[110] Romero, Federico. *The United States and the European Trade Union*

Movement, *1944 - 1951*. Translated by Harvey Fergusson. Chapel Hill: University of North Carolina Press, 1992.

[111] Russell, Bertrand, John Lehmann, Sean O'Falain, et al. *The Impact of America on European Culutre*. Boston: Beacon Press, 1951.

[112] Schmitt, Hans A. *The Path to European Union: From the Marshall Plan to the Common Market*. Baton Rouge: Louisiana States University, 1962.

[113] Schriftgiesser, Karl. *Business Comes of Age: The Story of the Committee for Economic Development and its Impact upon the Policies of the United States, 1942 - 1960*. New York: Harpet & Row, 1960.

[114] Sanford, William F. *The American Business Community and the European Recovery Program, 1947 - 1952*. New York, 1987.

[115] Schain, Martin, ed. *The Marshall Plan: Fifty Years After*. New York, 2001.

[116] Schulberg, Sandra, and Richard Pena. *Selling Democracy: Films of the Marshall Plan, 1948 - 1953*. New York, 2004.

[117] Scott-Smith, Giles, and Hans Krabbendam, eds. *The Cultural Cold War in Western Europe, 1945 - 1960*. London, 2003.

[118] Sale, Sara L. *The Shaping of Containment: Harry S. Truman, The National Security Council, and the Cold War*. Saint James, NY: Brandywine Press, 1998.

[119] Saunders, Frances Stoner. *The Culture Cold War: the CIA and the World of Arts and Letters*. New York: New Press, 2000.

[120] Strasser, Susan, Charles McGovern and Matthias Judt, eds. *Getting and Spending: European and American Consumer Societies in the Twentieth Century*. Cambirdge: Cambridge University Press, 1998.

[121] Tiratsoo, Nich and Jim Tomlinson. *Industrial Efficiency and State Intervention: Labor 1939 - 51*. New York: Routledge, 1993.

[122] Tomlinson, John. *Cultural Imperialism: A Critical Introduction*. Baltimore: Johns Hopkins Univeristy Press, 1991.

[123] Van Der Beugel, Ernst H. *From Marshall Plan to Atlantic Partnership: European Integration as a Concern of American Foreign Policy*. New York:

Elsevier, 1966.

[124] Vickers, Rhiannon. *Manipulating Hegemony*: *State Power*, *Labor and the Marshall Plan in Britain*. New York: St. Martin's Press, 2000.

[125] Wagnleitner, Reinhold. *Coca-colonization and the Cold War*: *The Cultural Mission of the United States in Austria after the Second World War*. Chapel Hill: University of North Carolina Press, 1994.

[126] Wall, Irwin M. *The United States and the Making of Postwar France*, *1945 – 1954*. Cambridge: Cambridge University Press, 1991.

[127] Weiss, Charles. *The Marshall Plan*: *Lessons for US Assistance to Central and Eastern Europe and the Former Soviet Union*. Washington, D. C. , 1996.

[128] Wexler, Imanuel. *The Marshall Plan Revisited*: *The European Recovery Program in Economic Perspective*. Westport, CT: Greenwood, 1983.

[129] Weick, Randolph. *Igorance Abroad*: *American Educational and Cultural Foreign Policy and the Office of Assistant Secretary of State*. Westport, CT: Praeger, 1992.

[130] Wilson, Theodore A. *The Marshall Plan*: *An Atlantic Venture of 1947 – 1951 and How It Shaped Our World*. Headline Series, No. 236. New York: Foreign Policy Association, June 1977.

[131] Windmuller, John P. *American Labor and the International Labor Movement*, *1940 – 1953*. Ithaca: Cornell University, 1954.

[132] Winks, Robin W. *The Marshall Plan and the American Economy*. New York: Holt, Rinehart, 1960.

[133] Whitfiesl, Stephen J. *The Culture of the Cold War*. Baltimore: Jonhs Hipkins University Press, 1991.

[134] Yergin, Daniel. *Shattered Peace*: *The Origins of the Cold War and the National Security State*. Boston: Houghton Mifflin, 1978.

[135] Young, John W. *Britain*, *France*, *and the Unity of Europe*, *1945 – 1951*. Leicester, England: Leicester University, 1984.

三 英文论文

[1] Antonio, Robert J. and Alessandro Bonanno. "A New Global Capitalism? From 'Americanism and Fordism' to 'Americanization-Globalization'", *American Studies*, Vol. 41, No. 2/3, 2000.

[2] Barbezat, Daniel. "The Marshall Plan and the Origins of the OEEC", *Contemporary European History*, Vol. 10, 2001.

[3] Bissell, Richard. "The Impact of Rearmament on the Free World Economy", *Foreign Affairs*, Vol. 29, No. 3, 1951.

[4] Bissell, Richard. "European Recovery and the Problems Ahead", *American Economic Association*, *Papers and Proceedings of the American Economic Association*, Vol. 42, No. 2, 1952.

[5] Bissell, Richard. "Foreign Aid: What Sort? How Much? How Long?" *Foreign Affairs*, Vol. 31, No. 1, 1952.

[6] Blaisdell, Thomas C., Jr. "The European Recovery Program-Phase Two", *International Organization*, Vol. 2, No. 3, 1948.

[7] Carew, Anthony B. "The Politics of Productivity and the Politics of Anti-Communism: American and European Labour in the Cold War", *Intelligence and National Security*, Vol. 18, 2003.

[8] Caruthers, Susan. "Not Like U. S. ? Europeans and the Spead of American Culture", *International Affairs*, Vol. 74, No. 4, 1998.

[9] Castillo, Greg. "Domesticating the Cold War: Household Consumption as Propaganda in Marshall Plan Germany", *Journal of Contemporary History*, Vol. 40, No. 2, 2005.

[10] Clayton, William L. "GATT, the Marshall Plan, and OECD", *Political Science Quarterly*, Vol. 78, No. 4, 1963.

[11] Cromwell, William C. "The Marshall Non-Plan: Congress and the Soviet Union", *Western Political Quarterly*, Vol. 32, No. 4, 1979.

[12] Diebold, William. "East-West Trade and the Marshall Plan", *Foreign Affairs*, Vol. 26, No. 4, 1948.

[13] Diebold, William. "The Marshall Plan in Retrospect: A Review of Re-

cent Scholarship", *Journal of International Affairs*, Vol. 41, No. 2, 1988.

[14] DeLong, J. Bradford, and Barry Eichengreen. "The Marshall Plan: History's Most Successful Structural Adjustment Program", in Rudiger Dornbusch et al. , eds. , Postwar Economic Reconstruction and Lessons for the East Today. Cambridge, Mass. , 1993, 189 – 230.

[15] Doherty, Thomas. "A Symposium on the Marshall Plan Films inNew York City", *Historical Journal of Film, Radio and Television*, Vol. 25, No. 1, 2005.

[16] Eichengreen, Barry J. , and Marc Uzan. "The Marshall Plan: Economic Effects and Implications for Eastern Europe and theSoviet Union", *Economic Policy*, Vol. 14, No. 2, 1992.

[17] Ellwood, David W. "You Too Can Be Like Us: Selling the Marshall Plan", *History Today*, Vol. 48, No. 4, 1998.

[18] Gienow-Hecht, Jessica C. E. "Shame on US? Academics, Cultural Transfer, and the Cold War-A Critical Review", *Diplomatic History*, Vol. 24, No. 3, Summer 2000.

[19] Grose, Peter, "The Marshall Pla-Then and Now", *Foreign Affairs*, Vol. 76, No. 3, 1997.

[20] Gomberg, William. "Labor's Participation in the European ProductivityProgram: A Study in Frustration", *Political Science Quarterly*, Vol. 74, No. 2, June 1959.

[21] Garrett, Amy. "MarketingAmerica: Public Culture and Public Diplomacy in the Marshall Plan Era, 1947 – 1954. " Ph. D. dissertation, University of Pennsylvania, 2004.

[22] Gordon, Lincoln. "ERP in Operation", *Harvard Business Review*, Vol. 27, No. 2, March 1949.

[23] Gordon, Lincoln. "The Marshall Plan Legacy", *NATO Review*, Vol. 35, No. 2, 1987.

[24] Gordon, Lincoln. "Recollections of a Marshall Planner", *Journal of International Affairs*, Vol. 41, No. 2, 1988.

[25] Galbraith, John K. "European Recovery: The Longer View", *Review of Politics*, Vol. 12, No. 2, April 1950.

[26] Geiger, Theodore. "The Lessons of the Marshall Plan for Development Today", *Looking Ahead*, Vol. 15, 1967.

[27] Grazia, Victoria de. "Americanization and Changing Paradigms of Consumer Modernity: France, 1930 – 1990", *Journal of the Twentieth-Century/Contemporary French Studies*, Vol. 1, No. 1, Spring 1997.

[28] Hitchens, Harold L. "Influences on the Congressional Decision to Pass the Marshall Plan", *Western Political Quarterly*, Vol. 21, No. 1, March 1968.

[29] Harriman, W. Averell. "The Marshall Plan: Self-Help and Mutual Aid", *Foreign Service Journal*, Vol. 44, No. 2, 1967.

[30] Hogan, Michael J. "The Search for a 'Creative Peace': TheUnited States, European Unity, and the Origins of the Marshall Plan", *Diplomatic History*, Vol. 6, No. 3, Summer 1982.

[31] Hogan, Michael J. "Revival and Reform: America's Twentieth-Century Search for a New Economic Order Abroad", *Diplomatic History*, Vol. 8, No. 4, 1984.

[32] Hogan, Michael J. "American Marshall Planners and the Search for a European Neocapitalism", *American Historical Review*, Vol. 90, No. 1, 1985.

[33] Hoffman, Paul G. "The Marshall Plan: Peace Building-Its Price and Its Profits", *Foreign Service Journal*, Vol. 44, No. 2, 1967.

[34] Hoganson, Kristin. "Stuff It: Domestic Consumption and Americanization of the World Paradigm", *Diplomatic History*, Vol. 30, No. 4, 2006.

[35] Hirschman, A. O. "The European Payments Union: Negotiation and Issues", *Review of Economics and Statistics*, Vol. 33, No. 1, 1951.

[36] Ikenberry, John. "Rethinking the Origins of American Hegemony", *Political Science Quarterly*, Vol. 104, No. 3, 1989.

[37] Jackson, Scott. "Prologue to the Marshall Plan: The Origins of the American Commitment for a European Recovery Program", *Journal of A-

merican History, Vol. 65, No. 4, March 1979.

[38] Kindleberger, Charles. "The Marshall Plan and the Cold War", *International Journal*, Vol. 23, No. 3, Summer 1968.

[39] Kindleberger, Charles. "The One and Only Marshall Plan", *National Interest* 11 (1988): 113 – 115.

[40] Kindleberger, Charles. "In the Halls of the Capitol: A Memoir", *Foreign Affairs* Vol. 76, 1997.

[41] Kuklick, Bruce. "The Future of Cultural Imperialism", *Diplomatic History*, Vol. 24, No. 3, Summer 2000.

[42] Kennan, Geogre, "The Marshall Plan and the Future of Europe", *Transatlantic Perspectives*, Vol. 17, Winter 1988.

[43] Kroes, Rob. "American Empire and Cultural Imperialism: A View from the Receiving End", *Diplomatic History*, Vol. 23, No. 3, Summer 1999.

[44] Kuisel, Richard F. "Coca-Cola and the Cold War: The French Face A-mericanization, 1948 – 1953", *French Historical Studies*, Vol. 17, No. 1, Spring 1991.

[45] Kuisel, Richard F. "Americanization for Historians", *Diplomatic History*, Vol. 24, No. 3, Summer 2000.

[46] Leffler, Melvyn P. "American Policy Making and European Stablity, 1921 – 1933", *Pacific Historical Review*, Vol. 46, No. 2, May 1977.

[47] Leffler, Melvyn P. "The American Conception of National Security and the Beginnings of the Cold War, 1945 – 1948", *American Historical Review*, Vol. 89, No. 2, April 1984.

[48] Leffler, Melvyn P. "TheUnited States and the Strategic Dimensions of the Marshall Plan", *Diplomatic History*, Vol. 12, No. 3, Summer 1988.

[49] Lundestad, Geir. " 'Empire by Invitation' in the American Century", *Diplomatic History*, Vol. 23, No. 2, Spring 1999.

[50] Maier, Charles S. "Between Taylorism and Technocracy: European Ideologies and the Vision of Industrial Productivity in the 1920s", *Journal of Contemporary History*, Vol. 5, No. 2, 1970.

[51] Maier, Charles S. "The Politics of Productivity: Foundations of American International Economic Policy after World War II", *International Organization*, Vol. 31, No. 4, Autumn 1977.

[52] Maier, Charles S. "The Two Postwar Eras and the Conditions for Stability in Twentieth-CenturyWestern Europe", *American Historical Review*, Vol. 86, No. 2, April 1981.

[53] Maier, Charles S. "From Plan to Practice: The Context and Consequences of the Marshall Plan", *Harvard Magazine*, Vol. 99, May-June 1997.

[54] Maier, Charles S. "The Marshall Plan and the Division of Europe", *Journal of Cold War Studies* 7, No. 1, 2005.

[55] Milward, Alan. "Was the Marshall Plan Necessary?" *Diplomatic History*, Vol. 13, No. 2, April, 1989.

[56] Mallaliea, Wiliam C. "Origins of the Marshall Plan: A Study in Policy Formulation and National Leadership", *Political Science Quarterly*, Vol. 73, No. 4, December 1958.

[57] McCormick, Thomas J. "Drift or Mastery? A Corporatist Synthesis for AmericanDiplomatic History", *Reviews in American History*, Vol. 10, No. 4, December 1982.

[58] McQuaid, Kim. "Corporate Liberalism in the American Business Community, 1920 – 1940", *Business History Review*, Vol. 52, No. 3, Autumn 1978.

[59] McGlade, Jacqueline. "The Big Push: The Export of American Business Education to Western Europe after World War II", in Vera Zamagni and L. Engwall, eds. , *Management Education in an Historical Perspective*. Manchester, U. K. , 1998.

[60] McGlade, Jacqueline. "Confronting the Marshall Plan: US Business and European Recovery", in John Agnew and J. Nicholas Entrikin, eds. , *The Marshall Plan Today: Model and Metaphor*. London, 2004, 171 – 190.

[61] McGlade, Jacqueline. "From Business Reform Program toProduction Drive: The Transformation of United States Technical Assistance to West-

ern Europe", in Matthias Kipping and Ove Bjarner, eds. , *The Americanisation of European Business*. London, 1998, 18 – 34.

[62] McGlade, Jacqueline. "TheUnited States Technical Assistance and Productivity Program and the Education of Western European Managers, 1948 – 1958", in Terence Gourvish and Nick Tiratsoo, eds. , *Missionaries and Managers*. Manchester, U. K. , 1998.

[63] Newton, C. C. S. "The Sterling Crisis of 1947 and the British Response to the Marshall Plan", *The Economic History Review*, Vol. 37, No. 3, August 1984.

[64] Narinsky, Mikhail M. "The Soviet Union and the Marshall Plan", Cold War International History Project, Working Paper No. 9, March 1994.

[65] Parish, Scott. "The Turn Toward Confrontation: The Soviet Reaction to the Marshall Plan, 1947. " Cold War International History Project, Working Paper No. 9, March 1994.

[66] Pedersen, Kai R. "Re-Educating European Management: The Marshall Plan's Campaign Against Restrictive Business Practices inFrance, 1949 – 1953", *Business and Economic History*, Vol. 25, Fall 1996.

[67] Pechatnov, Vladimor. "Exercise in Frustration: Soviet Foreign Propaganda in the Early Cold War, 1945 – 1947", *Cold War History*, Vol. 1, No. 2, January 2001.

[68] Rappaport, Armin. "The Unites States andEurope Integration: The First Phase", *Diplomatic History*, Vol. 5, No. 2, April 1981.

[69] Roberts, Geoffrey, "Moscow and the Marshall Plan", *Europe-Asia Studies*, Vol. 46, No. 8, 1994.

[70] Rosenberg, Emily S. "Consuming Women: Images of Americanization in the ' American Century ' ", *Diplomatic History*, Vol. 23, No. 3, Summer 1999.

[71] Rostow, Walt W. "Lessons of the Plan: Looking Forward to the Next Century", *Foreign Affairs*, Vol. 76, May-June 1997.

[72] Sorensen, Vibeke. "Economic Recovery versus Containment: The Anglo-American Controversy over East-West Trade, 1947 – 1951", *Co-operation and Conflict*, Vol. 24, 1989.

[73] Tarnoff, Curt. "The Marshall Plan: Design, Accomplishments, and Relevance to the Present," in Constantine Menges, ed. , *The Marshall Plan from Those Who Made It Succeed.* Lanham, Md. , 1999, 349 – 380.

[74] Tomlinson, Jim. "Another LostOpportunity? Marshall Aid and the British Economy in the 1940s. " Paper delivered at "The Marshall Plan and its Consequences" Conference, University of Leeds, England, May 23 – 24, 1997.

[75] Wala, Michael. "Selling the Marshall Plan at Home", *Diplomatic History*, Vol. 10, No. 3, July, 1986.

[76] Whelan, Bernadette. "Marshall Plan Publicity and Propaganda inItaly and Ireland, 1947 – 1951", *Historical Journal of Film*, *Radio and Television*, Vol. 23, October 2003.

[77] Wagnleitner, Reinhold. "The Empire of Fun, or Talkin's Soviet Union Blues: the Sound of Freedom and U. S. Cultural Hegemony in Europe", *Diplomatic Hisory*, Vol. 23. No. 3 Summer 1999.

[78] Weiler, Peter. "The Untied States, International Labor, and the Cold War: The Breakup of the World Federation of Trade Unions", *Diplomatic History*, Vol. 5, No. 1, Winter 1981.

[79] Williams, John H. "The Revision of the Intra-European Payments Plan", *Foreign Affairs*, Vol. 28, No. 1, 1949.

[80] Young, Kimball. "Content Analysis of the Treatment of the Marshall Plan in Certain Representative American Newspapers", *Jouranl of Social Psychology*, Vol. 33, 1951.

[81] "the Marshall plan: Model for US Leadership in the 21st Century", Secretary Albright's comencement address at Harvard university, *US Department of State Dispatch*, Vol. 8, June 1997.

四　中文论著和译著

[1] 布鲁斯特·C. 丹尼：《从整体考察美国对外政策》，范守义等译，世界知识出版社 1988 年版。

［2］本尼迪克特·安德森：《想象的共同体》，吴睿人译，上海人民出版社2003年版。

［3］迪安·艾奇逊：《艾奇逊回忆录》，上海《国际问题资料》编译组译，上海译文出版社1978年版。

［4］韩铁：《福特基金会与美国的中国学》，中国社会科学出版社2004年版。

［5］哈里·杜鲁门：《杜鲁门回忆录》，李石译，生活·读书·新知三联书店1974年版。

［6］李剑鸣：《美国的奠基时代》，中国人民大学出版社2011年版。

［7］罗伯特·基欧汉：《霸权之后：世界政治经济中的合作与纷争》，苏长河等译，上海人民出版社2001年版。

［8］罗伯特·杰维斯：《国际政治中的知觉与错误知觉》，秦亚青译，世界知识出版社2003年版。

［9］雷迅马：《作为意识形态的现代化》，牛可译，中央编译出版社2003年版。

［10］杰里尔·A.罗赛蒂：《美国对外政策的政治学》，世界知识出版社1997年版。

［11］乔治·凯南：《美国外交》，葵阳等译，世界知识出版社1989年版。

［12］玛莎·费丽莫：《国际社会中的国家利益》，袁正清译，浙江人民出版社2001年版。

［13］戴维·坎贝尔：《塑造安全：美国的外交政策和身份认同政策》，李中、刘海清译，吉林人民出版社2011年版。

［14］迈克尔·H.亨特：《意识形态与美国外交政策》，褚律元译，世界知识出版社1999年版。

［15］M.贝科威茨等著：《美国对外政策的政治背景》，张禾译，商务印书馆1979年版。

［16］王玮、戴超武：《美国外交思想史（1775—2005）》，人民出版社2007年版。

［17］王晓德：《美国文化与外交》，世界知识出版社2000年版。

［18］王晓德：《文化的帝国：20世纪全球"美国化"研究》，中国社会科学出版社2011年版。

［19］王立新：《意识形态与美国外交政策：以20世纪美国对华政策为个

案的研究》，北京大学出版社 2007 年版。

［20］ 杨生茂：《美国外交政策史》，人民出版社 1991 年版。

［21］ 资中筠：《战后美国外交史：从杜鲁门到里根》，世界知识出版社 1994 年版。

索　引

后　记

　　光阴如梭，弹指一挥间，从母校南开大学博士毕业已五年有余了。回想这些年来走过的求学、问道之路，真是思绪万千、一言难尽。2002 年秋，我怀着无比兴奋的心情，初次踏入了我心仪已久的南开园，并有幸进入到中国美国史学术研究的重镇，开始了我在南开大学历史学院学习美国史的七个寒暑春秋……在这里我度过了我人生中非常重要，同时也是难以忘怀的七年时光，从硕士学位的攻读到博士学位的攻读，从刚刚进校时的满怀兴奋、憧憬到后来选题、开题时的迷茫无措，再到撰写博士学位论文过程中，每每感受到的焦灼不安。还有在美国明尼苏达大学进行学术访问的一年时间里，既要去进修各种各样的课程，要去多多接触和了解美国史学界的研究动态及方法，尽量开拓自己的学术眼界和思路，又要抓紧时间躲进明尼苏达大学的图书馆，查阅并扫描众多的文献资料，以便及时完成博士学位论文的撰写。同时还要忙里偷闲，兼职去打一份零工……现在每每回忆起这一幕一幕，感觉每一步都走得如此不易，但也正是在这样的不断磨砺和行走之中，使我无论在精神上，还是在学术视野、学术发展上都收获到了无以言表的充实、愉悦和踏实。2009 年仲夏，在王晓德教授的推荐和热忱帮助下，我被引进到福建师范大学社会历史学院工作。次年，我又拜在先生门下，在其指导下进行博士后的学术研究工作。先生为人博学宽厚、平易近人，无论在学术上，还是在生活上，都给予了我诸多的提携和帮助。特别是在学术方面，先生不吝赐教，每每耳提面命，谆谆教诲，使我受益良多。先生治学严谨、一丝不苟的学者风范令我敬仰。本书也正是在先生所提供的良好科研工作氛围中得以顺利修改完成的。

　　在拙稿即将付梓之际，我要感恩、致谢的人很多。首先，我要怀着深深的敬意，感谢我的博士论文指导老师韩铁先生。韩先生早年求学于美国历史研究的前沿重镇——威斯康星大学，他是我国美国经济史、法律史方面的权威学者。韩先生深厚的学术素养和求真务实的治学态度使我在撰写博士论文时不敢有丝毫懈怠，没有韩先生的言传身教和悉心指导，我是不可能顺利完成博士学业的。感谢我的老师李剑鸣先生，他宏大的学术视野及理论修养对我影响深远，先生在课上富有启迪性的讲授、点评至今令我难以忘怀。感谢王立新先生，他精深独到的理论思辨和治史视角让我领略到了美国外交史研究的美妙，特别是先生对我这个年轻后学的不嫌不弃，在学术发展道路上的关爱和提携，都给了我莫大的鼓舞。感谢杨令侠教授，在我南开求学的日子里，她给予了我太多的鼓励与温暖。感谢赵学功教授，他扎实的治史风格一直感染着我。还要特别感谢的是，我在赴美国明尼苏达大学进行学术研究访问期间的指导老师伊莱恩·泰勒·梅教授（Elaine Tyler May）。梅教授是前任美国历史学家组织主席，是美国研究冷战社会文化史的权威学者。她的学识和功力以及对我的指点与教诲使我在学术探索上受益无穷。感谢首都师范大学徐蓝教授、北京大学王希教授、中国社科院胡国成研究员、徐再荣研究员在学术上给予我的诸多点拨、勉励和帮助。感谢南开大学世界近现代史研究中心的付成双教授、张聚国副教授、肖军副教授、罗宣副教授，他们对我的学业襄助良多。感谢我在南开求学期间的同窗好友，以及我工作所在的福建师范大学社会历史学院世界史教研室的诸位同仁朋友，与他们的思想交流与切磋，使我获得了许多启发和灵感。我还要感谢我的父母对我无私的培养，感谢我的妻子为我创造了极为温馨和谐的家庭氛围和治学写作条件，在生活和事业发展上对我的体贴、理解和支持。

　　本书忝列第三批"中国社会科学博士后文库"，这对我来讲，是莫大的荣幸。在此，我要特别感谢文库评审专家们对我这个年轻后学的大力提携及认可。此外，本书还获得了第49批"中国博士后科学基金面上资助"（20110490842）、第 5 批"中 国 博 士 后 科 学 基 金 特 别 资 助"（2012T50585），在此感谢中国社会科学院、中国博士后科学基金会为我提供的科研项目方面的支持。中国社会科学出版社王茵女士、宋燕鹏先生高效、细致、专业的工作，使本书增色不少，没有他们的热情帮助，就不会有这本书的诞生，谨此对他们致以深挚的谢意。

　　需要指出的是，本书是在笔者的博士论文基础上扩展修改完成的，书中部分内容也已陆续发表。其中《英美史学界关于马歇尔计划的研究》一文载《世界历史》2010 年第 4 期，被《新华文摘》2010 年第 20 期全文转载。《美国国内围绕欧洲复兴计划议案的辩论及其影响》一文载《世界历史》2014 年第 1 期。《战后西欧对马歇尔计划的选择性接受》一文载《中国社会科学报》2013 年 10 月 16 日。《经济合作署的成立及其意义》一文载《福建师范大学学报》2011 年第 5 期。《美国政府、利益团体与欧洲复兴计划的出台》一文载《天津师范大学学报》2011 年第 2 期。《马歇尔计划期间美国对西欧的文化宣传》一文载《兰州学刊》2011 年第 9 期。《马歇尔计划赴美考察队与美国企业文化在英国的传播》一文载《南通大学学报》2011 年第 1 期。

　　由于笔者能力所限，功力不逮，书中粗疏浅陋失当之处在所难免，尚望方家不吝赐教，笔者将不胜感激。

李　昀

2014 年仲夏于福州中庚国际华府寓所